广州市社会组织发展报告（2018）

广州社会组织研究院
广州市社会组织联合会 编

中国社会出版社
国家一级出版社·全国百佳图书出版单位

图书在版编目（CIP）数据

广州市社会组织发展报告. 2018 / 广州社会组织研究院，广州市社会组织联合会编. —北京：中国社会出版社，2018. 11

ISBN 978 - 7 - 5087 - 6077 - 3

Ⅰ. ①广…　Ⅱ. ①广… ②广…　Ⅲ. ①社会组织—研究报告—广州—2018　Ⅳ. ①C912. 21

中国版本图书馆 CIP 数据核字（2018）第 273758 号

书　　名： 广州市社会组织发展报告（2018）

编　　者： 广州社会组织研究院　广州市社会组织联合会

出 版 人： 浦善新

终 审 人： 尤永弘

责任编辑： 秦　健

出版发行： 中国社会出版社　**邮政编码：** 100032

通联方式： 北京市西城区二龙路甲 33 号

电　　话： 编辑室：（010） 58124864

邮购部：（010） 58124845

销售部：（010） 58124848

传　真：（010） 58124856

网　　址： www. shcbs. com. cn

shcbs. mca. gov. cn

经　　销： 各地新华书店

中国社会出版社天猫旗舰店

印刷装订： 河北鸿祥信彩印刷有限公司

开　　本： 170mm × 240mm　1/16

印　　张： 18

字　　数： 320 千字

版　　次： 2018 年 12 月第 1 版

印　　次： 2018 年 12 月第 1 次印刷

定　　价： 65. 00 元

中国社会出版社微信公众号

编 委 会

目录
CONTENTS

第四章　区域经验

第五章　品牌社会组织

第六章　编写单位介绍

第一章

总报告

发挥社会组织作用
营造共建共治共享社会治理格局[①]
——广州市社会组织 2017 年度发展报告

2017 年，党的十九大胜利召开。党中央作出中国特色社会主义进入新时代的重大判断，阐明中国社会主要矛盾的深刻变化，对全面建成小康社会以及建设社会主义现代化强国进行了战略部署。2017 年也是《中华人民共和国慈善法》实施后的第一年，以及贯彻落实中共中央办公厅、国务院办公厅《关于改革社会组织管理制度促进社会组织健康有序发展的意见》的重要一年。就社会组织发展而言，2017 年具有承前启后的历史意义。在这一年，广州市围绕“创新社会治理方式，激发社会组织活力”的总目标，按照“有序放开、有力扶持、有效监管、有固党建”的工作思路，加快构建结构合理、功能完善、竞争有序、诚信自律、充满活力的社会组织发展格局，社会组织发展水平迈上了新台阶。

2018 年 3 月 7 日，习近平总书记参加十三届全国人大一次会议广东代表团审议时发表重要讲话，要求广东在构建推动经济高质量发展体制机制、建设现代化经济体系、形成全面开放新格局、营造共建共治共享社会治理格局上走在全国前列。总书记的讲话也为广州市社会组织发展指明了新的道路和前进方向。为了更好地总结广州市社会组织发展经验，推动社会组织在打造共建共治共享的社会治理格局中有新的更大作为，本报告将重点从社会组织发展态势、主要特征、经验与启示以及未来展望四个方面对 2017 年度广州市社会组织总体发展状况进行回顾和分析。

---

① 该报告同时刊载于《广州社会发展报告（2018）》，内容略有调整。

一、广州市社会组织发展基本态势

截至2017年12月31日，广州全市共登记注册社会组织7594家（市一级1366家），其中社会团体3016家，民办非企业单位4536家，非公募基金会42家（如图1所示）。2017年，全市新登记社会组织663家（市一级126家），社会组织数量保持平稳增长，发展态势良好。

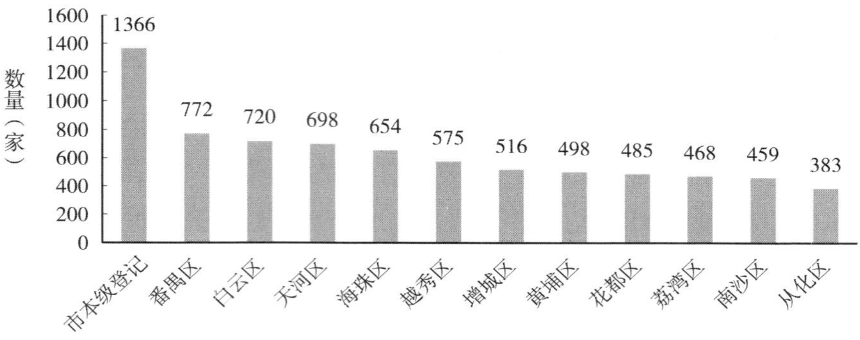

图1 广州市社会组织地域分布

在数量稳步增长的同时，广州市社会组织的规范化建设水平也在不断提升。截至2017年12月底，广州全市共有721家社会组织获得评估等级。其中，获得3A级及3A级以上的社会组织数量占到62%（如图2所示）。2017年，广州市财政局、国税局、地税局、民政局联合确认发布《2016年、2017年广州市市、区两级获得公益性捐赠税前扣除资格公益性社会团体名单》，共有43家社会组织获得公益性捐赠税前扣除资格。此外，在《中华人民共和国慈善法》正式施行后，根据民政部制定的《慈善组织认定办法》，广州市已登记认定慈善组织59家。总体而言，广州市社会组织发展呈现出五大基本态势。

第一，社会组织数量保持平稳增长。2014年2月，广州市被民政部确定为首批“全国社会组织建设创新示范区”。按照党的十八大“加快形成政社分开、权责明确、依法自治的现代社会组织体制”和十八届三中全会“激发社会组织活力”的总体要求，广州市大力推进社会组织管理制度改革，特别是在社会组织直接登记注册方面进行了积极的探索与尝试。在此期间，广

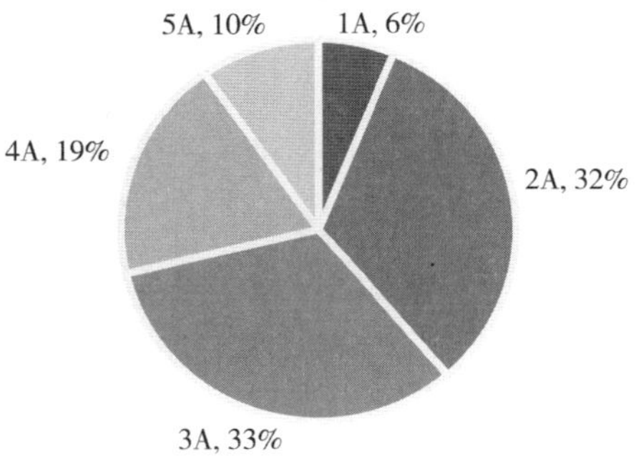

图 2 广州市社会组织评估等级分布

州市社会组织数量并未出现“爆发性”增长，始终保持平稳发展。2012—2017 年，年度社会组织平均增长率为 9.7%（如图 3 所示）。

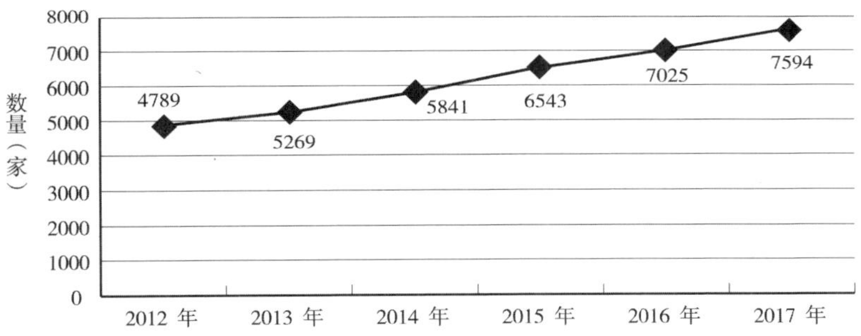

图 3 广州市社会组织数量增长趋势

第二，社会组织结构进一步优化，服务民生能力稳步提升。广州市社会组织的工作领域日趋多元，组织形式更为丰富。同国内其他地区相类似，当前民办幼儿园、中小学及各类培训中心在社会组织数量上仍占据较大比例，但是，近年来在广州市社会组织公益创投等活动的有效引导和推动下（如图 4 所示），在公益慈善、社工服务、社区发展以及文化体育等领域开展工作的社会组织得到较快发展，社会组织服务、改善和保障民生的能力明显提升。此外，广州市级登记注册的基金会数量在不断增加的同时，基金会在广州社会组织生态建设中的项目资助、资源整合、平台搭建等作用和功能也开始显现。

第三，枢纽型、支持性社会组织及平台的作用开始凸显。市、区以及

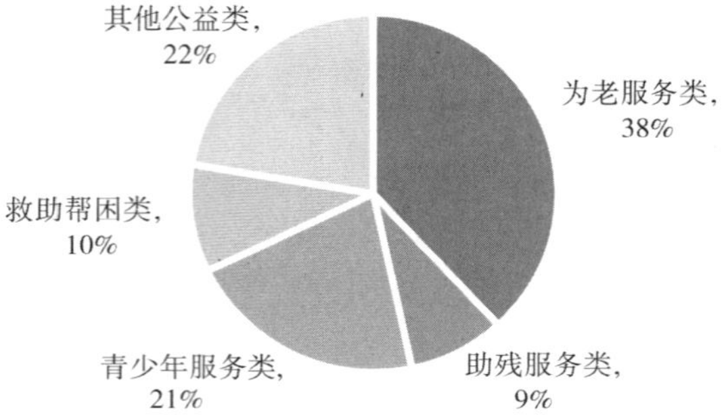

图4　第四届广州市社会组织公益创投活动资助项目类型

街镇的枢纽型、支持性社会组织在社会组织孵化培育、能力建设、资源链接、政策指导、党建支持等方面发挥着日趋重要的作用。一方面，一些社会组织培育基地积极优化培育机制和体系，主动适应社会组织发展新需求和新趋势，迸发出新的活力；另一方面，诸如广州市社会组织联合会、广州市公益慈善联合会、广州市义务工作者联合会、广州市社会工作协会、番禺区社会组织联合会等行业组织，以及为社会组织提供财务、传播、人才培养与研究等专业支持的组织，正在有力地推动着社会组织的专业化建设。

第四，政府对社会组织的培育扶持力度不断加大。2017 年，第四届广州市社会组织公益创投共立项 2422 万元，资助实施 165 个项目，投入资金数额持续增长。海珠区、黄埔区、越秀区等地区以及广州市妇女联合会等群团组织也投入资金开展类型多样的社会组织公益创投活动，引导和推动社会组织的创新发展。此外，在 2017 年度，除了市级层面立项 500 万元对 161 个符合资助条件的社会组织予以资助外，广州还积极推动区一级政府设立社会组织发展扶持资金。例如，南沙区已设立社会组织发展扶持资金，2017 年共投入近 311 万元；番禺区 2017 年拨付社会组织培育发展专项资金 180 万元，对 57 个社会组织申报的项目予以资助和奖励。

第五，社会组织透明度和公信力水平持续提升。广州市社会组织信息化平台建设走在全国前列，随着社会组织年度报告、信息公示以及抽查等相关制度的有效落实，加之一系列具体工作指引的出台，有力地促进了广州市社会组织透明度的提高。此外，广州市在行业自律以及社会监督机制构建方面也取得积极进展，这一点特别体现在受社会关注度很高的公益慈善领域。其中，广州市公益慈善联合会、慈善组织社会监督委员会的有效运作，成为促进慈善组织公信力水平提升的重要推动力量。

二、广州市社会组织发展的主要特征

（一）制度化

2017 年度，随着《中华人民共和国慈善法》的实施以及一系列配套规定的陆续出台，为广州市社会组织制度化和法治化建设的深化提供了良好支持。广州市深入贯彻落实中共中央办公厅、国务院办公厅《关于改革社会组织管理制度促进社会组织健康有序发展的意见》以及广东省《关于改革社会组织管理制度促进社会组织健康有序发展的实施意见》，草拟了广州市的实施意见，并计划于 2018 年正式印发。广州在社会组织领域的制度化建设成果主要体现在四个层面。

第一层面，社会组织培育扶持。广州市建立了以培育基地、发展扶持资金、公益创投为主体的社会组织多层次培育扶持机制，立体支持社会组织的成长和建设。当前，广州全市已建成 45 个社会组织培育基地，入驻社会组织 1366 个，基本形成了市、区、街（镇）三级网络。此外，连续开展四届广州市社会组织公益创投活动，极大地增强了社会组织的创新发展能力。此外，广州正在加大社区社会组织培育力度，助力基层社区治理工作的有效开展。

第二层面，政府购买社会工作服务。广州市政府购买社会工作服务项目从 2008 年开始试点，发展至今，持证社工和民办社工机构数量、财政投入金额等均居全国之首，并逐渐形成了“政府主导、社会协同、项目运作、专业服务”的社会工作本土模式。特别值得关注的是，《广州市社会工作服务条例（草案二次审议稿）》已经市第十五届人大常委会第十一次会议第二次审议，并将于 2018 年 4 月进行第三次审议并交付表决。广州社会工作地方立法工作又一次走在全国前列。

第三层面，“慈善之城”创建。在《中华人民共和国慈善法》出台的大背景下，广州市在 2017 年制订了《深化“羊城慈善为民”行动 创建全国“慈善之城”2017—2020 年行动方案》，提出开展七大重点行动，从慈善募捐创新、慈善文化营造、慈善人才培养、慈善监管体系完善等多个维度对“慈善之城”的创建工作进行了较为系统的规划。通过“慈善之城”的创建，进一步巩固了广州慈善体制改革的成果，为建立与广州国家重要中心城市定位相匹配的现代慈善事业发展格局奠定了新的基础。

第四层面，社会组织监督和管理。广州市社会组织监管强调行政监管、行业自律、社会监督的有机结合。在健全和完善社会组织监管体系过程中，广州较好地秉持了预防性和有效性两大原则，充分考虑和认识社会组织客观发展规律和当前发展阶段，将促进社会组织行业健康、持续、专业发展作为监管的根本目的，避免“为监管而监管”。同时，在监管中明确各个主体的优势、作用与边界，形成监管合力，保证了社会组织的健康、有序发展，广州市社会组织整个行业的公信力水平不断提升。

（二）社会化

社会组织的核心使命在于有效回应社会需求，这要求社会组织在治理结构、项目服务以及资源获取三个层面具有与政府、企业等其他部门不同的属性及特征。就广州社会组织发展而言，首先，在组织治理层面，广州市落实党的十八大报告所提出的“加快形成政社分开、权责明确、依法自治的现代社会组织体制”的要求，按照广东省民政厅制定的《关于社会组织法人治理的指导意见》，建立健全社会组织现代法人治理体系和运行机制。特别是基于中办、国办印发的《行业协会商会与行政机关脱钩总体方案》，有序推进行业协会商会与行政机关脱钩工作，促进行业协会商会依法、自主办会。此外，广州市慈善会以及一些区、街（镇）慈善会积极落实慈善法及相关配套规定，探索适合慈善会当前发展实际的社会化路径和方向，组织发展活力得以增强。其次，在项目和服务层面，2017 年度，广州市社会组织响应中共中央、国务院《关于加强和完善城乡社区治理的意见》，服务和资源等下沉街（镇）和社区，特别是注重推动社区、社会组织、社会工作的“三社联动”，积极回应社会日趋个性化和多样化的需求。此外，社会组织紧扣社会公众当前最为关心的民生需求和议题，例如长者社区照顾、困境儿童关爱、困难群众帮扶、精准扶贫等，通过与政府部门、街镇、社区等良好合作，开展了大量力所能及的工作，社会组织贴近基层民众的服务优势得到很好的呈现。最后，在社会资源动员层面，在互联网公益快速发展的情况下，广州市通过社会组织公益创投活动，搭建联合劝募平台，鼓励社会组织广泛动员社会多元资源，实现资源与项目的精准匹配。在此过程中，特别强调对广州本土资源的动员。2017 年第四届社会组织公益创投，通过与中国扶贫基金会、腾讯公益等合作，推动 53 个项目上线联合劝募平台，共募集资金 722 万元。此外，在广州市民政局登记注册的非公募基金会已有 42 家，以基金会这一组织形式为纽带，带动了更多企业家、慈善家关注和参与广州社会建设，相应的资源也在进入社会组织发展领域，社会组织的资源结构日趋多元化。

（三）品牌化

广州的社会组织品牌战略主要体现在两个层面。第一层面，本土品牌社会组织的培育；第二层面，引进市外知名社会组织落地广州。广州期望通过品牌社会组织建设，更好地发挥它们在社会资源聚集、项目示范和组织创新等方面的带动和引领作用。根据《广州市品牌社会组织评价指标体系（试行）》的评估结果，在 2017 年度，先后分两批有 20 家社会组织获得“广州市品牌社会组织”称号。此外，2017 年第四届广州市社会组织公益创投活动共资助 165 个项目，其中有 20 个创投项目获得“十大品牌项目”和“十大优秀项目”，在品牌项目建设方面取得了长足进步。

在市外知名社会组织引进层面，广州秉承一贯的开放包容原则，通过营造良好的社会组织发展环境，吸引国内知名社会组织或其项目落地广州。当前已引进 30 多家知名社会组织与广州社会组织学院签订战略合作协议，这些组织的总部分布于北京、上海、南京等地。品牌化战略的实施需要进一步增强社会组织的创新动能。为了激发社会组织创新能力，为广州实施创新驱动发展战略提供有力支撑，广州市民政局起草了《广州市激发社会组织创新能力暂行办法（征求意见稿）》，并向社会公众征求意见。该办法认为社会组织是社会创新主体之一，也是创新驱动发展战略的实施主体之一，应当享受与其他创新主体同等的各类扶持优惠政策。

（四）专业化

广州市社会组织的专业化建设主要体现在专业人才培养、专业标准制定以及专业能力发挥三个层面。

首先，在专业人才培养方面，借助于广州高校聚集和高等教育资源优势，社工人才专业培养体系日趋完善，持证社工数量居全国首位。特别值得关注的是，随着广州市政府购买专项社工服务项目的拓展和投入力度的增加，社工的工作领域和范围显著扩大，为社工职业化体系的建立和规模化发展提供了条件。同时，广州的行业型、支持性社会组织，如广州社会组织研究院、公益慈善书院、义工联等在社会组织运营管理人才、公益慈善人才、义工骨干等培养过程中也发挥了重要作用。

其次，在专业标准建设方面，广州市也在进行积极的努力。例如，在2017年广州市启动了家庭综合服务中心的标准化建设工作，期望与国际先进管理理念接轨，通过精细化工作模式提升社会工作软件和硬件水平。此外，诸如广州市地方技术规范《社区居家养老服务规范》等系列规范的制定也为社会组织发展提供了指引和参照。广州市社会组织行业整体发展水平居于全国前列，因此，社会组织相关专业标准的制定，不仅能够有效指导本市社会组织的规范化建设，而且有利于推广“广州经验”，产生更大的社会影响。

最后，随着政府、社区以及公众等对社会组织的认知和理解不断深化，社会组织的专业能力和服务优势正在得到有效发挥，特别是在社区服务、公益慈善以及社会救助等领域，社会组织提供的服务或产品质量稳步提升，社会组织的工作得到各界越来越多的认可和支持。此外，社会组织合作网络的多样性正在增加，与其他行业和领域的融合加快。例如一些学校、医院、企业等与社会组织形成了良好合作关系，这些机构通过引进专业社会服务，极大地拓展了社会组织发展空间。其中，一些服务领域已经开始呈现集群效应。

（五）生态化

首先，在宏观层面，按照中央提出的“完善党委领导、政府负责、社会协同、公众参与、法治保障的社会治理体制”的要求，广州社会组织与政府、市场三个部门的合作进一步深化，这种合作不仅表现为资源的流动，而且更为重要的是在制度层面正在探索建立多元伙伴关系。其次，在社会组织行业层面，基于专业分工的社会组织行业协作正在快速形成。例如，广州市提出“社工+”融合发展的理念，积极引导和促进社工机构的跨界合作。最后，在组织层面，广州市一些平台型和生态型的组织正在出现。例如，广益联募平台成为民政部首批认定的13家慈善组织互联网募捐信息平台之一。广州市社会组织公益创投联合劝募平台在促进社会组织与社会资源对接方面也发挥了重要作用。此外，社会企业、社区基金会的发展也得到广州市各级政府的积极鼓励。这些都是一个地区社会组织发展生态化的重要体现。在社会组织信息交流方面，诸如《广州社会组织》（双月刊）以及《善城》杂志已成为展示广州社会组织及公益慈善发展动态和地方实践经验的重要窗口。

三、广州市推进社会组织发展的经验与启示

（一）党建引领，规划先行

根据中央和广东省的决策部署，广州市各级党委、政府高度重视社会组织党建工作，推进社会组织党的组织和工作有效覆盖。2017年，有三项社会组织党建有关工作列入《2017年全市民政工作重点工作任务》和《2017年广州市民政局领导重点推进工作清单》。

首先，全面深入学习宣传贯彻党的十九大精神。通过组建广州市社会组织学习宣传贯彻党的十九大精神宣讲团，开展50余场宣传会。推动建立广州市社会组织党群活动服务中心、广州市社会组织培育基地党建工作站，加强社会组织党建工作阵地建设。其次，推进学习教育常态化、制度化。发挥市社会组织党委党校作用，印发《广州市社会组织党支部组织生活工作指引》，进一步规范社会组织党组织落实组织生活制度。最后，按照“应建必建”原则，推进党组织的有效覆盖。印发《广州市社会组织党组织成立工作指引》，指导符合条件的社会组织及时组建党组织。此外，探索开展行业党建工作试点，推动成立了广州市第一个社会组织综合党委——广州市社会组织联合会党委，通过综合党委全面加强基础党务、党员教育管理以及工、青、妇、统战等工作。

与此同时，广州市准确把握社会组织发展规律和社会建设战略需求，

按照中央关于社会组织发展的最新要求和精神，在广州市民政事业发展“十三五”规划框架下，编制了《广州市社会组织发展第十三个五年规划（2016—2020 年）》，为社会组织的发展提供战略引导和支持。此外，广州市还制订出台了《深化“羊城慈善为民”行动创建全国“慈善之城”2017—2020 年行动方案》，并启动了《广州市募捐条例》的修订工作，不断完善配套政策与措施，为规划的落地和有效实施提供了坚实保障。

（二）分类培育，立体支持

不同社会组织的组织形式、成长阶段和发展需求存在较大差异，并且一些关键重点领域的社会组织数量较少、能力不足，如社区社会组织的发育程度与基层社会治理实际需求之间还存在较大差距。对此，广州市采取分类培育、立体支持的策略。一方面，广州市民政局每年均会制订社会组织培训计划，培训类别。培训包括社会组织登记管理服务机关工作人员培训、社会组织负责人培训、社会组织工作人员培训和社会组织专家培训，内容涵盖财税、法律法规、党建、等级评估等，常态化地支持社会组织基础能力的提升。另一方面，依托各级社会组织培育基地、研究机构、行业组织等，积极搭建社会组织资源整合平台、项目合作平台、人才培育平台、研究平台、信息传播平台、交流分享平台、党建指导平台，为社会组织的成长和发展提供立体多元的支持。例如，随着广州市级登记注册的非公募基金会数量的增加，广州社会组织研究院联合广州市多家非公募基金会，共同发起“广州基金会季度论坛”，搭建基金会交流平台，推动基金会发挥自身资源整合优势，在广州社会组织生态建设中发挥更加重要的作用。

（三）社会协同，激发活力

为了实现社会组织健康、持续的发展，除了需要各级党委、政府积极的政策引导和资金支持外，还需要有序动员社会力量参与。回顾和观察近年来广州社会组织的发展历程，注重发挥广州在人才、教育、文化、传媒等方面的资源优势，有效整合企业、高校、媒体、基金会、社区以及广州市外优秀社会组织等多方力量和资源，推动“政社合作”“社企合作”

“社社合作”，建立有效协作机制，共建社会组织“生态圈”，共创社会价值，不断拓展社会组织发展空间，激发社会组织发展活力。其中，最为突出的是媒体和高校在广州社会组织发展过程中的参与和推动。

在媒体参与方面，《南方日报》《广州日报》《羊城晚报》《南方周末》等颇具影响力的报刊均设置专栏或版面关注和报道社会公益相关议题。2017 年，《羊城晚报》报业集团携手广州市社会组织联合会共同成立了广州市羊城公益文化传播中心，成为羊城晚报报业集团旗下首个社会组织。该中心将整合《羊城晚报》全媒体资源，为全市各个企业、社会组织、公益项目提供新闻策划、传播推广、资源对接等服务。在高校参与方面，广州社会组织研究院的成立具有一定的代表性。研究院由中山大学、广州大学等高校学者发起，是国内首个由政府主导、高校合作的社会组织研究院，致力于成为社会组织研究领域的专业智库，在广州社会组织理论研究、政策咨询和人才培养中正在发挥独特作用。

（四）品牌打造，多元驱动

广州正在推动社会组织发展由“数量规模型”向“质量效益型”转变。在此背景下，品牌社会组织战略的实施成为重要的驱动力量。为此，广州市民政局制订了《广州市社会组织品牌战略实施方案》，并提出明确目标，即在“十三五”期间，打造 10 个在全国范围内具有较高知名度、美誉度的广州品牌社会组织，30 个在广东省内有一定影响力和信誉度的广州品牌社会组织，50 个在全市有代表性和示范性的品牌社会组织。与此同时，还制定了《广州市品牌社会组织评价指标体系（试行）》。通过品牌创建活动，进一步提升社会组织影响力，增强社会公众、政府和企业等群体或部门对社会组织的认知和理解。

在社会组织发展过程中，除了发挥品牌社会组织的带动作用外，一些社会组织的转型也为整个行业发展带来新的动能。其中，传统慈善机构的转型特别值得关注。例如，番禺区慈善会基于现代慈善理念，积极探索“募用分离”模式和方法。在 2017 年，持续开展“公益慈善创投项目大赛”，资助额度由 2016 年的 70 多万元增加到 140 多万元，资助项目数量也由 10 个增至 15 个。受资助慈善项目涵盖来穗务工人员子女服务、未成年人保护、失独家庭支持和困难单亲家庭支持 4 个领域，极大地拓展了传统慈善服务的广度和深度，带动了更多社会组织参与慈善事业，创新慈善服务模式。

（五）综合监管，法治保障

广州市以完善行政监管机制、创新社会监督机制、建立行业自律机制、深化能力建设机制为重点任务，建立了较为系统和完善的行政监管、行业自律和社会监督有机结合的社会组织综合监管机制，注重事前、事中和事后的全过程监管，为社会组织的健康、有序和规范发展提供了有力保障。同时，在预防为主、分类监管原则的指导下，监管的针对性、科学性和有效性不断增强。

在社会组织综合监管体系和机制构建过程中，除了实施年度报告公示制度、抽查监督等措施外，广州基于持续改进的理念，专门制定了 7 个细化的工作指引，具体包括《社会组织登记工作指引》《社会组织法人治理指引》《社会团体选举指引》《社会组织年度报告指引》《社会组织财务管理工作指引》《社会组织重大事项报告工作指引》《社会组织注销清算工作指引》，通过监管工作的精细化，更好地指导社会组织不断提升内部治理、财务管理等方面的综合能力，更好地实现组织的依法规范运作。

四、2018 年度广州社会组织发展展望

在党的十九大报告中有 5 处直接提及社会组织，可以看出，中央对社会组织参与经济建设、政治建设、文化建设、社会建设和生态文明建设寄予很高期待。党的十九届三中全会通过的《中共中央关于深化党和国家机构改革的决定》中，也将“推进社会组织改革”作为一项重点内容。2018 年 3 月，习近平总书记在参加十三届全国人大一次会议广东代表团审议时发表重要讲话，要求广东在构建推动经济高质量发展体制机制、建设现代化经济体系、形成全面开放新格局、营造共建共治共享社会治理格局上走在全国前列。“四个前列”的提出，为社会组织发展注入新的动力，也提供了新的机遇。面向未来，广州社会组织在习近平新时代中国特色社会主义思想指引下，在营造共建共治共享社会治理格局中一定能够展现新的作

为，作出更大贡献。以下结合广州实际，对 2018 年度广州社会组织发展的重点和方向提出几点建议。

（一）创新培育机制，促进社区社会组织成长

2017 年，在中共中央、国务院印发的《关于加强和完善城乡社区治理的意见》中，要求制定完善孵化培育、资金支持等扶持政策，大力发展在城乡社区开展纠纷调解、健康养老、教育培训、公益慈善、防灾减灾、文体娱乐、邻里互助、居民融入等活动的社区社会组织。此前，广州市民政局也印发了《关于培育发展社区社会组织的意见》，荔湾区、白云区、越秀区、番禺区等一些街（镇）已经开始探索建立社区社会组织培育基地，积累了一定经验。在此基础上，针对社区社会组织培育工作，建议着力研究解决社区社会组织登记及备案、扶持资金、培育基地运行机制、社区枢纽型社会组织建设以及数据统计 5 个方面的问题，制定清晰、操作性强的指引，更好地指导基层实践。

（二）投资于人，完善社会组织人才发展战略

专业人才缺乏仍是制约社会组织专业化、可持续发展的关键问题。国内一些地区已将社会组织人才纳入当地人才发展战略体系，并出台一系列激励性措施，这些举措具有很强的战略性和前瞻性。在中共中央办公厅、国务院办公厅《关于改革社会组织管理制度促进社会组织健康有序发展的意见》中，也提出把社会组织人才工作纳入国家人才工作体系。广州市在社工人才发展方面虽然走在前列，但是人才结构相对单一，与广州社会组织类型以及日趋多元化的人才需求仍不匹配，如行业协会商会管理运营人才、社区社会组织领军人才、慈善组织募款人才等严重缺乏。有鉴于此，立足长远，建议广州将社会组织人才战略作为下一阶段社会组织建设的一项基础工程，基于国家重要中心城市定位和国际化视野，坚持培育和引进相结合的策略，民政和人社部门会同其他有关部门尽快制定出台有关社会组织人才工作的具体实施意见和办法。

（三）共建跨界平台，促进多元参与和社会创新

将打造共建共治共享的社会治理格局落实在具体实践中，就需要建立

多元主体合作治理的制度架构，规划可行的实施路径。对此，一方面，应依照国家法律法规和政策，进一步推进简政放权，加快转移适合由社会组织承担的职能。例如，按照中办、国办印发的《行业协会商会与行政机关脱钩总体方案》中的要求，行政机关应对适合由行业协会商会承担的职能，制定清单目录，按程序移交行业协会商会承担。另一方面，建议以区级社会组织培育基地以及群团组织主导建设的同类型、同领域社会组织培育基地为重点，优化培育机制，推动基地的转型发展，拓展社会组织孵化功能，逐步向社会组织综合服务基地转变，特别是在社会资源整合方面有新的作为。同时，在品牌社会组织建设过程中，基于互联网思维和技术，注重打造“生态型”社会组织及跨界协作平台，如“广益联募”、广州基金会季度论坛、广州社会创新论坛等已经具备一定品牌影响力的平台可进一步升级，提升广州社会组织的整体影响力。

（四）强化党建引领，夯实社会组织发展政治基础

自 2015 年中共中央办公厅印发《关于加强社会组织党的建设工作的意见（试行）》以来，广州市社会组织党建工作全面、扎实推进。在党的十九大报告中，更加明确地要求把社会组织等基层党组织建设成为宣传党的主张、贯彻党的决定、领导基层治理、团结动员群众、推动改革发展的坚强战斗堡垒。根据中央新的精神和要求，下一阶段，建议广州社会组织党建工作一方面不断总结和提炼已有鲜活经验和特色，传播和推广有效实践模式。另外，坚持社会组织发展与党建工作的深度融合，发挥市社会组织党委党校、市社会组织培育基地和社会组织联合会党委作用，加强社会组织党组织负责人、党务工作者、党员队伍建设，提升社会组织基层党组织的组织力。同时，继续探索行业党建工作，推动有条件的行业协会商会成立党委、党总支，为社会组织的发展提供强力支撑。

（五）推进社会组织数据库建设，为党委政府决策提供科学支持

随着社会组织管理制度改革的不断深入以及信息技术的快速发展，数据在决策中的重要性日渐凸显。对各级党委、政府部门而言，需要通过数据清晰掌握和了解社会组织发展动态，为社会组织相关政策的制定提供决

策支持；对社会组织行业发展而言，需要科学衡量社会组织在民生服务、经济建设和社会治理创新等领域的作用发挥和实质贡献，为行业发展战略的制定提供依据。因此，推进广州社会组织数据库建设也应成为一项基础性工作。从具体操作的角度出发，可与专业研究机构或智库合作，根据社会组织属性及特征，基于既有年度报告等二手公开数据，建立数据收集、分析体系和框架，并根据政府和社会组织数据应用需求，构建测度模型，科学评测社会组织发展状况，定期发布数据分析报告，为各方决策提供有效参考。

第二章

专题报告

坚持党建引领
构建社会组织党建“红色生态链”

——广州以社会组织党建引领培育社会组织发展机制研究

广州市社会组织服务交流中心

社会组织既是发展社会主义市场经济的重要主体，也是构建社会主义和谐社会的重要主体，在促进经济发展、提供公共服务、参与社会治理、促进社会和谐中发挥着日益重要的作用。随着社会组织快速发展，大量从业人员尤其是新社会阶层人员向社会组织聚集，社会组织中党员数量也在不断增加，社会组织已经成为社会主义现代化建设的重要力量、党的工作和群众工作的重要阵地，社会组织党建已经成为新形势下亟待解决的党建新课题。

一、社会组织党组织的功能定位以及党组织与培育、监管社会组织的关系

（一）社会组织党组织的功能定位

基层党组织的功能是指基层党组织的职责使命和地位作用，是基层党组织战斗堡垒作用的具体体现。科学定位基层党组织的功能，是提高基层党建科学化水平的重要基础，是发挥基层党组织战斗堡垒作用的重要保证。综合中共中央办公厅印发的《关于加强社会组织党的建设工作的意见（试行）》以及党的十九大新修订的《中国共产党章程》，应该从政治功能和服务功能这两个层面确定社会组织党组织的功能定位，不同的功能定位对社会组织党组织发挥作用的内容、途径和方式提出了不同要求，也对社会组织党建工作提出了不同要求。

1. 社会组织党组织的政治功能

习近平总书记在党的十九大报告中提出：“要以提升组织力为重点，突出政治功能，把企业、农村、机关、学校、科研院所、街道社区、社会组织等基层党组织建设成为宣传党的主张、贯彻党的决定、领导基层治理、团结动员群众、推动改革发展的坚强战斗堡垒。”明确了新时代基层党组织建设的核心要义。社会组织党组织作为党在社会组织中的基层组织，政治属性是其最本质的属性，政治功能是其最根本的功能。政治功能是社会组织党组织的“灵魂”，决定着社会组织党建的方向和成效。

（1）宣传和执行党的路线、方针、政策。社会组织党组织作为党在社会组织中的战斗堡垒，其政治功能的首要任务就是宣传和执行党的路线、方针、政策。社会组织党组织要主动承担起向投资人（合伙人）、管理层、党员从业人员和职工群众宣传贯彻党的基本理论、基本路线、基本纲领和基本方略的政治责任。

广州作为改革开放前沿地和意识形态斗争前沿地，引领社会组织发展的正确方向尤为重要。在广州社会组织中建立党的组织，开展党建工作，最重要的就是要发挥党组织的政治功能，为社会组织注入红色元素，确保党的路线方针政策在社会组织内得到宣传和执行。

党组织既要支持社会组织按照章程开展符合宗旨的各项工作，引导、监督社会组织依法执业和诚信从业，更要确保社会组织的组织章程和组织行为与党的路线、方针、政策保持一致。当前尤其是要主动承担起宣传和执行习近平新时代中国特色社会主义思想和党的十九大精神的政治责任，引导党员和职工群众坚持正确的政治方向和政治立场，始终坚定中国特色社会主义道路、理论、制度和文化自信，做政治上的明白人；坚持问题导向，引导党员和职工群众正确认识当前我们党和国家面临的形势和任务，正确认识社会组织发展面临的机遇和挑战，引领社会组织始终沿着中国特色社会主义的正确方向发展，为广州社会组织实现组织使命、发挥自身作用提供坚强的政治保障和政治动力。

（2）领导工会、共青团等群团组织，团结和凝聚群众。社会组织党组织要加强对工会组织的政治领导，通过工会组织号召从业人员，把从业人员团结到党组织的周围。要充分利用工会法赋予工会组织的法律地位及其广泛群众性的特点，根据工会法、劳动法、劳动合同法等法律规定，帮助协调从业人员的职业发展、社会保障、个人诉求等实际问题，维护从业人员在劳动保护、生活福利等方面的合法权益，更好地团结广大从业人员。要积极探索“党组织统揽协调，政府劳动部门、工会、业主三方代表共同协商解决劳资矛盾”的三方协调机制，党组织以工会为依托，通过担任工会负责人，领导和支持工会独立负责地开展工作来实现党组织团结凝聚从业人员的意图。

社会组织党组织要加强对共青团组织的政治领导，通过共青团组织号召团员青年，把团员青年团结在党组织的周围。要通过教育、服务青年，把党的主张转化为青年们的自觉行动；要通过代表和维护青年的合法利益，反映青年的要求和呼声，增强对青年们的凝聚力；要借助广大青年在职工群众中的积极作用，推动党和国家各项重大决策的宣传解释和落实工作；要照顾考虑到团员青年的特点，采取喜闻乐见、生动活泼的活动来吸引他们，使他们充分施展才能，着力增强政治性、先进性和群众性，把广大青年紧紧团结在党组织的周围。

综上所述，社会组织党组织要通过领导工会、共青团等群团组织，最大限度地把从业人员凝聚在党组织周围，引导从业人员为广州加快国家重要中心城市建设、率先全面建成小康社会、在全省“四个走在全国前列”中当好排头兵，多作贡献。

（3）教育、管理和监督党员。社会组织党组织加强对党员的教育、管理和监督，主要解决以下问题：一是要严格发展党员标准。要坚持把政治标准放在首位，重点考察党员的政治素质，着力做好在工作第一线、重点岗位的骨干特别是优秀青年中发展党员工作，有计划地吸收高层次人才入党。二是要从严教育党员。采取集中教育和经常教育相结合的方式，着力加强对党员进行理想信念教育、党纪党规教育、道德品行教育、廉洁自律教育和履职担当教育，全面提高党员的思想政治素质。三是要严格党内政治生活。坚持“三会一课”、领导班子民主生活会、组织生活会等党内政治生活的基本制度，提高党内政治生活的政治性、时代性、原则性和战斗性。四是要严明党的纪律尤其是政治纪律和政治规矩。针对党员在遵守纪律尤其是政治纪律方面存在的苗头性、倾向性违纪问题，及时进行约谈，做到小错提醒。对于党员违纪行为，要依据《中国共产党纪律处分条例》的规定，及时作出违纪处分，不能放纵。

2. 社会组织党组织的服务功能

政治功能是社会组织党组织的“灵魂”，服务功能则是社会组织党组织的“根本”。政治功能是发挥引领社会组织发展方向的作用，服务功能则是发挥推动社会组织发展进步的作用，服务功能这一“根本”寓于政治功能这一“灵魂”之中，两者是相互促进、协调统一的关系。

党的十八大以来，党中央和各级党委在高度重视基层党组织政治功能的同时，也积极推进基层服务型党组织建设，不断提升和更好地发挥基层党组织的服务功能。社会组织党组织的服务功能主要体现在以下方面。

（1）服务社会组织事业发展。“围绕中心、服务大局”是基层党组织建设的基本要求，具体到社会组织党组织，就是要紧紧围绕服务社会组织事业发展来加强和改进党的建设，更好地发挥社会组织党组织的服务功能，形成推动社会组织发展进步的强大动力。

社会组织党组织服务社会组织事业发展，一是要分类加强党员教育，更好地发挥党员先锋模范作用。二是努力搭建党员发挥作用的平台，将党建工作融入社会组织事业发展中，使党建工作成为社会组织发展的内生动力。三是帮助社会组织健全章程和各项管理制度。社会组织党组织要发挥自身政治强、政策熟、素质高的优势，帮助社会组织健全组织章程，完善内部管理，促进社会组织内部的交流、协调和整合，提升社会组织工作的制度化、规范化水平。四是建设先进文化。要以社会主义核心价值观为引领，努力培育以公益理念和志愿精神为核心、具有鲜明时代特征和鲜明自身特色的社会组织价值观念和行为准则，引导从业人员遵守职业道德，明确行为规范，在社会组织内部形成健康向上、和谐互助的良好精神风尚。

（2）服务社会组织人才成长。随着社会组织的迅速发展，越来越多相关领域的管理人才、专业技术人才和技能人才向社会组织会集。社会组织党组织发挥服务功能，必须紧紧抓住人才这个宝贵资源，服务社会组织人才成长，引导各类人才更好地发挥作用。一是要关心关爱人才，主动帮助引导，不断提高人才的思想和业务素质。要将社会组织人才纳入继续教育范畴，有计划地推送社会组织专业人才到各级党校、行政学院、高等院校进行培训，全面提高社会组织人才的整体素质。重视在符合条件的人才中发展党员工作，在人才聚集地成立党组织，把各类人才紧紧凝聚到党组织周围，激发和调动各类人才干事创业的热情。二是要支持和保障各类人才干事创业。要抓住领军人才这个核心，积极推荐、培育、宣传社会组织领军人物和党外代表人士，注重把政治素质好、业务水平高的优秀领军人才推荐进入组织部门选拔视野，支持有突出贡献的领军人才通过选举当选“党代表、人大代表和政协委员”。要抓住高端人才这个骨干，注重吸收素质高、能力强、有爱心、奉献精神强的各种社会人才加入高端人才队伍。要抓住专业人才这个基础，定期开展优秀社会组织专业人才评选活动，对于业绩突出、能力卓著、社会组织认可的优秀社会组织专业人才推荐纳入政府人才奖励范畴。

（3）服务社会治理和人民群众。在全面深化改革、推进国家治理体系和治理能力现代化的大背景下，社会治理被提到了重要高度。社会组织党组织要适应全面深化改革的新要求，围绕服务社会治理和人民群众发挥积极作用。一是要服务规范市场行为，推动社会组织加强行业自律和行业诚信建设，协助政府加强宏观调控和市场监管，促进市场经济健康有序发展。二是要围绕承接政府转移职能，推动社会组织提供更多、更好的社会公共服务，造福人民群众。三是要加强与街居等地域性党组织的协同联动，带动社会组织参加各种“回报社会、服务社会”活动，引导社会组织主动履行社会责任。要与农村、社区、学校开展结对共建、公益慈善、扶贫济困、信息咨询等活动，倡导爱心奉献社会，通过服务社会大众真情回报社会，树立社会组织良好的社会形象，提升社会组织的影响力和知名度。四是鼓励和引导社会组织党员依托居住地、兴趣爱好、专业特长等积极参与社会志愿服务和社会公益事业，积极参加社区建设和社区服务，为建设和谐幸福社区贡献力量，增强党员社会责任感。

以广州启智社会工作服务中心党支部为例，该支部于 2016 年底成立党员志愿者服务队，吸纳会员 200 多人，党员志愿者服务队每周都会开展 50 多项志愿服务，提供 800 多个志愿服务岗位供志愿者网上报名参加。2017

年10月，依托自身丰富的党群服务和志愿服务的工作经验，启智社会工作服务中心正式进驻员村街“红棉心语”党群服务中心，为辖区内及周边区域的党组织、党员和群众提供特色党群服务。其中一大亮点，是为基层党组织活动开展提供“菜单式”服务。不仅为提升当地基层党建水平发挥了积极作用，而且扩大了社会组织党组织的影响力。

（二）社会组织党组织与培育、监管社会组织的相互关系

当前中国社会组织发展已经进入质量提升和规范发展阶段，但社会组织发展仍然面临一些突出问题，例如社会组织对政府的依附性很强、自身活力不足、社会公信力不强、资金短缺以及工作人员待遇偏低等。概括起来，一个是培育社会组织的问题，一个是监管社会组织的问题。针对这一现状，近年来很多地区采取系列政策工具进行适度的干预和引导，包括购买服务、奖励表彰、资金补助等。而通过“嵌入式党建”工作方法，在有条件的社会组织中成立党的组织，拓展党建工作触角，充分发挥党组织的政治功能和服务功能，有利于培育与监管社会组织，有利于社会组织健康有序发展。

1. 党组织在培育社会组织中发挥引领导向作用

在培育社会组织过程中，深深植入“党建先行”理念，加强和创新党建工作，不仅有利于推动党建工作在社会组织中生根发芽，而且可以为社会组织注入强大的“红色基因”，为社会组织提供更多的正能量，引领社会组织向正确的方向发展。

2015年中共中央办公厅颁发的《关于加强社会组织党的建设工作的意见（试行）》，要求进一步加强党对社会组织的领导。各地区在该文件精神的指导下，纷纷出台了适用于本地区的社会组织党组织建设文件，文件中多有这样的规定“社会组织在申请成立时应同步提交党建材料”“要将党建内容写入社会组织章程”“要和社会组织同步建立党组织”“要选优配强社会组织党组织班子”以及“要将党建工作纳入社会组织年检评估中”等。上述规定明确了在社会组织中如何开展党组织建设，也从侧面反映了社会组织党建是引领社会组织培育和健康发展的保障。

一是党组织可以为培育社会组织提供组织保证。例如，“要选优配强

社会组织党组织班子”的相关规定，就细化指出了要“推行社会组织党员管理层人员和党组织班子成员双向进入、交叉任职”。“交叉任职”有利于将社会组织的业务活动与党建活动融合起来，从而把党的组织优势转化成社会组织的发展优势。近年来，广州市社会组织党委专门制定了《广州市社会组织党组织负责人任职管理办法》，明确规定了社会组织党组织负责人的基本任职条件、人选范围、产生程序、换届流程、工作职责等，要求社会组织党组织负责人一般从社会组织内部产生，提倡社会组织党员负责人担任党组织负责人，提出社会组织党组织负责人要认真落实党建工作责任制，每年应向上级党组织和本单位党员报告工作并接受评议。上述管理办法有利于从组织上加强党对社会组织的领导，是确保党组织在培育社会组织中发挥引领导向作用的重要举措。

二是党组织可以为培育社会组织提供政治保证。以广州市为例，在2018 年 3 月，广州市社会组织党委专门发布了《广州市社会组织党建工作指导团建设方案》，党建工作指导团专注于党建引领社会组织业务开展，60 多名指导员以“一对多”的形式，为全市社会组织提供服务，在社会组织中开展党的工作。当前广州又正在探索实施社会组织党建“红苗工程”，就是要通过嵌入式党建，使一颗颗的“红种子”（处于孵化期的社会组织）进化成为“红树苗”；并且通过搭建各类平台，连点成片，着力植造社会组织党建“红树林”。此外，通过设立广州市社会组织党群活动服务中心、广州市社会组织培育基地党建工作站等，为培育初创期的社会组织搭建党建平台，探索建立“红苗坊”。从“红种子”“红树苗”“红苗坊”到“红树林”，再不断影响更多的社会组织变成“红种子”，最终穿成一条社会组织“红色生态链”。广州的实践表明，党组织可以为培育社会组织提供政治保证，党建工作能够影响社会组织的“基因成分”，从而能够决定社会组织未来的发展走势，确保社会组织在政治上能够与党同心同德、同向而行。

为确保党组织在培育社会组织中发挥引领导向作用，广州具体通过以下措施加以保障：一是要求社会组织在成立时，须提交《社会组织党建工作承诺书》和《社会组织党员情况调查表》，同步开展党建工作；二是在社会组织年度报告、换届、重大事项报告和注销撤销等各个环节，均将党建工作纳入前置掌握、关联限制和考核指标范围；三是将党建、群建情况纳入社会组织评估指标体系；四是鼓励有正式党员3人以上的社会组织及时设立党支部，党员不足3名的，可设立联合党支部，确保社会组织的党组织应建尽建。广州还专为社会组织"一对一"配备了专兼职党建指导员，由指导员负责核实情况、登记注册、建立台账，掌握社会组织党员、党组织、党务干部基本情况，有针对性地提供党建业务指导等。此外，在广州社会组织等级评估和品牌社会组织建设中，党建工作被作为核心指标纳入，凡是党建工作不过关的社会组织，没有获得社会组织等级评估中4A级及以上等级的资格。这些行之有效的成功经验，有利于以党建先行引领和培育社会组织发展壮大，有利于确保社会组织发展的正确方向。

2. 党组织在监管社会组织中发挥"第一道防线"作用

社会组织在社会领域发挥积极作用的同时，部分社会组织由于自身的内部管理还不够规范，产生了一些负面的影响。加强社会组织党建活动，有利于减少甚至避免社会组织中出现政治问题和纪律问题，起到"政治监管"的作用。例如，社会组织中常出现"山头主义""小团体"和"小圈子"现象，也可能会出现妄议中央大政方针等政治问题。通过"嵌入式"党建活动，打造政治上过得硬的社会组织党组织，并通过党组织的战斗堡垒作用扩大党的政治影响力，可以引导社会组织在思想上、政治上、行动上始终同以习近平同志为核心的党中央保持高度一致，将党的意志和主张贯彻落实到社会组织中，社会组织就能真正把自己服务、联系的群众紧密团结在党的周围，引导群众听党话、跟党走，成为党领导下的促进经济发展与社会和谐的重要力量。

再如，社会组织在直接面对群众和社会开展服务活动时，可能出现违纪违规现象。为此，有必要完善社会组织的内控机制，保持纪律规矩的严肃性和权威性。而加强社会组织党建工作，有利于推动党的纪律监督工作与社会组织自身纪律建设的高度融合，从而协助社会组织从内部环境、风险评估、内部监督等方面完善内部控制，在社会组织中营造风清气正的发展氛围，引导监督社会组织依法执业、诚信从业，确保不出或者少出违纪违规问题。除此之外，在社会组织党组织书记与社会组织负责人两者合一的情况下，更可以发挥党组织的组织优势和纪律优势，加强对社会组织出资人、管理者及从业人员的监督管理，起到事半功倍的效果。总体而言，尽管民政部门、业务指导单位的外部监督不可或缺，但不容忽视的是，社会组织党组织在监管社会组织过程中，其“第一道防线”的功能是不可替代的。

二、社会组织党组织及其负责人在现代社会组织法人治理结构中的地位和作用

为确保社会组织发展的正确方向，必须加强党对社会组织的政治领导，社会组织党组织必须充分发挥政治核心作用，履行好引领社会组织发展的政治功能和推动社会组织发展的服务功能，这是毫无疑问的。但加强党的领导、党组织发挥政治核心作用以及履行政治功能和服务功能，并不意味着党组织可以包办一切、可以随意干预社会组织正常的经营活动。在这里，关键是要正确处理好坚持党的领导与构建现代社会组织法人治理结构的关系，尤其是要正确处理好社会组织党组织与理事会、党组织负责人与社会组织管理层之间的关系，对社会组织党组织及其负责人在现代社会组织法人治理结构中的地位和作用作出明确规定，以更好地坚持和加强党对社会组织的政治领导，这已经成为社会组织健康发展亟待解决的重要课题。

（一）法人治理结构对规范社会组织发展具有重要意义

构建现代社会治理体制是“五位一体”总体布局的重要组成部分，社会组织是社会治理的重要主体，如何从中国国情出发，尊重现代社会组织发展客观规律，构建起具有中国特色的现代社会组织法人治理结构，这是构建现代社会治理体制的重要课题。

法人治理结构在本质意义上是一种委托－代理的合同关系，同样，社会组织法人治理结构也体现了委托－代理关系的基本特征。社会组织属于准公共产权，其所有权归社会捐赠者所有，理事会只是形式上的所有者，监事会监督其行为，会员大会对社会组织重大事项作出决策。所以，社会组织的发展需要通过法人治理结构来对社会组织内部运作进行调控。只有构建科学合理的现代社会组织法人治理结构，才能有效协调社会组织内部

关系、规范社会组织内部行为和解决社会组织内部矛盾，这对于促进社会组织健康良性发展至关重要。

因此，社会组织法人治理是社会组织发展的基础力量，规范社会组织的法人治理，是加快形成政社分开、权责明确、依法自治的现代社会组织体制的必然要求，也是完善以章程为核心的决策、执行、监督制度的重要举措，更是引导社会组织自主办会、民主办会、按章办会的重要措施，对促进社会组织的自我教育、自我约束、自我管理、自我服务、自我发展有非常重要的现实意义。近年来，各地积极探索符合中国国情、具有中国特色的现代社会组织法人治理结构，取得积极成效。

2015 年 4 月 10 日，广东省民政厅就正式印发了《广东省民政厅关于社会组织法人治理的指导意见》以及《广东省社会团体法人治理结构与治理规则》《广东省基金会法人治理结构与治理规则》《广东省民办非企业单位法人治理结构与治理规则》四个文件，其总体目标是：建立和完善以章程为核心，以健全法人治理结构和制度建设为基础，以信息公开和综合监管为保障，以公信力建设为目标的法人治理机制，形成结构合理、制度完善、运转协调、充满活力的现代社会组织法人治理体系，积极发挥社会组织在促进经济发展、繁荣社会事业、参与社会治理、提供公共服务等方面的重要作用。这些措施对促进广东社会组织发展起到了重要的指导作用。

2016 年 1 月 3 日，广州市民政局印发的《广州市社会组织法人治理指引》，正式提出规范社会组织法人治理，对构建现代社会组织法人治理结构、提升社会组织发展水平有重要实践指导意义。2016 年 6 月 7 日，《天津市社会组织法人治理结构准则》正式发布，聚焦“社会组织法人治理结构准则”出台地方标准，这在全国尚属首例。《天津市社会组织法人治理结构准则》聚焦并细化社会组织法人治理结构内涵，旨在规范社会组织内部组织机构设置以及组织机构的运行，在社会组织权力机构、决策机构、监督机构、执行机构间形成权责明确、相互制约、运转协调和决策科学的统一机制，使社会组织在促进经济发展、参与社会治理、提供公共服务中发挥积极作用。

（二）重点明确党组织在社会组织法人治理结构中的地位和作用

规范和促进社会组织健康发展，必须建立健全以章程为核心的，决策机构、执行机构、监督机构权责明确、制衡有效、运转有序的社会组织法人治理结构；同样，规范和促进社会组织健康发展，也必须在政治上坚持和加强党的领导，充分发挥党组织的政治核心作用。构建中国特色现代社会组织法人治理结构，关键就在于正确处理好党的领导与法人治理结构的关系，重点则在于如何明确党组织在社会组织法人治理结构中的地位和作用。

近年来，各地围绕如何明确党组织在社会组织法人治理结构中的地位和作用问题，进行了积极探索，取得了一些进展。如《广东省民政厅关于社会组织法人治理的指导意见》，就把“党的领导”作为社会组织法人治理必须坚持的基本原则写进了文件，要求“加强党对社会组织建设的领导，在社会组织法人治理过程中，根据中国共产党章程的规定，设立党的组织，发挥党组织的政治引领和党员的先锋模范作用”。而《广东省社会团体法人治理结构与治理规则》《广东省基金会法人治理结构与治理规则》《广东省民办非企业单位法人治理结构与治理规则》三个具体文件，除对社会团体、基金会和民办非企业单位的法人治理结构作出明确规定外，也都把“党建工作”作为规定内容写进文件，要求“根据社会组织不同类型、不同特点，采取多种形式组建党的基层组织；加强党的建设，充分发挥党组织的战斗堡垒作用和党员的先锋模范作用”。如2016年5月17日吉林省印发的《加强社会组织党的建设工作实施办法（试行）》（以下简称《办法》）明确了加强社会组织党建工作应遵循的基本原则，强调要“坚持党的领导与社会组织依法自治相统一，把党的工作融入社会组织运行和发展过程，更好地组织、引导、团结社会组织及其从业人员”。对于社会组织党组织如何发挥政治核心作用，履行基本职责，《办法》强调要正确处理好“党组织负责人与社会组织管理层的关系”。要求“实行双向进入、交叉任职，党组织负责人进入管理层，参与决策管理，确保党组织在社会组织法人治理结构中的法定地位。党组织也应吸收管理层中的党员担任党内职务，参加组织活动，发挥党员作用。克服解决党组织在社会组织中没有地位、功能缺失等问题”。2018 年 5 月 14 日，《民政部关于在社会组织章程增加党的建设和社会主义核心价值观有关内容的通知》（以下简称《通知》）正式对外公布。《通知》针对章程在社会组织法人治理中的核心地位，明确要求社会组织应当在章程中增加党的建设和社会主义核心价值观有关内容，民政部门要在成立登记和章程核准时加强审查。其中社会组织党的建设有关内容具体表述为：“本会（基金会、中心、院等）根据《中国共产党章程》的规定，设立中国共产党的组织，开展党的活动，为党组织的活动提供必要条件。”在章程中增加党的建设有关内容，是明确党组织在社会组织法人治理结构中法定地位的重要制度安排，这就为加强党对社会组织的领导，更好地发挥党组织的政治核心作用提供了制度保障，从源头上确保了社会组织正确的政治方向，对引领社会组织健康有序发展，引导社会组织发挥正能量具有重要意义。

但总体来看，这些探索更多还是停留在原则规定的层面上，如何通过具体途径、具体程序加以具体实施，仍然需要各地在实践中继续深化探索，形成行之有效的好做法、好经验。

（三）落实党组织在社会组织法人治理结构中地位的基本途径

一是选择适当的法人治理结构模式。设计中国社会组织法人治理结构模式，需要把握好以下四个方面的前提条件：要明确把党组织纳入其中，坚持和完善党组织负责人与理事会、监事会和执行机构成员“双向进入、交叉任职”的领导体制，发挥党组织的政治核心作用；各治理主体权、责、利明确对等，既要形成制衡又要有机协调；模式设计不能把制衡和监督当作目的，目的还是社会组织的发展以及为社会作出更多的贡献；社会组织法人治理结构的安排，不能出现一个人说了算的“一把手”体制，也不能没有“领军人物”或埋没“领军人物”的作用。

二是要明确主体责任。涉及决策事项，在社会组织法人治理结构各主体中理事会是决策主体，党组织的定位应该是参与决策。党组织参与决策是组织行为，是从政治角度把关定向，承担决策的政治责任。在执行方面，党组织应支持法人治理结构的其他机构依法行使职权，不是代理其行使职权，而要发动党员、带领群众执行理事会决议，发挥党员的模范带头作用和党支部的战斗堡垒作用。在监督方面，以加强党内监督为重点，监督社会组织改革的正确方向，监督社会组织的关键人、关键岗位和关键环节，提高监督的有效性。

三是坚持党管干部原则与理事会、执行机构依章程行使用人权相结合。既要明确党组织在干部管理权限上的政治领导责任，又要明确理事会选人用人的法定职权；既要充分发挥党组织在选人用人上的把关定向职能，又要充分调动决策层、管理层依规选人和按需用人的主观能动性，从而实现党组织、理事会、管理层在用人上的融合和协调，形成合力，依法合规。对于如何落实好党管干部原则，社会组织党组织重点应该是履行好“确定用人标准、研究推荐人选、严格组织考察、完善评价体系、加强监督管理”的职责，重点做到“五管”、把好“五关”，即管原则，把好导向关，管标准，把好资格关，管程序，把好规则关，管机制，把好政策关，管监督，把好调整关。

三、社会组织培育过程中的党建介入策略问题研究

在社会生活中，组织是承担各项活动的主体。不同领域的研究者发现各类组织在其发展历程中像生命体一样也会普遍存在出生、成长和衰亡的周期。社会组织与其他组织一样也会经历创立、成长、成熟以至消亡的过程。参照相关研究成果，本课题组将社会组织发展周期划分为孕育期、草创期、成长期、成熟期。课题组结合广州市社会组织党建实践，对社会组织培育过程中的党建工作介入策略进行深入研究。

（一）社会组织党建四种介入方式

综观广州社会组织党建模式，主要采取了行政推动方式，市区党委、组织部门、民政部门以及业务主管部门借助行政权力，通过渗透、动员、宣传等方式从外部将党建资源嫁接到社会组织内部，这种模式可以看成是一种“嵌入式”党建模式。嵌入式党建主要策略有：理念嵌入、组织嵌入、活动嵌入和人才嵌入。

一是理念嵌入式的党建介入策略。即党通过在社会组织中的宣传、教育和服务，达到贯彻自身路线、方针和政策的一系列党建策略。

二是组织嵌入式的党建介入策略。即在社会组织中发展党员，建立党组织体系，这是党加强对社会组织领导的组织保证。

三是活动嵌入式的党建介入策略。即社会组织党组织将党建主题活动与社会组织发展活动相互结合，以党建活动推动社会组织实现其宗旨和目标。

四是人才嵌入式的党建介入策略。即在社会组织党组织系统内，通过选配能力强、素质高的党组织书记和充实壮大党务工作者，为社会组织提供政治合格、业务过硬的人才队伍。

（二）社会组织培育"四期"的党建介入策略

社会组织以党建引领培育社会组织发展应贯穿社会组织整个发展周期，应根据社会组织不同发展阶段的不同特点和需求，结合广州嵌入式社会组织党建方式探索一套行之有效的社会组织培育时期党建介入策略。

1. 孕育期的党建介入策略：制度引领＋理念嵌入

就是把党建引领置于社会组织创建之前，通过"制度引领＋理念嵌入"，让社会组织创始人形成稳定的"红色预期"，在创立社会组织之初就主动配合、积极支持党建工作，筑牢社会组织党建的制度和理念基础。

（1）要构建系统规范的制度框架。目前我国社会建设方面的法律法规还不健全，社会工作秩序还不规范，社会组织生长和发挥作用的环境还有待净化。因此做好党建制度设计，以党建制度引领社会组织发展的正确方向，对于孕育期的社会组织发展，尤为重要。

广州先后出台了一套规范的关于加强社会组织党建的制度文件——《广州市社会组织管理办法》《关于加强社会组织党建工作的通知》《广州市社会组织党建工作规范与党组织工作指引（草案）》《广州市社会组织党组织成立工作指引》等，对社会组织党的建设提出规范化要求，从制度上规范社会组织党建工作。要认真总结和不断完善规范社会组织党建的制度框架，更好地发挥制度对社会组织党建的指导作用，以制度建设引领和确保社会组织党建落地生根。

（2）要将党建工作融入社会组织管理制度中。推行"三同步"工作机制，即社会组织登记时，党建工作纳入前置程序，同步指导；社会组织年检年报时，党建情况纳入年检内容，同步年检；社会组织等级评估时，党建工作纳入考核范围，同步考核。通过“三同步”机制，在准入条件、资格认定、项目申请、选优评优整个社会组织日常管理制度中把党建要求嵌入其中。

（3）要加大思想政治工作力度，切实筑牢社会组织党建工作的思想根基。第一，要针对业主认识不到位的问题，主动耐心地做好思想说服工作，把搞好党建工作对社会组织自身发展的意义、作用说清讲透，消除业主思想疑虑，变“不理解”“被动抓”为“想得通”“主动抓”。第二，要针对党员认识不到位的问题，有针对性地加强党性教育，既要使社会组织党员认识到自己首先是“党员”，然后才是“生意人”或“打工者”；又要使党员认识到在社会组织开展党的工作合法合理、利党利国、利民利己，从而积极自觉地参与党组织活动，充分发挥党员的先锋模范作用，更好地团结凝聚群众推动社会组织发展。

通过制度引领和理念嵌入，让社会组织创始人对党和国家对社会组织发展的要求有清晰的认识，对未来成长历程中党建工作效益有稳定预期，从而促使其在创立社会组织之初就能主动支持党建工作，主动汇集党建“红色资源”，让广州社会组织从孕育期开始就具有强大的“红色基因”。

2. 草创期的党建介入策略：组织引领＋组织嵌入

社会组织同所有组织一样，在草创期的主要任务是组织定型。这一时期社会组织无论在组织资源还是组织结构上都很匮乏，需要外部力量强有力的扶助，党建介入策略应重点放在“组织引领＋组织嵌入”，要整合各方面的组织资源和组织力量，为社会组织顺利发展提供坚强有力的组织引领和组织保证。

（1）强化社会组织党建工作管理体制。第一，市、区两级党委要强化统一领导责任，把社会组织党建工作纳入市、区党建工作总体布局，与其他领域党建工作同规划、同部署、同检查、同考核。要牢牢抓实社会组织党建工作责任制，让社会组织党建工作责任真正落实到位。第二，市、区党委组织部门要强化牵头抓总、统筹协调功能，牵头制订社会组织党建工作发展规划，明确工作目标，完善政策、制度和措施，加强督促和指导。第三，市、区社会组织党委要强化具体指导功能，建立与各社会组织业务主管部门、各镇（街）党（工）委之间常态化的工作交流机制，强化工作指导和督促检查力度。市、区两级社会组织党委之间要建立和完善例会、年会等工作会议制度，加强沟通交流和信息共享，及时总结和研究部署社会组织党建工作。第四，业务主管部门党组织要强化对业务对口社会组织党建工作的管理职责，对符合建党条件的要帮助建立党组织并加强工作指导，对不符合条件的要加强联系，等建党条件成熟再帮助其建立党组织并指导其党建工作。探索建立“党建项目化”管理模式，年初根据社会组织实际确定党建项目，由社会组织自主申报、认领，与业务主管部门签订项目实施协议书，年终进行考核验收，验收合格兑现资金奖励。第五，街镇、社区党组织要强化对社区社会组织党建工作的管理职责，在社区社会组织相对集中的街区、园区和楼宇，要打破组织界限统一建立党组织，依托枢纽型社区社会组织成立联合型党组织，利用街道社会组织孵化中心同步孵化社会组织和党组织。要加强对社区社会组织党建工作的指导，帮助其解决党组织活动场所、运转资金等难题。第六，行业党组织要强化对所属会员单位党建工作的管理职责，行业特征明显、管理体系健全的行业，应依托行业协会建立行业党委，对会员单位党建工作进行指导。要指导会员单位党组织开展党建工作，帮助解决问题。

通过理顺管理体系，明确职责权限，建立健全市、区党委统一领导、组织部门牵头抓总、社会组织党委指导协调、业务主管单位党组织归口管理、属地党组织兜底管理、行业党组织归类管理的社会组织党建工作管理体制，形成齐抓共管的工作格局，为社会组织党建工作提供坚强有力的组织引领。

（2）健全社会组织党建工作支撑体系。发挥执政党整体优势，整合各方组织资源，加大支持社会组织党建工作力度，健全社会组织党建工作支撑体系，完善社会组织党建工作保障机制，夯实社会组织党建工作的坚实组织基础。第一，提升社会组织党组织书记的地位和待遇。把社会组织党组织书记纳入干部选拔和管理视野，实行党组织书记享受不低于中层以上管理岗位待遇的制度，提供必要的工作津贴和交通、通信补贴。实行党组织书记列席社会组织负责人和管理层会议制度，并推动党员的社会组织负责人担任党组织书记，提高“一肩挑”比例。第二，提升社会组织专职党务工作者的地位和待遇。采取从高校毕业生中选聘、从社会上选聘、从党政机关和企事业单位选聘的方式，建立一支素质优良、结构合理、数量充足的社会组织专职党务工作者队伍。要在政治上重视、工作上关心、待遇上照顾这支队伍，解决好他们的后顾之忧，调动他们的工作积极性。第三，建立政治激励机制，提升党组织的政治影响力。明确党组织在社会组织代表人士中推荐人大代表和政协委员人选的政治把关权、评选各类先进的推荐权。把党建工作开展较好的社会组织负责人、党组织书记作为“两代表一委员”推荐人选进行激励。将党建工作考评结果与社会组织等级评估直接挂钩，实行已有党组织的社会组织可优先承接政府转移的公共服务职能的规定，调动社会组织开展党建工作的积极性。各级组织部门和业务主管部门要加大从社会组织管理层和业务骨干中发展党员的力度，同时鼓励社会组织在招聘成员时向具有党员身份的应试者提供优惠政策。各级党组织和政府部门要建立健全与社会组织的沟通协商机制，倾听他们的建议和诉求，提高社会组织从业人员的政治地位、社会地位和经济地位，使社会组织成为令人向往、受人尊敬的行业，为社会组织党建工作提供良好氛围。第四，建立多元投入的社会组织党建工作经费保障机制。社会组织用于党建工作的经费，可以据实享受企业所得税扣除，纳入管理费用列支。全额返还社会组织党组织上缴党费，党委组织部门可用留存党费给予支持，并对新成立党组织补助启动经费和党组织活动经费。社会组织党建工作经费纳入市、区两级财政预算安排，逐步形成以财政拨款为主、党费为辅、社会各类资金来源和社会组织自身为补充的党建经费保障体系。第五，强化社会组织党建工作的物质保障。推进社会组织党组织“五个有”阵地建设，即有党组织标识、有电教设备、有学习资料、有宣传阵地、有活动场所。对具备条件的规模以上社会组织，要充分利用自身资源，在本单位内部落实相对固定的党员活动场所。对自身资源有限的社会组织，可结合实际，采取多种形式，依托党员服务中心、社区文化活动中心等，采取签订协议的方式，落实相对固定的党员活动场所，实现资源共享。

（3）分类组建社会组织党组织。坚持“应建必建”原则，区别不同类型，分类灵活建立党组织，消除社会组织党建空白点，扩大党的组织和党的工作的覆盖面。第一，规范按单位建立党组织。以常驻会员为主单独建立党组织。对那些规模相对较大、经费较为充足、聘请工作人员工资待遇能够在自身经费中得以有效保障、有常设办事机构和相对固定的专职工作人员、人员中有正式党员 3 名以上，又有合适的党组织负责人人选的社会组织，经上级党组织批准，单独组建党组织，并协调各方将党员的组织关系接转到新组建的社会组织党组织中。第二，规范按行业建立党组织。行业特征明显、管理体系健全的行业，主要依托行业协会、商会、联合会、研究会等建立行业党组织，视其专职工作人员或长期聘用人员中党员的数量，分别设立党委、总支、支部，并对下属会员单位的党建工作进行指导。第三，规范按区域建立党组织。在社会组织相对集中的街道社区、专业园区、商务楼宇和社会组织培育基地等区域，打破单位界限，统一建立区域性党组织。视其专职工作人员或长期聘用人员中党员的数量，分别设立党委、总支、支部，负责领导区域内社会党组织的党建工作。规模小、党员不足 3 名的社会组织，在同一业务主管单位下，按“行业相近、地域相邻、方便活动”的原则，建立联合党组织，在业务主管单位党组织指导下开展党建工作。

3. 成长期的党建介入策略：事业引领 + 人才嵌入

任何组织在成长期最大的特征是组织事业的发展和组织规模的扩大。在成长期，影响社会组织发展的核心因素是管理能力必须与组织规模同步增强，这一时期党建介入的重点应是“事业引领 + 人才嵌入”，为社会组织成长壮大提供服务和人才支撑。

（1）提升党组织服务社会组织事业发展的能力。紧紧围绕社会组织的执业活动和经营管理搞好服务，把党组织的政治优势转化为社会组织的发展优势，把党的组织资源转化为社会组织的发展资源。第一，分类加强党员教育，更好地发挥党员先锋模范作用。对业主党员，加强社会责任教育，要求他们守法、诚信经营，积极支持党建工作；对管理层党员，加强服务意识教育，要求他们服务党员，联系员工，积极反映员工诉求，切实维护好职工群众合法权益；对工作一线党员，加强担当有为教育，要求他们发挥模范带头作用，立足本职、爱岗敬业，团结广大职工为推动社会组织发展多作贡献；对流动党员，加强党性意识教育，要求他们主动亮明身份，积极参加组织生活，更好地发挥党员作用。第二，努力搭建党员发挥作用的平台。通过党员先锋岗、党员责任区、党员服务窗口等形式，积极开展党员公开承诺践诺活动，引导党员以建言献策、示范引领等方式做好本职工作，推动社会组织发展。第三，把党员培养成推动事业发展的骨干。实行把社会组织骨干培养成为党员、把党员培养成为社会组织骨干、把党员骨干推荐到社会组织管理层的“双培养一推荐”工作，促进以党员为骨干的社会组织人才队伍建设。

（2）强化社会组织党组织书记队伍建设。党委组织部门、社会组织党工委和业务主管部门党组织要定期组织党组织书记到市、区委党校（行政学院）和高校进行集中脱产培训，通过专题培训、定期轮训、参观考察等方式，加强政治理论教育、法律法规教育、党务知识教育和管理知识教育，提升党组织书记综合素质。同时，可依托社会组织研究院和社会组织学院，通过社会组织负责人和党支部书记“双培养”项目，管理团队和党支部“双培育”项目，通过对党内丰富基层党组织建设经验的引进，把社会组织负责人（党支部书记）和管理团队（党支部）培育成富有战斗力的坚强组织。

（3）提升社会组织党员能力素质。通过搭建平台的方式提升社会组织党员能力素质。第一，搭建社会组织党员教育培训平台。依托广州社会组织研究院、广州社会组织学院和市社会组织党校，每年将党员和党务工作者培训纳入全市社会组织队伍培训整体规划，组织开展“专家授课 + 主题讲座 + 专题培训 + 经验分享 + 基础普及”等系列培训。为社会组织“一对一”配备专兼职党建指导员，核实情况、登记注册、建立台账、掌握社会组织党员、党组织、党务干部基本情况，有针对性地提供党建业务指导。第二，搭建社会组织党员服务交流平台。依托全市 45 个市、区、街（镇）三级社会组织培育基地，建立社会组织党群活动中心和培育基地党建工作站，加强社会组织党员学习交流。市社会组织党委要完善广州社会组织信息网，开设党建栏目和党建工作交流平台，设立党建工作微信、QQ 群。第三，搭建社会组织党员示范引领平台。在市区劳动模范、先进集体、优秀共产党员、党代表等推荐评比活动中把社会组织党员纳入单独分配名额，并通过社会组织党建品牌和党建示范点活动引领社会组织党建工作，增强社会组织党员的荣誉感和归属感。

4. 成熟期的党建介入策略：思想引领 + 活动嵌入

进入成熟期的社会组织，由于规模的扩大和事务的增多，代理人问题将成为制约组织发展的关键，组织容易出现形式主义、官僚主义和偏离组织宗旨的行为。这一时期，社会组织党建介入的重点应该是“思想引领 + 活动嵌入”，以确保社会组织发展的正确方向。

（1）寻找共产主义理想信念与社会组织组织文化的精神契合点。社会组织是非营利性组织，其文化宗旨是为社会服务，基本精神是奉献精神，这就决定了社会组织需要通过弘扬自身的价值理念来获得组织的凝聚力。中国共产党作为以马克思主义为指导、以实现共产主义为最终奋斗目标的工人阶级政党，成立之初就秉持为人民服务的宗旨和初心，中国共产党没有自己的特殊利益，一切行为都是为人民谋利益，奉献精神也是中国共产党和其组织成员的重要特征。可见，社会组织和中国共产党在基本指导思想上有契合之处，只有在社会组织的组织文化建设中积极引入党的指导思想，以理想的打造、精神的追求、文化的感染以及信仰的力量，示范、影响并引领社会组织及其成员的价值观，让组织成员接受党的指导思想能有效增强社会组织的凝聚力、向心力，才能有效解决成熟期可能出现的代理人问题，确保社会组织不忘宗旨和初心，始终服务好社会和群众。社会组织党组织要承担起建设先进文化的使命职责，要把社会主义核心价值观融入文化建设全过程，引领社会组织发展方向。要通过学习宣讲、专题培训、辅导讲座等多种方式，对投资人（合伙人）、管理层和职工群众加强社会主义核心价值观尤其是“爱国、敬业、诚信、友善”的教育，切实提升社会组织从业人员思想道德素质。要围绕促进社会组织诚信守法经营、推动社会组织履行社会责任，加强对投资人（合伙人）和管理层的教育和引导，推动社会组织将社会责任内化为自身文化精神和价值追求，切实增强社会责任意识和履行社会责任的自觉性，努力提升社会组织的社会信任度。要引导社会组织大力倡导责任、奉献、服务、互助、关爱等价值理念，坚决反对低俗媚俗、享乐奢靡、唯利是图等不良倾向，坚决同贪污贿赂、坑蒙拐骗、弄虚作假等违法犯罪现象作斗争，树立社会组织的良好社会形象。

（2）全面落实从严治党主体责任。防止代理人问题的关键在于党组织的坚强有力和红色基因的强大，根本则在于全面从严治党。社会组织党组织必须认真贯彻党中央全面从严治党要求，全面落实从严治党主体责任，健全和完善相关责任机制，按照从严治党要求加强和创新党组织活动形式，切实解决党组织中存在的纪律松懈、组织涣散、软弱无力等问题，以党组织的坚强有力，真正发挥好监管社会组织的“第一道防线”作用。第一，健全党建工作责任制。从社会组织基层党委，到党总支和党支部，各级党组织书记承担党建工作第一责任人的职责，每年应向上级党组织和本单位党员报告工作并接受评议，形成书记抓、抓书记，一级抓一级、层层传导压力的党建责任机制。第二，明确党建责任清单，落实书记抓党建的具体责任。结合党组织的功能定位和面临的主要问题，把“抓思政教育、抓班子建设、抓党员管理、抓监督协调、抓文化建设、抓服务保障”作为书记抓党建工作的具体责任。第三，强化工作问责。对于落实管党治党责任不到位、抓基层党建不扎实的党组织书记，上级党组织要通过告诫约谈、诫勉谈话等方式，及时警示提醒，促其改正。

（3）严格党内政治生活。抓住党内政治生活这个关键环节，引导党员以严肃认真的态度参加党内政治生活，在党内政治生活这个“大熔炉”中锤炼党性、经受考验。第一，开展批评与自我批评。经常听取职工群众对党组织和党员的意见，对照从严治党要求和党员标准积极开展批评和自我批评，对存在的问题及时进行整改。建立社会组织党员活动日制度，每月固定时间组织党员开展党建主题活动，加强党性锻炼，提高党内政治生活的政治性、原则性、时代性和战斗性。第二，严格落实社会组织党员党性分析和民主评议制度。每半年开展一次党员评议，从思想、组织、作风、品行、纪律等方面对党员进行“党性体检、民主评议”，评议结果及时公布，对优秀党员予以表扬。探索劝退或通过法定程序开除不合格党员，纯洁党员队伍，保持党的先进性和纯洁性，提高社会组织党组织整体战斗力。第三，建立健全和严格执行党组织的日常管理制度，包括“三会一课”制度、领导班子民主生活会制度、党员定期思想报告制度、党员学习教育制度、发展党员制度、党费收缴及使用制度、党员创先争优制度、联系服务群众制度等，实现社会组织党建工作制度化、规范化、经常化。

社会组织党组织必须按照党中央要求，坚定不移地推进全面从严治党，要把党的政治建设摆在首位，着力从政治上从严管党治党，着力发挥好党组织的政治功能，增强社会组织的“红色基因”。只有党组织在政治上坚强有力，只有党员政治过硬，只有社会组织形成“红色生态链”，才能防止社会组织走偏方向，才能引领和培育社会组织发展的正确政治方向，确保社会组织始终健康有序发展。

激发社会组织创新活力 助力广州创新驱动发展[①]

肖淑云 焦 杨[②]

创新是推动一个国家和民族向前发展的重要力量，也是推动整个人类社会向前发展的重要力量[③]。党的十八大报告明确提出实施创新驱动发展战略，把创新摆在国家发展全局的核心位置。2016 年，中共中央、国务院公布《国家创新驱动发展战略纲要》，提出“明确企业、科研院所、高校、社会组织等各类创新主体功能定位”[④]，首次从国家纲领性文件层面，将社会组织连同企业、科研院所、高校等主体纳入国家创新体系中，这既是对社会组织创新主体身份的认可，也是对社会组织创新潜力的重视。

创新主体和创新行为推动了城市的蜕变发展，广州集中了与创新密切相关的产、学、研、社主体，这些主体要素共同支撑着广州的创新发展进程，产学研是传统创新规模作用最重要的主体，而社会组织则是新兴的主体，随着创新体系的不断完善，其参与创新的深度和广度愈加增强，亦可以对其他主体发挥积极作用，从而影响整个创新体系的功能发挥。

一、广州社会组织创新活力表现

2012 年以来，广州市率先在全国实施社会组织登记改革，并通过加大资金扶持力度、推进政府职能转移及购买服务、开展公益创投活动、实施社会组织品牌战略等手段，优化社会组织发展环境，大力培育扶持社会组

① 本文已在《广州社会发展报告（2018）》刊载，内容有所调整。

② 肖淑云系广州社会组织研究院学术研究部部长，焦杨系广州市社会组织联合会秘书长。

③ 中共中央、国务院：《关于深化体制机制改革加快实施创新驱动发展战略的若干意见》，2015 年。

④ 中共中央、国务院：《国家创新驱动发展战略纲要》，2016 年。

织发展，社会组织能力稳步提升，整体发展态势良好，作用发挥日益明显。社会组织创新路径主要包括以下方面：

一是自主创新：社会组织采用新技术、新方法在相关领域开展技术研发，产出创新成果，如注册专利、版权、商标等。

二是协同创新：社会组织采用承接政府购买服务及授权委托、参与公益创投等多种途径和形式，协同各级政府部门和基层自治组织（社区居委会）等主体开展社会（基层）治理协同创新。

三是服务链创新：社会组织采用新模式协同企业，支撑企业、行业、产业进行服务链创新。

2016 年中共中央办公厅、国务院办公厅印发的《关于改革社会组织管理制度 促进社会组织健康有序发展的意见》（以下简称两办《意见》），提出的重点培育、优先发展行业协会商会类、科技类、公益慈善类及城乡社区服务类社会组织的文件精神。本节也将主要讨论以上四大类社会组织的创新活力表现及典型案例。

（一）行业协会商会类社会组织

行业协会商会类社会组织，即直接向民政部门依法申请登记的，从事相同性质经济活动的单位、同业人员，或同地域的经济组织，为维护共同的合法经济利益而自愿组织的非营利性社会团体①。根据两办《意见》，该类社会组织在服务企业发展、规范市场秩序、开展行业自律、制定团体标准、维护会员权益、调解贸易纠纷等方面具有重要作用。

广州素有“千年商都”美誉，浓厚的商业文化氛围为行业协会商会类社会组织发展提供了滋养。早在 2006 年，广州市委、市政府印发实施《关于促进行业协会商会改革发展的意见》，要求行业协会商会实行“五自”（自愿发起、自选会长、自筹经费、自聘人员、自主会务）、“四无”（无行政级别、无行政事业编制、无行政业务主管部门、无国家机关工作人员兼职）改革，实现政社脱钩，机构自治；在市纪检、民政部门的督促下，全市行业协会商会已于 2016 年实现 100% 脱离行政隶属关系。2007

---

① 本定义主要参考广东省人民代表大会常务委员会 2006 年公布的《广东省行业协会条例》，并根据 2015 年中共中央办公厅、国务院办公厅印发的《行业协会商会与行政机关脱钩总体方案》进一步细化。

年，广州市财政局、市发改委、市民政局及市编办共同印发《关于落实促进行业协会商会改革发展财政扶持措施的意见》。2011 年 11 月，广州市民政局出台《关于进一步深化社会组织登记改革助推社会组织发展的通知》，规定允许同一行业根据实际需要成立多个行业协会，打破垄断格局，鼓励适度竞争、优胜劣汰，突破“一业一会”限制。

在上述政策工具的推动下，行业协会商会得到快速发展。截至 2017 年底，广州共有行业协会 331 家，占全市社会组织总数的 4.36%，基本覆盖各行各业，并在服务会员企业、开展行业自律、推动行业发展等方面作出重要贡献。广州市行业协会商会类社会组织的创新活动主要集中在协同创新及服务链创新，且服务链创新方面已产生明显效益，具体案例见表 1。

表 1　广州市行业协会商会类社会组织创新活力表现

创新路径	典型案例
自主创新	广州市电子音响行业协会 与广州中大微电子有限公司（一家拥有自主研发团队的高新技术企业）合作开展“多功能智能支付终端”研发项目，并获得政府资助 6 万元
协同创新	广州环境保护产业协会 1. 承接市环保局“广州政府组团参加项目‘国际环保博览 2016’”项目（项目资金 28.5 万元），负责开展 2016 香港环保展广州市政府展台的设计、制作及组织相关单位参展、观展和环保论坛等工作 2. 承接市环保局“广州市 2016 年环境统计”项目（项目资金 26 万元），完成广州市 2015 年度环境统计数据录入、汇总、审核、修正等工作 3. 承接市环保局“广州市社会环境检测结构管理办法编制及监测质量监督”项目（项目资金 10 万元），编制《广州市社会环境检测结构管理办法》 4. 承接荔湾区环保局“广州市荔湾区 2016 年黑臭河涌周边污染源摸查”项目（项目资金 19.6 万元），对荔湾区 2016 年黑臭河涌周边污染源进行摸查、数据录入、上报等工作
	广州市工业设计行业协会 1. 承接市工信委“广州市级工业设计中心评审”项目（项目资金 7.5 万元），完成承担 2016 年（总第一批）广州市市级工业设计中心评审工作 2. 承接市知识产权局“2016 年广州市知识产权职称评审工作”（项目资金 10 万元）

续表

创新路径	典型案例
服务链创新	广州市软件行业协会 1. 为会员企业提供技术合同登记服务，2017 年共登记技术交易额 145 亿元，占广州认定总金额的 50%，为企业节税近 5 亿元 2. 协助 36 家会员企业获得 6 亿元的低息贷款（年利率低于 5.7%）
	广州市家具行业协会 1. 参与举办“信息物联网与大数据应用研修班”，主要开设《大数据商业价值落地的实践与挑战》《互联网思维与企业发展战略》等专业课程，并到香港科技园、香港数码港、香港贸易发展局等地进行参观学习，与香港跨境电子商务总会、香港总商会等交流 2. 组织会员企业赴意大利米兰、美国芝加哥、德国科隆进行观展考察，并成功与德国科隆家具展官方开展合作
	广州市南沙区跨境电商行业协会 协办南沙跨境电商需求对接研讨会，鼓励传统外贸企业利用跨境电子商务拓展进出口业务，促进南沙外贸企业交易模式升级
	广州市会展业行业协会 1. 举办“会展教育·人才培养合作创新大会”，对城市会展教育和人才培养创新具有示范引领作用 2. 应行业发展需求，率先成立广州会展知识产权保护组织，维护行业组织权益

（二）科技类社会组织

根据两办《意见》，科技类社会组织主要指在自然科学与工程技术领域内从事学术研究和交流活动的社会组织。广州市科技类社会组织主要由传统的学会及新成立的研究机构两部分构成。截至 2017 年 9 月，广州市科学技术协会共有学会类团体会员 115 家，其中 2/3 以上从事自然科学与工程技术领域的研究与交流活动；而新成立的研究机构虽然数量较少，但在相关领域的科技创新效益明显。

以广州市民科半导体照明标杆体系研究中心为例，截至 2016 年底，该中心及其下设技术服务机构申请专利共计 40 件。其中发明专利 12 项，授权 3 项；实用新型专利 9 项，授权 8 项；申请外观专利 19 项，授权 13 项；

申报广东省地方标准 4 项①。除上述自主创新成果外，该中心在服务链创新能力方面也表现强劲。其他创新案例详见表 2。

表 2　广州市科技类社会组织创新活力表现

创新路径	典型案例
自主创新	广州市民科半导体照明标杆体系研究中心 1. 开展广东省科技项目“带光学透镜的散射型室内照明标准光组件开发与产业化” 2. 开展花都区科技计划项目“半导体照明产业应用产品设计服务平台” 3. 完成自由无缝拼接的高互换型混合集成光源模组的开发，均实现成果转化和产业化 4. 完成多功能化、小型化、标准化、低价的 LED 光源产品的开发 5. 建立一套对 LED 集成光源的标准化评价方案 6. 提出 LED 集成光源模组通用性评价方案 7. 提出一套对光学设计光色性能评价的标准
协同创新	广州市能源学会 承接 2014—2016 年花都区发改局投资项目节能评估评审工作及 2016—2019 年花都区发改局投资项目节能评估评审工作
	广州市建筑节能科技协会 受广州市散装水泥管理办公室委托，开展“砂浆材料质量抽样检测和砂浆产品质量认定备案”工作（项目资金 20 万元）
	广州科技企业孵化协会 1. 受市科创委委托，负责组织市级孵化器认定受理和评审、组织孵化器和众创空间绩效评价的受理和评审、专项资金评审、协助开展广州市孵化器统计工作、协助对接各区孵化器登记，协助完成科技部和省科技厅的孵化器项目申报受理等为政府采购服务 2. 被科技部火炬中心确定为首批 15 家孵化器从业人员培训机构之一，承担企业广东省及华南地区孵化器从业人员培训任务
	广州市科技创新企业协会 1. 完成技术先进型服务企业认定工作，协助完成省级创企认定工作，开展市级创企认定工作等 2. 开展科普和政策宣传工作，如公民科学素质基准及测评工作、科普培训工作、科技政策法规汇编工作

---

① 数据来源：广州市民科半导体照明标杆体系研究中心 2016 年度报告。

续表

创新路径	典型案例
服务链创新	广州市科技企业新三板发展促进会 1. 积极发挥政策引导职能，开展新三板挂牌业务培训会议和政策培训会议，提升会员企业对新三板市场和科技企业相关政策的了解 2. 每日统计发布广州新三板数据，传播全国股转系统的热点信息 3. 通过举办精准、小范围的新三板面对面沙龙、新三板融投资专题培训会、重点走访等深度服务方式促进会员企业直接与券商、机构交流，提升对接成效
	广州市农业现代化研究会 1. 组织会员单位参观考察广州江南果菜批发市场，并就如何由实体经营模式升级转型到互联网销售模式等问题进行交流 2. 参观学习广州德亿堂新农业示范南沙新辉园基地活动，了解新兴技术在基地的落地情况
	广州仪器仪表学会 1. 发起成立广州智能测控装备学会联合体，搭建高水平学科交叉的学术交流平台，推进关键技术集成创新、科技资源集成共享、产业集成服务 2. 发起组建省智能仪器仪表与测控技术产业技术创新联盟，深化产学研合作 3. 承办 2016 中国（国际）传感器创新创业大赛
	广州市发明协会 1. 为企业单位已经成型但欠缺资金的研发产品，对接投资方或专注于市场转化的运营机构，推动技术成果转化 2. 邀请高校及研发机构到企业进行产品体验，并对企业产品进行建议或探讨新的研发方向，推动产学研合作交流 3. 为会员企业提供知识产权保护的相关服务

（三）公益慈善类社会组织

两办《意见》对公益慈善类社会组织的服务范围进行明确的界定，即扶贫、济困、扶老、救孤、恤病、助残、救灾、助医、助学。根据《第四届（2014—2015 年度）“中国城市公益慈善指数”》数据显示，广州慈善组织在经济贡献指数方面超越了许多体量更大的直辖市及省会城市，排在全国的第 5 名。

目前，广州市公益慈善类社会组织在加强和创新社会治理、加大公共服务供给水平等方面发挥着积极作用。典型案例见表 3。

表 3 广州市公益慈善类社会组织创新活力表现

创新路径	典型案例
协同创新	广州市志诚社会服务发展中心 将虚拟现实交互体验技术引入社区禁毒教育宣传工作，推出“社区移动禁毒体验馆”项目，并成功获得海珠区第二届社会组织公益创投项目资助
	广州市新跨越社会工作综合服务中心 率先以“政府购买社会服务项目”形式介入失独家庭开展专项社工服务，通过社工专业手法为失独群体提供心理辅导、情绪管理、功能重建、资源链接等服务
	广州市手拉手社会工作服务中心 1. 协助市民政局，开展“精神康复及家属服务项目”（项目金额 110 万元） 2. 协助番禺区民政局开展“广州市番禺区困境未成年人社会保护及保障服务项目”（项目资金 80 万元）
服务链创新	广州市医养结合促进会 1. 联合高新技术企业广州动医圈网络科技有限公司，共同打造医养结合质量管理云平台，目前已在越秀区多家医院及 16 个养老机构投入使用 2. 与中国质量认证中心合作，探索建立全国统一的医养服务质量标准和认证体系

（四）城乡社区服务类社会组织

两办《意见》首次明确了城乡社区服务类社会组织的定义，即是直接向县级民政部门依法申请登记的，为满足城乡社区居民生活需求，并在社区内开展服务活动的社会组织。2017 年中共中央、国务院印发的《关于加强和完善城乡社区治理的意见》中也明确提出，“大力发展在城乡社区开展纠纷调解、健康养老、教育培训、公益慈善、防灾减灾、文体娱乐、邻里互助、居民融入及农村生产技术服务等活动的社区社会组织和其他社会组织[①]”。

广州社区类型丰富多样，既有文物古迹众多、历史底蕴深厚的传统社区，又有展示改革开放成就、矗立城市新地标的新兴社区；既有承担教学、科研、购物等需求的功能型社区，也有接纳来穗务工者的城中村社区。根据社区类型的不同，社区居民需求也呈现多元化趋势。

近年来，广州市城乡社区服务类社会组织发展迅速，并逐渐成为满足社区居民生活需求、化解社会矛盾、维护社会秩序、促进社会和谐不可或缺的社会力量。如广州市法泽城市与公益研究中心在外来人口聚居的三元里社区，成立全国首家社区大学、首个外来工与本社区居民共同参与社区治理的社区共治议事会及首个由社会组织负责人担任流动外来工党支部书记的来穗人员党支部，为探索社区治理创新积累丰富经验。

表4　广州市城乡社区服务类社会组织创新活力表现

创新路径	典型案例
自主创新	广州市南沙区社区服务宝运营中心 推出“南沙时间银行”社区互助公益项目，通过引入“以时间换时间、以服务换服务”的模式，为所有会员提供一个公共服务的存储、支取和交换平台
协同创新	广州市海珠区海幢街永龙社区平安促进会 1. 创建“群防群治”志愿者巡逻队，巡查社区治安，调解邻里纠纷，推进社区自治共建 2. 联合专区民警和邮政银行举办防诈骗讲座，提升社区居民防骗能力
	广州市海珠区平安凤阳联谊会 发动和吸收辖区内优秀异地务工人员参与社区建设，如热心社区事务、活动能力强、联系范围广的私营企业主、个体工商户或者异地务工人员骨干力量，参与纠纷调解，提供免费的法律咨询、心理辅导、困难帮扶、就业培训等活动
	广州市黄埔区联和街社区卫生服务中心 受黄埔区卫计局委托，承接“社区公共卫生服务”（资金总额650万元），主要开展老年人、妇女、儿童保健工作，健康教育工作，传染病管理工作

① 中共中央、国务院：《关于加强和完善城乡社区治理的意见》，2017年。

续表

创新路径	典型案例
服务链创新	广州市黄埔古村文化传承促进会 1. 立足于黄埔村历史文化艺术资源的挖掘及传承，联合村内艺术工作室及艺术家资源，将村内不可移动的文物遗产与非物质文化遗产有效结合，举办社区文化学堂 2. 通过传统手工课堂，让广大市民有机会体验及学习传统工艺

总体来看，广州社会组织已有较多创新实践，其中以协同创新、服务链创新成效最为突出。而社会组织创新活力及其成效在很大程度上受到政策因素的影响，因此下面将主要讨论影响广州社会组织创新活力的政策现状。

二、广州社会组织创新活力政策现状

近年来，广州顺应时代发展潮流，积极探索社会组织登记改革，完善社会组织综合监管及党建工作，并通过资金资助、公益创投、职能转移、等级评估、品牌社会组织创建等方式，创新社会组织培育扶持机制，优化社会组织发展环境。

（一）以社会组织为主体的政策

2011—2016 年，广州市发布的社会组织政策文件共 108 份。其中市层面综合性政策文件 1 份，即广州市人民政府 2014 年颁布并于 2015 年 1 月 1 日起施行的《广州市社会组织管理办法》；广州市民政局或广州市社会组织管理局（原名“广州市民间组织管理局”）独立发布政策文件 76 份，占比 70.4%；广州市发展和规范社会组织工作联席会议（办公室）发布政策文件 9 份；中共广州市社会组织委员会发布政策文件 8 份；其余政策文件主要为市民政局与市财政局等职能部门联合发文①。

从时间维度看，2014 年是广州市社会组织政策发展的分水岭。自 2014 年广州市以第 108 号政府令形式颁布《广州市社会组织管理办法》以来，

① 资料来源：2011—2016 年广州市社会组织管理文件汇编（广州市社会组织管理局整理）。

随后的两年内社会组织政策文件数量激增，且政策类型也呈现多元化发展态势（如图 1 所示）。

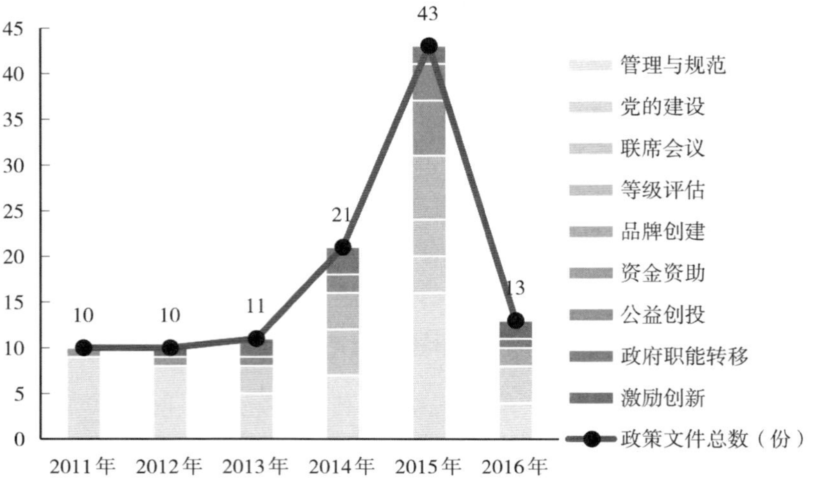

图 1　2011—2016 年广州市社会组织政策文件发布情况

总体上，2011—2016 年广州市社会组织政策文件主要分为扶持发展与规范建设两大方向。其中扶持发展政策文件主要包括资金资助类（以福利彩票公益金为主）、公益创投类（现已完成四届活动）、政府职能转移类（现已公布六批社会组织目录）以及激励创新类；规范建设政策文件主要包括管理与规范类、党的建设类、联席会议类、等级评估类及品牌建设类。

通过分类分析可发现，2011—2016 年广州发布的社会组织政策文件中 76% 为规范建设类，扶持发展类政策占 24%，其中激励创新类政策文件 3 份（如图 2 所示）。

（二）部分涉及社会组织的政策

除上文提到的政策外，近年来广州发布的部分激励创新政策文件也逐渐有了社会组织的身影，但是从具体政策内容来看，部分职能部门对社会组织及其创新路径的理解仍有待加强。

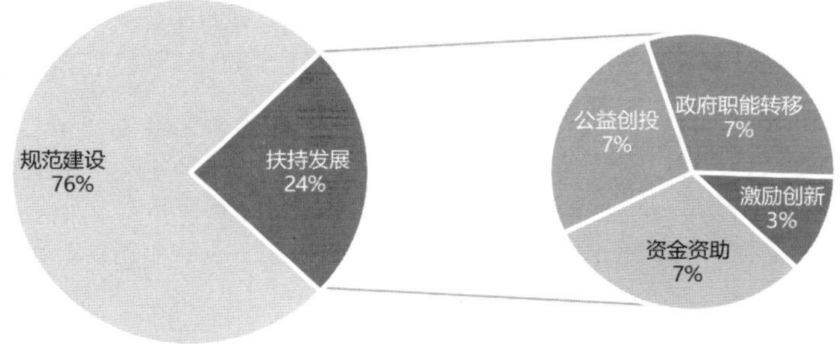

图 2　2011—2016 年广州市社会组织政策类别情况

表 5　其他部门涉及激发社会组织创新活力的政策文件

年份	出台部门	政策文件	涉及内容
2015	广州市知识产权局、市财政局	《广州市专利工作专项资金管理办法》	专项发展资金项目申报人应为注册地址在广州市行政区域内的企事业单位、社会团体及其他组织
2016	广州市番禺区委、区人民政府	《关于加快集聚产业领军人才的实施意见》	针对番禺区引才突出人力资源服务机构和社会组织，给予 10 万元的一次性补贴
2016	广州市黄埔区人民政府办公室、开发区管理委员会办公室	《广州市黄埔区广州开发区促进现代服务业发展办法》	对服务于本区现代服务业依法注册成立并按章程开展活动的行业协会，给予每年 30 万元活动经费补贴
		《广州市黄埔区广州开发区促进先进制造业发展办法》	对服务于本区先进制造业依法注册成立并按章程开展活动的行业协会，给予每年 30 万元活动经费补贴
		《广州市黄埔区广州开发区加强知识产权运用和保护促进办法》	对促进技术成果转让，并实现转让的知识产权服务机构，补贴实际发生技术交易额的 5% 针对境外高等院校、知识产权培训机构在中心广州知识城单独或联合国内高等院校、知识产权服务机构设立知识产权国际教育培训机构，培养知识产权人才的，经区政府、管委会同意，另行予以重点支持

续表

年份	出台部门	政策文件	涉及内容
2017	广州市科创委	《关于加快促进科技中介服务机构发展的若干意见》	加大力度培育扶持科技类社会组织，依托科技类社会组织，开展科技服务人才专业技术培训，提高从业人员的专业素质和能力水平
2017	广州市工信委、市财政局	《广州市先进制造业创新发展资金管理暂行办法》	发展资金的支持对象是在本市行政辖区内依法登记注册、具有独立法人资格的企事业单位、社会组织、民办非企业单位，以及市委、市政府决定的其他支持对象
2017	广州市人民政府办公厅	《加快广州跨境电子商务发展若干措施（试行）》	鼓励相关商协会等中介组织及各类社会培训机构开展订单式跨境电子商务业务培训
2017	广州市人民政府	《广州市建设中国制造 2025 试点示范城市实施方案》	对园区运营管理主体、招商中介机构、行业领军企业、依法注册成立的行业协会商会等引进新项目给予一次性奖励
2017	广州市黄埔区人民政府办公室、开发区管理委员会办公室	《广州市黄埔区广州开发区促进风险投资发展办法》	对服务于风险投资机构依法成立的行业协会或中介机构，经认定给予每年 30 万元经费补贴 支持国内外知名风险投资机构、行业协会、专业机构联合国家、省、市相关部门或机构共同举办研讨、促进交流等高水平活动，给予最高 300 万元资助 鼓励行业协会、专业机构及风险投资机构承办各类主题活动，给予最高 50 万元资助

三、广州激发社会组织创新活力的问题与建议

总体来看，在创新驱动发展配套政策体系中，与企业、个人、高校及科研院所等创新主体的受关注度相比，社会组织受关注度不够，具体表现为：

一是部分职能部门对社会组织及其创新主体身份、地位还存在疑虑，各部门在引导社会组织参与创新工作方面缺乏沟通互动，对社会组织创新的支持力度还需继续加强。

二是激励政策出台力度不够、层级不高、创新资源不足、配套保障措施不足，且缺乏创新载体，导致社会组织获取创新资源门槛较高、参与创新范围窄、程度浅，社会组织创新能力普遍偏弱。同时，广州市社会组织整体规模仍有待加强，社会组织结构仍需优化，且相对缺乏契合新时代社会发展常态的领军型品牌社会组织。

为了更好地激发社会组织创新活力，助力广州创新驱动发展，提出如下建议。

（一）加强顶层设计，明确社会组织创新主体地位

一是根据《国家创新驱动发展战略》的文件精神，尽快将社会组织纳入广州市创新体系，明确社会组织创新主体及身份，明确社会组织应当享受与其他创新主体同等地位的各类扶持优惠政策。

二是各相关职能部门加强对社会组织作用、职责的认识和了解，积极开展社会组织相关调研工作。学习掌握社会组织发展规律，科学引导社会组织参与创新和社会建设进程。

三是建立激励社会组织创新工作相关职能部门联动机制，或将激励社会组织创新能力纳入广州市发展和规范社会组织工作联席会议的工作内容，并在现有成员基础上增加与创新密切相关的职能部门，如市科创委、市工信委、市知识产权局等。

（二）科学统筹规划，完善激发社会组织创新政策

按照习近平总书记对广东工作的重要指示精神，认清广州的新起点，明确新方向。制定新的发展目标，加大投入力度，大胆提出激励发展目标，尊重社会组织发展规律，采用科学有效的评估机制和方法，使广州市社会组织在规模上、创新能力上有明显的提升，与全市经济发展和战略定位相匹配。真正融入广州创新驱动发展战略体系建设。各相关职能部门，共同探索、研究、制定与本土社会组织发展情况相匹配、与各职能部门工

作需求相契合的可落地的政策法规，明确指出激励社会组织创新方向和目标。

以广州市委、市政府名义在全国范围内率先出台激发社会组织创新能力的纲领性文件及配套措施①，并推进贯彻落实工作。在继续坚持已有的、取得不错效益的社会组织培育发展措施，如政府购买家综服务、社会组织公益创投活动的基础上，加大社会组织配套保障投入，逐步细化各项配套措施，具体做法包括：给予财政资助、加强创新人才队伍建设、加大项目支持、优化财政资金使用比例、落实税收优惠、完善评价机制、建设创新载体。

（三）加大培育力度，强化社会组织自身能力建设

一是严格贯彻两办《意见》对行业协会商会类、科技类、公益慈善类、城乡社区服务类社会组织实施直接登记，同时简化社会组织登记手续。

二是稳步推进广州市社会组织发展第十三个五年规划所提出的发展目标。贯彻落实《关于培育发展城乡社区社会组织的实施意见》等文件精神，在现有社会组织基础上，以落实上述政策文件精神为主要工作抓手，不断优化广州市社会组织整体结构。

三是联合登记管理及业务管理部门，依托社会组织品牌战略、等级评估、公益创投、购买服务等方式，加快推动建立社会组织现代法人治理结构和运行机制，督促社会组织严格遵照章程开展活动；坚持“谁资助、谁监管”的原则，在加强社会组织项目资金监督的同时，督促社会组织做好自我管理和自我监督，如有违规现象应交由相关部门依法处理。

四是协调、鼓励、引导社会组织积极承接政府职能转移、参与公益创投及创新项目申报等活动，激发社会组织自主创新的内生动力；鼓励支持社会组织建立健全内部创新激励机制，保障社会组织从业人员合理待遇，激发社会组织人才创新能力。

---

① 2018年8月20日，广州市人民政府办公厅已正式发布《广州市激发社会组织创新能力实施办法》。

广州是改革开放的前沿，是民营企业的集中区域，也是商业、金融、交通枢纽，这些有利条件同样孕育了广州市社会组织发展。社会组织和其他创新主体一样，先天带有广州独特的面貌和创新基因。相信随着外部环境的不断优化和内部机制的逐步完善，广州社会组织创新可以形成本土特色，成为助力广州创新驱动发展，推动广州国家重要中心城市建设，决胜全面建成小康社会，建设社会主义现代化强国的重要力量。

广州市社会组织公益创投

——地方实践与启示

李　健[①]

一、广州市公益创投的缘起

从21世纪开始，城市公共服务、环境生态以及传统产业的转型升级等一般性问题逐渐升级为广州重大的城市议题。城市议题的形成推动着城市治理实践的不断创新。基于社会组织参与社会治理的特殊优势，广州市在城市治理的具体实践中把社会组织作为应对城市议题的行动选择。2006年广州试行行业协会商会直接登记、一业多会等改革，此后在全国推行。2008年广州开始试点家庭综合服务中心，并于2011年试行全面铺开购买家综服务。这些改革创新在一定程度上缓解了城市困境。但在这一过程中广州市逐渐发现，刚刚脱嵌于总体性社会的社会组织普遍面临能力不足的困境，而以项目为载体的政府购买服务尽管在提供公共服务方面拥有优势，但对于培育和发展社会组织效果并不明显。

2012年广州市正式将公益创投提上议事日程。在认真梳理和总结国内其他城市公益创投实践的基础上，2013年10月，广州市民政局联合市财政局出台了《广州市社会组织公益创投活动管理办法》（以下简称《办法》）。《办法》总则规定了公益创投项目要遵循“扶老、助残、救孤、济困”的宗旨。2014年，第一届广州市社会组织公益创投活动正式启动。相对于其他城市公益创投，广州市公益创投在资助方式、资金规模、制度建设等方面都有自身鲜明的特色，但最为成功的，应该是政社合作机制的构

---

① 作者系中央民族大学管理学院副教授。

建，这一模式使政府的公共服务能力得到了建制性增长，合作网络为社会组织能力建设和资源获取提供了枢纽型平台，社会力量借机也获得了合法性、生存资源及活动空间。据统计，前三届公益创投活动共资助项目 365 个，累计投入福利彩票公益金 5200 万元，实际撬动社会配套资金超过 3700 万元，直接服务人群已超 100 万人次，间接受益人群达 400 多万人次。与此同时，创投主体的资源拓展、项目优化、管理优化和服务能力也得到不同程度的提升。

二、广州市公益创投中的政社合作机制

（一）政府角色

在广州公益创投活动中，广州市民政局的主要责任在于制定相应政策、为项目提供资金支持以及对项目整体的监督。

1. 政策制定者

要实现广州公益创投活动的可持续发展，少不了政府为此提供制度上的保障和政策上的支持。在广州公益创投的政社合作中，政府虽较少参与到具体的活动执行当中，但通过制度和政策等多种渠道与社会组织以及其他社会力量进行宏观层面的合作。比如说，在首届社会组织公益创投活动举办前，广州市民政局制度先行，先是出台《办法》为社会组织平等参与社会治理提供制度性保障，为实现公益创投的政社合作提供根基和源泉，其次制订了《广州市社会组织公益创投活动实施方案》《广州市社会组织公益创投活动评分标准》，接着建立广州市社会组织公益创投评审专家库，做到项目征集有据可依、项目评审有章可循、项目实施有力跟进、项目监管有责可追，为广州市社会组织公益创投活动的顺利开展提供组织保障和制度保证。《办法》明确了政府与承办单位（社会组织）在公益创投活动中扮演的角色。此外，政府根据政府采购法与承办单位订立合同来明确双方的权利和义务。在这一过程中，政府把一部分权力通过政府购买的方式转让出去，把具体的项目执行交给承办单位去做，既保证了政府的主导地位，还能充分发挥社会组织的积极性、主动性和创造性。

2. 资源提供者

在广州公益创投活动的项目经费构成中，政府出资 60%，投入金额逐年递增，从首届的 1500 万元到第三届的 1850 万元，3 年累计投入 4850 万元。第四届公益创投活动政府资金支持再度加码，资助总额为 2240 万元，比第三届增加了 390 万元，增幅达 21%。政府作为公益创投的参与主体之一，一方面为公益创投提供了财政资金，另一方面也为公益创投撬动了社会资金，扮演了资源匹配者的角色。首先，政府提供的资助资金全部由市级财政部门从市级福利彩票公益金立项拨付。相比由社会力量主导的公益创投而言，政府资助的资金数量大且较为稳定，能够避免公益创投机构自身所面临的筹资窘境，保障公益创投有效运行。从资助金额上来看，广州市的公益创投金额都遥遥领先于其他地市。其次，由政府提供资助资金，能起到“四两拨千斤”的撬动作用。与政府向社会组织购买服务的单一思维不同，广州市社会组织公益创投活动划定了社会配套资金与政府资助的比例，即政府出资 60%，剩下的 40% 由创投主体自行向社会争取。政府参与公益创投能利用其公信力搭建一个共创公益创投的平台，吸引和整合更多的社会资源，促进企业、学术机构及社会组织等社会力量之间的合作，共同推动公益事业的发展。据统计，前三届广州市社会组织公益创投活动借助政府资金的杠杆共撬动来自企业、基金会、爱心人士等多方的社会配套资金累计 3700 万元，打造了政府、市场、社会组织共创公益创投的新模式。

3. 项目监督者

在广州公益创投的政社合作中，政府简政放权，转变职能，把具体的活动委托给社会组织承办，但这并不代表政府责任的转移或减少。政府作为主办方和项目的发起者，仍需担起培育社会组织，提供公共服务的重任。首先，政府扮演着仲裁者的角色，从宏观层面协调公共事务领域中的多元治理格局①，为参与公益创投项目的各方能够在政策和制度下开展合作奠定政治基础，同时政府还需发挥其主导作用对整个过程进行监督与监管。其次，60% 的项目资金来源于市级福利彩票公益金，并由市财政局拨

① 王华：《治理中的伙伴关系：政府与非政府组织间的合作》，载《云南社会科学》2003 年第 3 期。

付，相关政府部门有必要加强对其使用情况的监督。在具体的实施过程当中，财政、审计、民政等有关部门依法对承办单位及获选项目团队进行指导、检查和监督。政府职能转变，简政放权指的是政府把自己不能做或者做不好的事交由社会组织去做，但政府有义务和责任去监督社会组织在此过程中的运作，以确保资金的有效使用，推动活动的顺利进行。最后，政府为了监督承办机构规范运行，还专门委托广州市社会治理研究中心作为“第四方机构”对承办机构运作的规范性开展评估。作为一种必要而有效的外部制衡机制，弥补了政府将工作直接交给承办机构的缺陷，在促进公益创投规范运作方面发挥了不可替代的作用。

（二）社会组织角色

广州市从一开始意识到政府在实施公益创投活动中不可避免地会存在责能困境，采取了委托社会组织承办的方式。第一、第二届公益创投活动由广州市创意经济促进会承办，第三、第四届由广州市社会组织联合会承办。承办单位在尽职尽责、完成各项承办工作的同时，不断地积累经验、优化项目，推动了公益创投活动不断完善。

1. 项目实施者

承办单位为确保社会组织公益创投活动有序、有力、有效地推进，根据《办法》的相关规定，制定了《广州市社会组织公益创投活动项目实施指引手册》，其中包括了《广州市公益创投活动工作计划推进表》《广州市公益创投活动安全管理规范指引》《广州市公益创投活动财务管理规范指引》《广州市公益创投活动能力建设规范指引》《广州市公益创投活动宣传管理规范指引》《广州市公益创投活动档案管理规范指引》《广州市公益创投活动监督及评估指引》等一系列规范性文件，让公益创投活动相关规章制度得以进一步完善。承办单位根据公益项目实施进展，起草项目运作资助资金拨付申请书，向主办方申请资助资金拨付。作为公益创投项目的承办单位，广州市创意经济促进会和广州市社会组织联合会的组织性质本身与创投主体所在的社会组织有较多的接触和交流，较之政府对社会组织有更多的认识和了解，能够发掘创投主体的发展问题。不仅如此，同为社会组织，承办单位对创投主体的指导和培训较为灵活，方式多样，彼此更像是陪伴成长的伙伴关系，避免了政府直接参与公益创投活动出现的程式化、指令化特征。

2. 项目评审者

根据《办法》有关规定，遵循“公开公平、竞争择优、绩效管理”的评审原则，在市民政局的监督指导下，承办单位制订了项目评审工作方案，编制了《广州市社会组织公益创投活动评审工作手册》。从社会组织专家库中抽选不同类型的 7 名专家组成非为老服务类的专家评审小组，5 名专家组成为老服务类的专家评审小组。组织召开评审预备会议，市社会组织管理局登记处的负责人组织评审专家提前了解评审规定要求及评审事项，掌握评审标准、程序和财务管理等相关规定，熟悉参评项目材料，统一评分尺度；评审专家还集体商定了评审流程及议事规则，民主推选出专家评审小组组长。同时，为确保项目评审工作的公开、公平、公正，广州市社会组织联合会还邀请了广州市人大代表、媒体记者等 3 人组成的评审监督小组，全程参与并监督项目评审工作。然后是封闭式集中评审。经过评审，按照最终得分的高低，确定拟资助的公益创投项目。为确保项目申报组织与申报材料一致，在集中评审结束后，承办单位按照不低于 20% 的比例抽取社会组织进行实地核查，考察申报组织场地等硬件设施，翻阅申报组织财务及项目资料，听取项目负责人介绍陈述。实地核查小组从是否有健全法人治理结构、是否执行《民间非营利组织会计制度》、是否具备开展公益慈善服务项目所必需的资质等九大方面逐一进行核查，并有针对性地对申报组织的财务及项目管理进行指导，督促其进一步完善。评审工作结束后，承办单位向民政局提交项目评审报告及相关材料。经审核确认，利用广州市社会组织信息网、承办单位网站以及微信公众号等方式向社会进行公开公示。公示期间，承办单位将异议或质疑及时按规定处理并将处理意见报市民政局。

3. 能力建设者

能力建设方面，承办单位制订了完善的能力建设方案。为了更好地指导社会组织参与公益创投活动，承办单位聘请了 4 位资深专家作为传播顾问、财务顾问、法律顾问、募捐顾问，为公益创投活动提供全方位的支持和服务。在《广州市公益创投活动能力建设规范指引》中为创投主体提供了以下三类能力建设活动。首先是承办单位主办的能力建设培训，涵盖组织运营及专业服务，培训形式包括但不限于集中授课、沙龙等。其次是其他组织举办的各类有助于提升项目团队能力水平的活动。创投主体应根据创投项目实施团队的成长需要，积极支持其外出参加各类由其他组织举办的有助于提升团队成员能力水平的培训、讲座、沙龙等活动。最后是创投主体内部组织开展的各类能力建设活动。创投主体应根据自身实际情况，积极举办各类有助于创投项目实施团队自身发展的能力建设活动，形式包括但不限于督导、培训、工作坊等。

4. 项目监测者

为规范公益创投活动实施，做好各创投主体的监测，同时通过评估引导各创投主体在项目管理标准化、项目服务专业化、机构治理规范化等方面得以提升，达到以评促建的效果，承办单位对创投主体围绕以下方面开展了评估和监测：组织架构及人员配备情况、制度建设及项目规范管理情况、项目目的与目标达致情况、资源投入情况、服务开展情况、财务管理情况、服务满意度、项目综合成效情况。在评估形式上，承办单位设置了项目实施进度情况报送、实地监督评估、投诉举报核查和其他原因检查等多种形式。承办单位每季度以书面形式向主办方报送项目实施进度、资金监管等情况及阶段评估报告，并通过媒体、网站、微信等形式向社会公众公开相关信息。对于未严格按照项目资助协议的约定，认真实施项目的，及时停止办理后续资金拨付，并追回已经拨付资金，依法追究其法律责任。

（三）企业角色

社会治理除了需要政府与社会组织的合作，还需要市场的协同参与，政府、市场与社会组织共同构成多元主体协同治理公共事务的格局[①]。通过多方合作的公益创投模式，社会组织不仅得到企业的资金支持，还得到

① 李平原：《浅析奥斯托罗姆多中心治理理论的适用性及其局限性——基于政府、市场与社会多元共治的视角》，载《学习论坛》2014 年第 5 期。

人力资源和管理经验的支持，在志愿者管理、财务公开透明、吸引社会资源、使命目标清晰化、组织信息化等方面都取得长足发展，同时使企业的社会责任也得以体现，实现企业与公益组织的合作双赢。

1. 资源匹配者

公益创投在我国的发展一开始主要由企业和市场的力量推动，企业主导的公益创投规模亦日趋壮大。企业参与公益创投既是履行其社会责任的表现，也是其参与社会治理，促进社会和谐的具体实践。广州市拥有一定规模的爱心企业，通过公益创投项目让企业参与进来，能够达到撬动民间公益资本的目的。在第一届公益创投活动中，广州安徽商会、乐清商会、普宁商会、茂名商会、河南商会、九江商会、齐鲁商会等13家异地商会组织会员企业投入230万元参与创投活动，帮助创投主体完成600万元创投业绩①。

2. 能力建设者

市场的发展使得科层制得到完善，并给社会组织的架构和运行基础提供制度化的规范。企业参与公益创投项目，能够与承办项目的社会组织合作为创投主体提供从网络宣传、财务管理、人员招聘和培训、法律事务到组织管理、资金运作等方面的指导和支持，全面提升创投主体的可持续发展能力。政府通过引入市场的资源，有效扩充了公益创投项目的力量，构建充满活力的公共服务格局。

3. 宣传推广者

广州市公益创投活动撬动的社会资源并不局限于爱心企业为主体的市场，还包括媒体等。例如，为扩大公益创投项目的影响力，市民政局与专业的传播机构安平公共传播公益基金、《南方都市报》《中国社会组织》《中国财富》等杂志合作，并开通了广州社会组织头条号，依托其完善的技术平台和海量的用户群体，将专业性、原创性信息“速递”给移动端受众，为社会组织及创投主体提供更多、更快的发声机会，助力信息精准高效传播，提升创投主体、项目的关注度和影响力，开启“互联网+公益创

---

① 徐海星：《广州商会捐资公益创投》，2014年5月13日，《广州日报》。

投”的线上传播新局面，既提升了创投主体的影响力，又在全社会营造公益慈善的氛围，吸引更多的社会资源参与公益创投。

多方多元的参与主体，为创投主体提供劝募平台、公益资源支撑、合作开展项目监测管理等支持。虽然广州市公益创投活动的主要实施主体为政府和承办单位，但市场和其他社会力量的助力能够为活动增效，“政府、企业、社会组织”的联手推动能够促进广州公益慈善事业的健康发展，发挥“1 +1 +1 >3”的效果。

三、广州市公益创投活动政社合作的创新和启示

政府、市场与社会组织都是广州市社会组织公益活动的参与主体，在项目开展的全过程分别扮演着不同角色，通过项目支持，优势互补，实现政府、市场、社会组织共创公益创投的新模式。广州公益创投的政社合作模式带来的一系列革新，既保证了公益创投的顺利进行，同时也给其他地市建立了一个可供参照的样本。

（一）完善的制度安排和政策创新

广州市公益创投引入多方多元主体协同参与社会治理，成功打造政府、市场、社会组织共创公益创投的新模式，有赖于在项目开展之前建立的制度安排。这些安排涉及公益创投的全过程，从管理办法到具体的指引，为广州市社会组织公益创投活动的顺利开展提供组织保障和制度保证。有了夯实的合作基础和完善的制度安排，政府、市场、社会组织之间的协作才能有效开展。承办单位根据公益项目实施进展，起草项目运作资助资金拨付申请书，向主办方申请资助资金拨付。经市民政局会同市财政局审核后，按国库支付程序将服务项目资金分三次直接拨付给创投主体。项目资助协议签署后拨付项目资助资金总金额的40%，项目实施中期经评估验收合格后核拨40%，项目结束并验收合格后拨付20%。公益创投的项目资金管理是整个活动的核心。广州市公益创投允许创投主体按照“服务费用、人员费用、行政办公费用、宣传费用和其他费用”分类编制项目预算。其中，人员费用包括了专项人员薪酬、兼职人员补贴及费用、志愿者补贴及费用和其他人员费用，这一政策突破

大大增加了创投主体对资金使用的灵活性。此外，40%的自筹配套资金是创投主体依法依规自筹用于本项目各项服务的资金，包括创投主体自有资金，为开展社会服务项目所募集的捐款、开展非创投项目服务活动所取得的收入等。广州市公益创投也对这部分资金的来源和使用给予了相关规定和说明。对于以接受捐赠的资产作为配套的，应与捐赠方签订协议约定捐赠资产的性质与用途，明确该资产作为项目配套资金且有利于创投项目发展，并开具捐赠收据；对于以非货币资产作为配套资金的，创投主体应履行必要的验证程序，包括索要公允价值证明文件、了解市场价格并进行判断等，验证所接受捐赠的非货币资产的价值是否公允。创投主体不得以接受劳务作为配套资金。

（二）多层次的监督体系

公益创投作为一项复杂的系统工程，加强对各个环节的监督与监管，能够保障创投项目的有序开展，确保政府、市场和社会组织的有效合作，减少腐败、以次充好和弄虚作假等问题的发生。广州市社会组织公益创投活动从政府到社会建立起多元主体的监督体系。广州市民政局作为主办单位和培育社会组织的最终责任人，是重要的监督主体。但公益创投项目资助的创投主体数量庞大，涉及面广，单靠政府监管会出现人手不足、精力有限和动力不足问题。因此，市民政局通过与社会组织、专家、媒体、民众等参与主体合作形成全方位的多元主体监督体系。其中，在项目评审过程中，专家评审小组“按不低于20%的比例从拟资助名单中抽取部分社会组织进行实地核查”；在项目实施过程中，“承办单位及获选项目团队在项目实施过程中应主动接受财政、审计、民政等部门的指导、检查和监督”；获选项目的实施团队按季报送项目实施情况给承办单位，承办单位直接对“获选项目进行监督，并按季报送项目实施进度、资金监管等情况给市民政局，并向社会公众公开相关信息”。为了保证各项机制公平公正公开透明，在第三届公益创投活动中，市民政局还邀请了其他公益界人士作为监督代表，并聘请了第四方机构对承办单位进行评估，进一步强化对项目评审和实施以及资金管理使用的监督力度，增强活动透明度和社会公信力。广州市社会组织公益创投活动的政社合作模式使全方位的多元监督体系得以建立并形成合理有效的监督网络，有利于保证公益创投中政社合作的公共属性，同时保证项目监管的公正性。此外，全方位多元的监督有利于保证对创投主体公共服务提供过程的监督，从而保证了公益创投活动得以健康有效的运行和开展。

（三）合理的绩效评估体系

广州市公益创投活动的政社合作模式还体现在其建立的多元评估体系上。创投主体自身需要进行自我评估，并配合政府和承办单位的评估，以便进行项目总结，梳理经验。市民政局是项目评估的主导者和组织者，同时也是绩效评估的最终责任主体。承办单位是项目评估的具体实施者，可以直接对获选项目进行评估，把握创投进度，发现存在的问题，并制定推进措施以确保项目落到实处。然而，承办单位单向对创投主体进行评估，容易出现承办单位自说自话，夸大活动成效和影响的局面。为此，市民政局还通过政府购买服务的方式引入独立的第四方机构对公益创投项目的承办单位和一定比例的创投主体进行绩效评估，既加强对承办单位和创投主体的监管，又从整体把握公益创投项目的效果，从而有效改进项目的实施，更好地培育社会组织的发展，使之更好地承接政府转移的权力与义务，提高承担提供公共服务的能力，进一步促进政社合作。

（四）多元的合作渠道与方式

广州市公益创投活动采取限额资助的方式，即政府出资 60%，创投主体需自筹 40%，这意味着创投主体有一定的筹款能力，并在 40% 自筹金额的挑战下提升自身的筹款能力。同时，这也表示政府和承办单位需要为创投主体创造良好的筹款环境和提供相关培训，既提升创投主体的组织能力建设，还能够吸引更多主体参与到资助和培育创投主体中。不同于单一的政府购买服务、社会组织提供服务模式，广州市社会组织公益创投活动更注重的是政府、市场、社会组织的共创公益创投，其亮点在于提出了政府、市场和社会组织协同参与社会治理的新模式。也就是说，合作不仅局限于政府和社会组织之间，还包括社会组织与基金会、企业、学术机构之间的合作，由多元主体的参与联合，推动公益创投项目的发展。一方面，政府与社会组织合作不只是完成政府主导，社会组织承办公益创投的任务，更重要的是培育社会组织、推动服务专业化和促进多元协同治理关系的发展。另一方面，政府在与社会组织合作的同时利用其公信力鼓励和倡导更多企业、基金会和学术机构参与到公益创投中，为创投主体和社会各界搭建合作交流平台，形成全社会关注和积极参与公益活动的良好氛围。媒体的参与和有效的项目推介为公益创投项目撬动社会资源增效，起到为公益创投项目添砖加瓦的作用。

社会组织参与广州困境儿童保障工作的现状与策略

胡小军　梁灼彪①

一、困境儿童的概念及类型

中国各级政府一直积极关注困境儿童问题。2016 年，国务院印发《关于加强困境儿童保障工作的意见》（以下简称《意见》）。《意见》将困境儿童划分为三大类，包括因家庭贫困导致生活、就医、就学等困难的儿童；因自身残疾导致康复、照料、护理和社会融入等困难的儿童；以及因家庭监护缺失或监护不当遭受虐待、遗弃、意外伤害、不法侵害等导致人身安全受到威胁或侵害的儿童。

本报告结合国际组织、国内学者以及国务院、民政部、广东省等各级政府政策文件中对困境儿童概念的阐释，以 2016 年发布的《意见》中对困境儿童的定义为基础，重点从困境儿童问题的成因出发对困境儿童进行归类，便于实务工作者理解和操作，同时增强困境儿童关爱服务策略的针对性，具体分类见表 1。

表 1　困境儿童具体分类

类别	具体类型
家庭贫困儿童	因家庭贫困导致生活、就医、就学困难的儿童
残疾儿童	视力残疾、听力残疾、肢体残疾、智力残疾、精神残疾、言语残疾、多重残疾和其他残疾的儿童
重疾儿童	患有癌症、艾滋病、先天性贫血等疾病的儿童

① 作者胡小军系广州社会组织研究院执行院长，梁灼彪系中山大学社会工作专业 2016 级硕士研究生。

续表

类别	具体类型
家庭监护缺失或监护不当困境儿童	孤儿（失去父母或查找不到生父母，包括社会散居孤儿和福利机构养育孤儿）
	家庭监护缺失（弃婴，流浪儿童，父母因重病、残疾、离异、服刑、戒毒而无法承担抚养责任的儿童）
	家庭监护不当（家暴、虐待等不法侵害、易受意外伤害儿童）
留守儿童和流动儿童	长期与父母分开居住、生活的儿童以及流动人口中0—17周岁的儿童

二、困境儿童相关政策体系

（一）国家层面政策

在国家层面，专门针对困境儿童的政策有前文提及的《意见》；关注儿童全面发展的政策有《中国儿童发展纲要（2011—2020年）》；关注儿童福利的政策包括《民政部关于开展适度普惠型儿童福利制度建设试点工作的通知》《民政部关于建立儿童福利领域慈善行为导向机制的意见》；关注孤儿及大病儿童的政策有《民政部关于进一步完善保障孤儿基本生活有关工作的意见》《国务院办公厅转发民政部等部门关于进一步完善医疗救助制度全面开展重特大疾病医疗救助工作意见的通知》等。

在《意见》中，针对困境儿童生存发展面临的突出问题和困难，要求完善落实社会救助、社会福利等保障政策，合理拓展保障范围和内容，实现制度有效衔接，形成困境儿童保障政策合力。其中，重点工作包括保障基本生活、保障基本医疗、强化教育保障、落实监护责任、加强残疾儿童福利服务。

除了强化政府在困境儿童保障工作中的责任外，《意见》也特别强调社会力量的参与，提出“建立政府主导与社会参与良性互动机制”，具体包括：第一，加快孵化培育专业社会工作服务机构、慈善组织、志愿服务组织，引导其围绕困境儿童基本生活、教育、医疗、照料、康复等需求，捐赠资金物资、实施慈善项目、提供专业服务；第二，支持社会力量举办困境儿童托养照料、康复训练等服务机构，并鼓励其参与承接政府购买服务；第三，支持社会工作者、法律工作者等专业人员和志愿者针对困境儿童不同特点提供心理疏导、精神关爱、家庭教育指导、权益维护等服务；第四，鼓励爱心家庭依据相关规定，为有需要的困境儿童提供家庭寄养、委托代养、爱心助养等服务，帮助困境儿童得到妥善照料和家庭亲情；第五，积极倡导企业履行社会责任，通过一对一帮扶、慈善捐赠、实施公益项目等多种方式，为困境儿童及其家庭提供更多帮助。

此外，值得关注的另一政策文件是2014年由民政部印发的《关于建立儿童福利领域慈善行为导向机制的意见》，旨在促进社会慈善资源与财政资源、行政资源的有机衔接和优势互补，发挥社会力量在建设适度普惠型儿童福利制度方面的作用（见表2）。

表2　社会力量介入困境儿童模式

战略目标	民政部门	社会力量
对象互补	严格执行已有的制度和政策，落实对制度覆盖群体的保障	对未纳入制度保障的困境儿童开展救助和服务
项目互补	解决各类困境儿童群体最具共性和普遍性的问题	以满足多元化需求为目标，根据儿童的特点、处境等遴选保障对象，提供个性化、差异化、有针对性的救助和服务
方式互补	侧重于经济保障	兼顾经济援助和服务支持，既帮助儿童解决基本生活方面的需求，也满足儿童在教育、医疗、安全、心理健康、社会融入等方面的需要

（二）广东省级层面政策

根据《意见》，2016年12月6日，广东省人民政府正式印发《广东省人民政府关于加强困境儿童保障工作的实施意见》（以下简称《实施意见》）予以落实和跟进。在《实施意见》中，除了国务院提出的重点工作外，特别提出“加强流浪儿童救助保护”。《实施意见》也非常强调社会组织在建立健全困境儿童保障工作体系中的功能，具体内容包括：第一，鼓励和规范社会力量举办困境儿童托养照料、康复训练等服务机构；第二，大力发展困境儿童社会工作服务，积极培育组织专业社会工作力量，为困境儿童提供心理疏导、精神关爱、家庭教育指导、成长辅导、权益维护、资源链接、社会融入等专业服务；第三，要求各地将困境儿童服务列入政府购买服务目录，鼓励支持社会组织积极参与。

此外，针对困境儿童保障工作，广东省制定的一些相关政策还包括《广东省民政厅　广东省财政厅关于建立事实无人抚养儿童基本生活保障制度的通知》《广东省财政厅关于提高我省 2018 年至 2020 年孤儿基本生活最低养育标准的通知》等。在这里，值得关注的是《广东省儿童发展规划（2011—2020 年）》，确定了儿童与健康、儿童与教育、儿童与福利、儿童与社会环境、儿童与法律五个优先发展领域的主要目标和策略措施。

（1）儿童与健康。完善出生缺陷防治体系，实施 0— 6 岁残疾儿童抢救性康复工程；为 0— 6 岁残疾儿童提供康复医疗服务，学前残疾儿童符合规定医疗康复费用纳入医疗保险报销范围；保障流动儿童享有与本地儿童同等水平的基本公共卫生服务；改善儿童营养状况，实施贫困地区学龄儿童营养与健康干预。

（2）儿童与教育。保障流动儿童接受义务教育权利，以流入地政府管理为主，以全日制公办中小学为主，多种形式、多种途径为异地务工人员随迁子女提供学位，加大对接受进城务工随迁子女就读的民办学校扶持和管理力度；关爱农村留守儿童少年健康成长，在留守儿童集中的学校增加驻校社会工作者，为留守儿童提供学习指导、心理辅导和生活帮助为一体的扶助服务；保障特殊困境儿童接受义务教育的权利，落实孤儿、残疾儿童、贫困儿童就学的保障及资助政策，基本实现地级以上城市和 30 万人口以上、残疾儿童较多的县（市、区）建立 1 所标准化特殊教育学校，并完善普通学校接受残疾儿童少年随班就读办法。

（3）儿童与福利。以专业康复机构为骨干、家庭为基础、社区为依托，以居家养护为主，以社区养护为辅，建立残疾儿童康复服务体系，全面提供康复医疗、功能训练、辅助器具适配、心理辅导、康复转介、残疾预防、知识普及和咨询、职业技能教育和使用技术培训等服务，增强残疾儿童生活自理、社会适应以及参与社会生活的能力；完善流浪儿童救助保护网络，加强流入地与流出地的沟通协调，健全流浪儿童生活、教育、反响和安置保障制度，对流浪儿童开展教育、心理辅导、行为矫治、医疗卫生和技能培训，提高流浪儿童救助保护工作的专业化和社会化水平；完善以社区为依托、面向流动人口家庭的管理和服务网络，不断提高服务能力；健全农村留守儿童服务机制，加强对留守儿童心理、情感和行为的指导，提高留守儿童家长的监护意识和责任感。

（4）儿童与社会环境。加强儿童安全知识教育，创设安全的儿童生活环境。

（5）儿童与法律。推进儿童福利、学前教育以及保护残疾、孤困、流动、流浪、留守等特殊儿童群体的立法进程；建立受暴力伤害儿童问题的预防、强制报告、反应、紧急救助和治疗辅导、康复回归工作机制，探索建立儿童庇护中心；对有不良行为的儿童进行早期介入、有效干预和行为矫治，加强对严重不良行为儿童的教育和管理，探索学校教育、社区矫正和行为矫治的有效途径和方法，预防和减少儿童违法犯罪事件发生。

（三）广州市级层面政策

广州市针对孤儿的政策有《广州市社会福利机构成年孤儿安置试行办法》；针对流浪儿童的有《广州市人民政府办公厅关于加强和改进流浪未成年人救助保护工作的实施意见》；针对残疾儿童的包括《广州市扶助特殊儿童学前教育试行办法》《关于加强广州市残疾儿童少年随班就读工作管理若干意见的通知》。针对困难儿童医疗救助的相关政策包括《广州市医疗救助办法》《广州市困难群众医疗救助购买服务项目实施办法》；涉及儿童保护的政策有《广州市未成年人保护规定》。具体政策内容在本报告中不再赘述。

三、广州市社会组织参与困境儿童关爱服务现状分析

（一）儿童服务类社会组织数量

通过对广州市民政局社会组织信息平台及中国社会组织公共服务平台

检索，在广州市各级民政部门正式登记注册的社会组织名称中直接含有“儿童”的组织共有 69 家。除去幼儿园及英语、艺术培训等机构，共有 57 家。进一步对这些社会组织成立时间及工作领域进行分析，结果显示，84.2% 的组织成立于 2010 年（不含 2010 年）之后。此外，检索登记名称中含有“青少年”的社会组织，绝大多数为体育俱乐部。

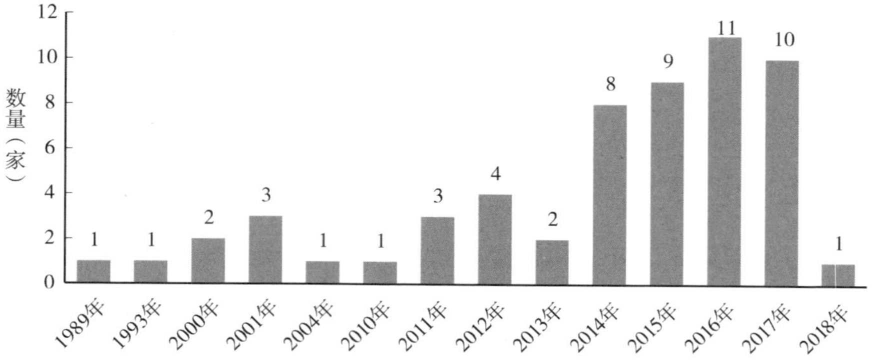

图 1　广州市儿童服务类社会组织成立情况

对组织工作领域的分析结果显示，以自闭症、脑瘫、智力障碍等特殊儿童为主要对象的康复中心在数量上居于主体，占 57.9%；其次为一般由市、区妇联作为主管单位发起的儿童福利会及妇女儿童发展促进会，占 15.8%。此外，一些在广州市、区两级民政部门登记的社会组织名称中没有使用“儿童”，但仍以儿童服务为主要工作领域，这部分组织数量当前仍难以确定，不过通过这 57 家社会组织工作领域仍可作出一些初步判断：一方面，广州市专业化程度较高、具有较大覆盖度和影响力的困境儿童服务组织数量有限；另一方面，在困境儿童领域，缺乏“资源型”“联合型”及“生态型”组织，虽然诸如广州市孤独症儿童服务者协会、广州市特殊儿童发展促进会等组织已经成立，但是由于发展时间较短，当前的资源整合能力与枢纽平台作用相对有限。此外，以基金会为代表的资源型组织数量较少。

表 3　广州市儿童服务类社会组织工作领域（部分）

组织类型	数量（家）	工作描述
儿童福利会及妇女儿童发展促进会	9	一般由妇联作为主管单位，成立时间相对较久
特殊儿童康复中心	33	一般以康复中心、康复训练中心、康复服务中心或潜能开发中心等名称登记，主要服务对象是自闭症、脑瘫、智力障碍等特殊儿童
留守儿童服务中心	5	集中在广州市从化区，但较有影响力的组织为蓝信封留守儿童关爱中心
基金会	2	广州市伟博儿童福利基金会、广州市小星辰儿童成长基金会
研究、学术类社团	3	儿童健康、儿童眼科、儿童发展研究会或学会
其他类型	5	包括儿童安全教育、贫困儿童帮扶等
总计	57	

（二）社会组织介入策略与工作模式

除了对名称中含有“儿童”的社会组织进行分析外，研究还应用“滚雪球”的方式，对在广州域内开展困境儿童服务的其他社会组织也进行了检索，并由广州市社会组织联合会于 2018 年 4 月 19 日召集部分参与困境儿童服务的社会组织举办座谈会，更加深入了解广州社会组织在困境儿童服务领域中的工作现状。以下重点从慈善救助、专业服务、生态营造三个维度对社会组织在困境儿童领域的介入策略和工作模式等进行分析。

1. *慈善救助*

针对困境儿童进行慈善救助当前集中于家庭贫困儿童和重疾儿童，救助内容包括学费资助、医疗救助。最具代表性的社会组织是各级慈善会。例如广州市慈善会发起的“爱蕾行动——困境儿童救助”项目对 0—14 周岁的困境儿童予以医疗、助学以及生活困难救助。此外，在广州具有一定影响的困境儿童慈善救助组织为“碧心基金”（广州市海珠区碧心公益服务中心），主要针对白血病儿童及早产儿实施救助。特别值得关注的是，

2018 年 4 月 26 日，广州市慈善会、广州市广益联合募捐发展中心以及广州市海珠区碧心公益服务中心联合医院等发起“珠珠救助——大病慈善医疗救助平台”，并开通热线 4008599595。该平台期望为患者提供救助信息指引、救助服务以及匹配合适的社会救助资源，并依托广益联募平台，为大病患者建立快速的社会互助筹款渠道。同时，平台也将探索前置救助模式，推动大病的预防和筛查。

2. 专业服务

在广州，为困境儿童提供专业社会服务的组织当前主要有三类：第一类是前述的特殊儿童康复中心；第二类是社工机构；第三类为专业聚焦度较强的民间公益组织，如提供专业法律援助、性教育、安全教育等服务的机构。

第一类以较早成立的广州市白云区小太阳特殊儿童康复中心为例，该中心是市残疾人康复资助定点机构，具有三个服务资格康复项目：听力语言残疾儿童康复、孤独症儿童康复服务、智障儿童康复服务。根据中心年度报告显示，2017 年中心总收入为 182.3 万元，其中提供服务收入占比达 95.6%。2017 年度该中心共收训学生 160 名，包括听力障碍学生 80 人，孤独症学生 37 人，智力障碍学生 43 人。

第二类为社工机构，其针对困境儿童的服务主要来自公益创投或基金会的项目资助。例如，在第四届广州市社会组织公益创投资助项目中，在青少年服务类以及救助帮困类项目中很多执行机构为社工机构，服务对象为困境儿童（见表 4）。

表 4　第四届广州市公益创投活动困境儿童服务项目（社工机构）

社会组织名称		项目名称	服务对象
青少年服务类	广州市海珠区启爱社会工作服务中心	外来工子女家庭支持计划暨“欢迎小候鸟”夏令营	流动、留守儿童
	广州市巾帼社会工作服务中心	“防护手册美丽人生”流动留守儿童性安全自我防护教育项目	
	广州市天河区路明社会工作服务中心	拉动餐厅做公益——逆思考服务城中村小孩	

续表

社会组织名称		项目名称	服务对象
青少年服务类	广州阳光社会工作事务中心	少年不可欺——城中村青少年欺凌行为介入计划	家庭监护缺失或监护不当困境儿童
	广州市和悦社会工作服务中心	随迁儿童心理援助项目	
	广州市红棉社会工作服务社	荔湾区在校青少年禁毒志愿组织培育项目	
	广州市荔湾区友善社会服务中心	护航行动——社区服刑人员未成年子女不良行为介入计划	
	广州市至善社会工作服务中心	“法制伴我同行”在校学生预防犯罪项目	
	广州市南沙区利民社会工作服务中心	“以爱之名，与你同行”青少年禁毒帮教服务项目	
	广州市增城区乐众社会工作服务中心	“打开一扇门”读写障碍儿童支持计划	残疾儿童
救助帮困类	广州市白云区天星社会工作服务中心	成长天空——困难家庭子女帮教助学项目	家庭贫困儿童
	广州市北达博雅社会工作资源中心	生命通道——贫困家庭先天性心脏病患儿及其家庭救助项目	重疾儿童

第三类为民间公益组织，这类组织的工作领域相对聚焦，相对特殊儿童康复中心及社工机构而言，资源的多元化程度一般较高，在社会组织生态系统中也较为活跃。较为典型的组织包括广州市金丝带特殊儿童家长互助中心、广州市海珠区君诺未成年人保护公益服务中心、广州市心连心地贫服务中心、广州市黄埔区创意仓社会发展中心、广州市法泽城市与公益研究中心、广州市黄埔区心灵家园服务中心等，它们分别在癌症儿童服务、法律支持、地贫防治、儿童性教育、流动儿童融合等领域有着一定影响力。

此外，一些其他类型的社会组织也发挥各自特长和优势，开始参与困境儿童关爱工作。如广州小洲艺术家协会、广州市公共安全管理学会、广州市天延救援志愿服务队、广州市机器人协会、广州动漫行业协会、广州市越秀区创意产业协会等，这些组织的工作内容及设想颇具特色，一定程度上拓展了困境儿童服务的方式方法。

3. 生态营造

除了检索和分析慈善救助、专业服务类社会组织外，还有一种类型社会组织的工作策略和模式值得特别关注。

第一，一些社会组织立足长远，致力于为困境儿童创造一个更加公平、友善的发展环境，开展政策倡导和社会倡导，推动困境儿童各项权利的落实。在广州困境儿童服务领域，广州市扬爱特殊孩子家长俱乐部具有一定的典型性，该组织以特殊孩子的家长作为服务对象，为照顾者充能，主要开展工作包括家长互助网络——“妈妈合唱”“瑕之美——特殊孩子艺术节”以及融合教育倡导等。

第二，为在一线开展工作的社会组织提供项目资金资助或多种支持的社会组织。这类组织最典型的是基金会。但是，不得不面对的现实情况是，建基于广州的资助型基金会的数量仍旧较少。在流动儿童服务领域，广东省千禾社区公益基金会的资助较为系统，该基金会除了面向一线服务组织公开征集流动儿童服务项目外，还在能力建设、学习网络搭建、行动研究等多个层面开展工作，同时借助“益动广州”等活动搭建筹款平台，链接社会资源。此外，作为一家非公募基金会，广州欧初文化教育基金会于2014年开始投入推动特殊教育的公益活动，期望健全和完善特殊教育体系。

第三，“生态型组织”或协作平台，通过整合多元资源，为社会组织提供项目对接、能力建设、信息咨询、政策传递、人才培养等专业支持。在困境儿童领域，广州还未有“生态型组织”及类似的协作平台。基于生态系统理论或公益集群的视角，这类组织最重要的功能是发展赋能，促进行业建设和发展。在此过程中，处于不同生态位的组织通过协同创新，探寻和实践社会问题的系统解决方案，实现共建、共治和共享。上述只是理想化的一种描述，在现实情境下，组织形态和运作模式是非常多样的。

四、支持社会组织有效参与困境儿童保障工作的建议

广州市正在深入推进实施社会组织品牌战略以及“慈善之城”的创建

工作。与此同时，广州市当前也在积极贯彻落实习近平总书记“四个走在全国前列”指示精神，特别是在营造共建共治共享社会治理格局上走在全国前列的要求，这为社会组织发展指明了新的方向。其中，困境儿童是各级党委、政府和社会各界一直以来高度关注的群体，相关问题也是全面建成小康社会亟须妥善解决的突出问题。国务院《关于加强困境儿童保障工作的意见》明确提出“加快形成家庭尽责、政府主导、社会参与的困境儿童保障工作格局”，并将“积极孵化培育相关社会组织，动员引导广大企业和志愿服务力量参与困境儿童保障工作”作为一项基本原则。为更好地促进社会组织参与困境儿童保障工作，提出如下建议。

第一，推动、指导关注困境儿童议题的社会组织、爱心企业、媒体等社会力量组建联合公益平台及跨界协作网络——“广州困境儿童关爱委员会”。本报告建议委员会定位为困境儿童服务组织的专业支持平台、资源匹配平台，以及困境儿童领域的社会智库平台、社会倡导平台。

第二，报告建议委员会逐步打造“四大平台”：专业支持平台、社会智库平台、社会倡导平台、资源匹配平台。平台的具体功能如图 2 所示。

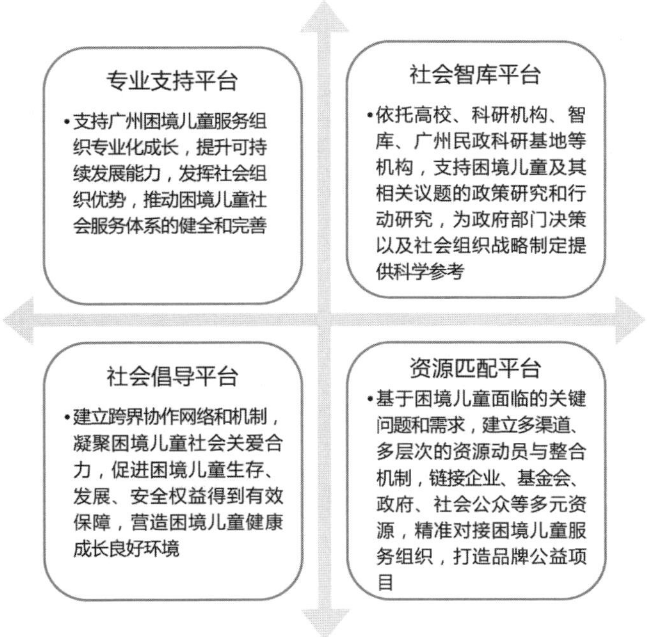

图 2　“困境儿童关爱委员会”战略定位及目标

第三，“困境儿童关爱委员会”应该是一个开放、创新的平台。在其建立和发展过程中，需要建立相应的支持体系。本报告建议着重建立和维护四大支持体系，即政策支持体系、传播支持体系、研究支持体系、行业支持体系。其中，政策支持体系的构建在准确把握中央以及各级党委、政府政策精神的基础上，与广州市民政、妇儿工委、教育、人社等部门以及共青团、妇联、残联等群团组织保持主动、积极沟通；行业支持体系则旨在与广州市内外关注困境儿童发展的社会组织、协会、商会等行业组织等建立积极联系，促进困境儿童议题在社会组织行业中的“主流化”。

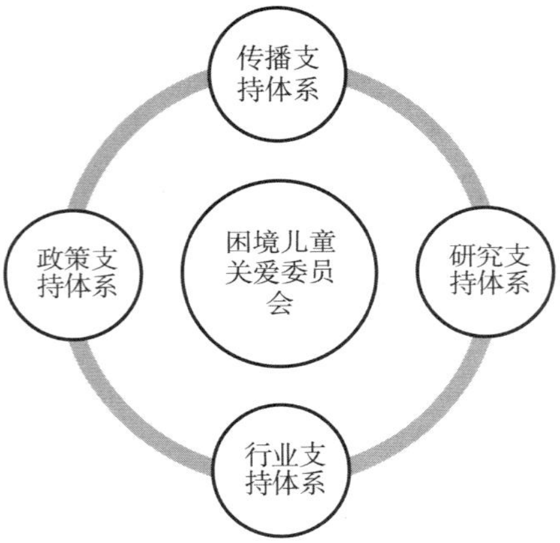

图3　“困境儿童关爱委员会”支持体系

以评促建　推动社会组织健康有序发展

——广州市社会组织等级评估分析报告

罗　玲[①]

改革开放以来，我国社会组织经历了前所未有的快速发展，大大小小的社会组织如雨后春笋般涌现在各个行业和各个领域，在承接社会事务、协同社会管理、强化社会自治、促进经济发展等方面发挥了重要作用。社会组织等级评估是社会组织工作中不可缺少的有机组成，是指各级人民政府民政部门为依法实施社会组织监督管理职责，促进社会组织健康发展，依照规范的方法和程序，由评估机构根据评估标准，对社会组织进行客观、全面的评估，并作出评估等级结论。开展社会组织等级评估，对于促进社会组织健康有序发展，推动国家治理体系和治理能力现代化具有非常重要的意义。

2007 年，民政部发布《关于推进民间组织评估工作的指导意见》和《全国性民间组织评估实施办法》，启动社会组织评估工作；2011 年民政部《社会组织评估管理办法》（以下简称《办法》）正式实施以来，广州市民政局大力推进社会组织等级评估，紧紧围绕以评促建、以评促管、以评促创的评估宗旨，大胆创新，积极探索，出台了《广州市社会组织评估管理办法（试行）》（穗民〔2013〕399 号），成立了广州市社会组织评估委员会、复核委员会，组建了广州市社会组织评估专家库，制定了《广州市行业协会商会评估指标体系》等 19 类评估指标体系，推动社会组织评估工作制度化、专业化和规范化发展。2015 年广州市民政局积极贯彻《民政部关于探索建立社会组织第三方评估机制的指导意见》要求，逐步探索社会

① 作者系广州社会组织研究院副秘书长。

组织第三方评估机制，进一步加快政府职能转移、激发社会组织活力、完善社会组织综合监管体系。

2012 年以来，广州市社会组织保持稳步增长态势，从 2012—2017 年，平均增长率为 9.7%。截至 2017 年 12 月 31 日，广州市共登记注册社会组织 7594 家，其中社会团体 3016 家、民办非企业单位 4536 家、基金会 42 家。与此同时，社会组织的规范化建设水平不断提升。截至 2017 年 12 月底全市共有 721 家社会组织获得评估等级。其中获得 3A 级及以上评估等级的社会组织数量占 61.3%（442 家），其中获得 3A 级的 235 家，4A 级的 137 家，5A 级的 70 家。

一、广州市社会组织等级评估模式

根据民政部《办法》的文件精神，结合实际情况，广州市在全国首创常态申报、分级评审、联合评估、委托评估、关联评估、独立评估等工作机制，建立广州等级评估模式，全面推进社会组织等级评估，有效引领社会组织规范健康发展。

第一，常态申报。社会组织准备好评估材料，可以随时向广州市民政部门提出评估申报；等级评估申报材料最多需要 4 项，即广州市社会组织评估申报表、自评报告（附广州市社会组织评估指标体系自评情况）、社会团体近两年会费收缴情况统计表（仅社会团体需要）、近两年主要业务活动目录，切实减轻参评社会组织评估负担，激发了社会组织参与评估的热情。

第二，分级评审。按照参评社会组织申报等级的不同，进行分级评审。广州市民政部门对申报 3A 级以上评估等级的，实行单位自评、专家考察组初评与评估委员会终评的方式，采取资料审查与实地检查相结合、定量分析与定性分析相结合的方法进行综合评审；对申报 1A 级、2A 级评估等级的，在单位自评的基础上提交参评资料及佐证材料，并经审查通过后，直接报评估委员会审核并确定评估等级，无须组织评估专家组进行实地考察，从而简化评估程序，降低评估费用。

第三，联合评估。建立登记管理机关和业务主管（指导）单位联合评估工作机制。广州市民政局协调教育、人社、体育、科协、文联等业务主管（指导）单位，制订教育、培训、体育、科技、文化、社工等类型社会组织联合评估工作方案，促进登记管理机关与业务主管（指导）单位之间评估信息交流，让业务主管单位清晰评估的价值，熟悉评估标准和评估活动，以便有效指导社会组织评估过程，并充分发挥业务主管（指导）部门熟悉所属社会组织业务、了解社会组织运作的职能优势，全面推进各类型社会组织评估。

第四，委托评估。建立上下级登记管理机关委托评估工作机制。按照分级管理原则，社会组织评估工作实行分级负责，不同层级的民政部门负责不同层级的社会组织评估工作，上一级民政部门对下一级民政部门的社会组织评估工作进行指导。考虑到部分区社会组织登记管理力量薄弱等实际困难，广州市民政局接受各区民政部门委托辖内社会组织的等级评估，既解决部分区无评估机构、无工作人员的评估困境，又传授评估工作经验、引导区民政部门建立健全评估工作机制。

第五，关联评估。等级评估结果作为享受优惠政策的重要参考依据。获得 3A 级以上评估等级的社会组织才具备优先接受政府职能转移、政府购买服务、奖励和公益性捐赠税前扣除资格等；无违法违规行为的社会组织：自获得 3A 级评估等级之日起 1 年内不列入抽查监督名单；自获得 4A 级评估等级之日起 2 年内不列入抽查监督名单；自获得 5A 级评估等级之日起 3 年内不列入抽查监督名单；社会组织评估等级成为《广州市品牌社会组织评价指标体系（试行）》评价指标之一等。通过将评估结果与激励和优惠政策挂钩，从而使评估达到促建设、促管理、促发展的效果，社会组织更加积极申报等级评估。

第六，独立评估。建立第三方机构评估机制，广州市民政局以政府购买服务形式委托第三方机构承办社会组织等级评估工作，组建了由党政机关事业单位管理人员、高等院校科研机构专家学者、法律工作专业人员、财务管理工作专业人员及社会组织管理人员五大领域的专家组成的社会组织评估专家库，编制了《广州市社会组织等级评估工作手册》，明确了评估要求、评估标准及登记管理机关、专家组和评估机构的职责，保证评估受理、审核、备案、监督等工作有序开展。在广州市民政局的指导下，近年来第三方评估机构持续稳步推进全市性社会组织评估工作。

二、2017 年度全市性社会组织等级评估工作概况

2017 年度全市性社会组织评估工作由广州市民政局组织推动，经过公开招标遴选，广州市社会组织联合会（以下简称广州社联）被确定为 2017 年度全市性社会组织第三方评估机构，为评估工作的开展提供了组织保障。为做好第三方评估工作，广州社联安排专人负责，根据《社会组织评估管理办法》（民政部令〔2010〕第 39 号）、《广州市民政局关于印发广州市社会组织评估管理办法的通知》（穗民〔2013〕399 号）及有关规定，在广州市民政局的指导下，组织评估专家约 130 人次对参评社会组织进行现场考察和初评。

（一）社会组织评估工作流程

2017 年 7 月 10 日，广州市民政局发出《关于开展 2017 年度全市社会组织等级评估工作的通知》（以下简称《通知》）（穗民〔2017〕275 号），正式启动 2017 年度全市性社会组织等级评估工作。《通知》提出“凡在市民政局登记注册满两个年度、无评估等级或获得的评估等级满 3 年的社会组织；在市民政局登记注册且获得评估等级满 5 年的社会组织”均可参加 2017 年度全市性社会组织评估。2018 年 2 月 13 日，《广州市民政局关于授予第十七批 31 个社会组织评估等级的决定公告》（穗民〔2018〕66 号）发布，标志着 2017 年度全市性社会组织评估工作完成，共历时 7 个月，具体评估工作流程如图 1 所示。

1. 评估前阶段：深入宣传，广泛动员，营造氛围

一是做好前期调研，制订工作计划。广州社联在项目启动前期大量进行资料收集，对历年社会组织等级评估情况及符合本年度等级评估条件的社会组织进行了前期摸查和充分调研，明确评估总体思路。同时，撰写《2017 年广州市社会组织等级评估实施方案》等，明确了评估时间、批次及工作推进计划。

二是多渠道推广，全面宣传发动。《通知》发布后，广州社联通过多种渠道进行推广。通过短信、邮件、宣传海报，上线“社会组织等级评估一站通”专题官方网站，撰写并发布近 20 篇评估优势宣导、筹备指引、

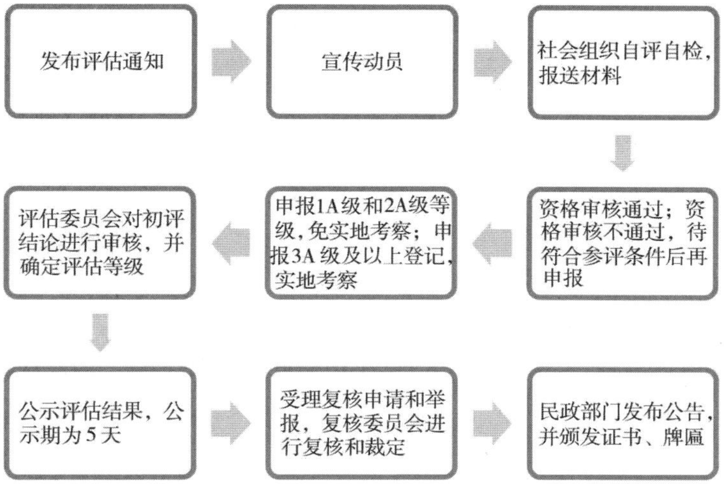

图1 2017年度全市性社会组织评估工作流程

评估动态等系列微信推文，编印并派发评估指引手册1500份，图文并茂介绍本年度等级评估活动的背景、申报事项及意义。通过多种形式的宣传推广，等级评估信息基本覆盖符合参评条件的评估对象。

三是重视培训交流，扩充专家团队。为保证评估工作科学有序进行，广州社联协助广州市社会组织管理局先后举办了3场专家培训会，培训社会组织评估委员会委员、评估专家、第三方评估机构代表近240人，并对近320名社会组织代表举行四期培训班，使参评社会组织了解评估政策、评审流程及评估指标，树立参评信心。为优化评估专家队伍，7月市民政局发布《广州市民政局关于公开选聘广州市社会组织专家的公告（穗民公告〔2017〕19号）》，经调整，评估专家人数203名，从而提高了评估专家的代表性，提升了社会组织评估的权威性及评估结果的公信力。

四是点对点指导，做好贴心服务。为提升社会组织的申报质量，提高社会组织筹备工作效率，广州社联开通服务热线、微信、QQ群及邮箱，多途径多方式为社会组织提供一对一的等级评估申报咨询服务。据统计，为近150家社会组织提供咨询及指引服务，达2000多人次。不少参评社会组织对评估政策及评估指标的解读不深、理解不透；咨询内容多样化，较高的内容包括评估基础知识、指标解读与佐证材料、申报材料填写和申报程序等。

截至2017年11月25日，共有55家社会组织提出评估申报（包括天河区、荔湾区、从化区等区民政局委托评估），其中49家通过资格审查并进行初评，2家因不符合申报条件未通过审查，4家提出延迟申请。

2. 评估中阶段：资料审查，实地检查，全程监督

根据《广州市社会组织评估管理办法（试行）》有关规定，遵循“公开公平公正”的评估原则，在市民政局指导下，广州社联制订等级评估工作方案、实地考察流程，编制《广州市社会组织等级评估工作手册》，明确了评估要求、评估标准及登记管理机关、专家组和评估机构的职责，保证评估受理、审核、备案、监督等工作有序开展；从社会组织专家库中随机抽选了由党政机关事业单位管理人员、高等院校科研机构专家学者、法律工作专业人员、财务管理工作专业人员及社会组织管理人员五大领域的专家组成的评估专家团队。

2017年9—12月，广州社联组织评估专家对43家申报3A级及以上等级的社会组织进行实地考察。无论是建会30多年的资深“老”组织，还是年仅2岁的“年轻”组织，都对迎评工作高度重视，组建了迎评小组负责筹备工作，材料准备认真严谨。参评组织表示等级评估是一个契机，经过自查自评、专家评估，不仅可以获得权威资质认证，免费的专家督导，而且对加强认识自身薄弱环节，增强规范发展意识，优化内部治理，提高实务能力，是一次难得的提升机会。

实地考察中，评估专家对照评估指标评分细则，深入每个参评单位逐项检查，现场打分，实地评价，当面反馈。主要方法是：听、看、查、问、议、反馈。即，“听”取参评组织负责人对本机构基本情况的汇报；“看”办公场所、办公设备、档案管理等情况；“查”阅参评机构申报材料，对照评估指标，逐项打分；当面“问”，随机抽取调查对象（专职工作人员、会员或服务对象）进行综合评价，并汇总后按标准评分；闭门“议”，专家组组长主持现场专家闭门会议，经讨论后，形成对参评机构的初步评估意见；“反馈”专家组的评估意见，提出在评估过程中发现的工作亮点、存在问题及改进建议，组织代表对专家意见进行反馈。实地考察后，评估专家组围绕法人治理、规范运作、财务管理、发挥作用及各项建

设五个维度对参评社会组织进行全方位的综合评判，最终形成内容翔实的初评报告。

3. 评估后阶段：审核终评，公示复核，颁发证照

2017 年 10 月 30 日、2018 年 1 月 11 日，广州市社会组织评估委员会分别对初评为 5A 等级的广州市企业联合会、广州注册会计师协会进行实地复查，并举行社会组织评估委员会会议，广州社联就广州市第十六批、第十七批初评情况进行汇报，并就委员们提出的问题作出了回答，在充分听取各方意见、建议和讨论的基础上，广州市社会组织评估委员会委员对初评结果进行了审核终评。

根据《广州市社会组织评估管理办法（试行）》相关规定，广州市 2017 年度社会组织等级评估活动，经过自评、初评、终评、公示四个环节，分别于 2017 年 11 月 21 日、2018 年 2 月 13 日在广州市民政局官网上将评估结果予以公告，其中 5A 级 12 家、4A 级 10 家、3A 级 20 家、2A 级 7 家，共计 49 家社会组织获得评估等级。

本年度参评社会组织类别多样，各具特色，社会团体和民办非企业单位各有 6 类，68. 89%（31 家）的社会团体获得评估等级，31. 11%（14 家）的民办非企业单位获得评估等级，本年度无基金会参评。获评等级中 5A 级占 24. 5%，4A 级占 20. 4%，3A 级占 40. 8%，2A 级占 14. 3%。其中行业协会商会类社团参评积极，并取得不错成绩，3A 级或以上等级全市性行业协会商会数量为 14 家，其中 5A 级为 6 家；民办非企业单位规范化发展程度不一，社工类民办非企业单位踊跃参评。

（1）不同成立日期的社会组织获评情况

在 2017 年广州市第十六、十七批获得评估等级的社会组织中，57. 15% 的社会组织成立于 2011—2015 年，10. 20% 成立于 2006—2010 年，18. 37% 成立于 2001—2005 年，8. 16% 成立于 1996—2000 年，6. 12% 成立于 1995 年及之前。在 2017 年参评中，各成立时间段均有社会组织参评并获得 4A 级和 5A 级，而成立于 2011—2015 年的社会组织参评数量最多，并获得 4A 级和 5A 级的比例是 50%，此阶段成立的社会组织获高级别等级较多。

（2）复评社会组织的参评情况

本年度共有 7 家社会组织（均是社会团体）进行第二次参评，获评等

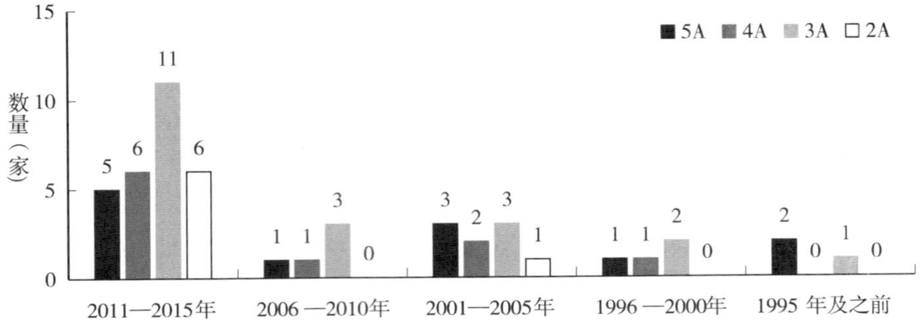

图2　2017 年度获评社会组织成立日期情况表

级均在4A级或以上，其中71.4%（5家）的全市性社会组织评估等级有所上升。广州道路运输行业协会、广州专业市场商会、广州市律师协会继首评3A级或4A级后，在复评中获评5A级；广州市停车场行业协会、广州地区出版物新闻工作者协会继获评3A级后，在复评中获评4A级；广州物流与供应链协会、广州市市政工程协会分别复评5A级、4A级，成功保级。通过参加社会组织等级评估，全市性行业协会商会规范化程度越来越高，在广州市行业协会商会发展中发挥了标杆作用。

表1　2017 年度广州市社会组织复评结果对比

组织名称	首评		复评	
	获评时间	获评等级	获评时间	获评等级
广州道路运输行业协会	2011.11	3A	2017.11	5A
广州专业市场商会	2013.11	4A	2017.11	5A
广州市律师协会	2014.10	4A	2018.02	5A
广州市停车场行业协会	2011.11	3A	2018.02	4A
广州地区出版物新闻工作者协会	2014.03	3A	2018.02	4A
广州物流与供应链协会	2011.11	5A	2018.02	5A
广州市市政工程协会	2013.03	4A	2018.02	4A

（二）全市性社会组织等级评估情况

1. 历年评级情况

广州市民政局自 2009 年起开展对市一级行业协会商会等级评估的试点，2013 年 12 月出台《广州市社会组织评估管理办法（试行）》（穗民〔2013〕399 号）后，2014 年全面铺开各类社会组织等级评估。根据市民政局历年关于授予每批次社会组织评估等级的决定公告的统计，截至 2018 年 2 月，广州市民政局共完成全市性社会组织等级评估 17 批次，共 359 个社会组织（数据包括复评社会组织）获得了评估等级。其中，2010 年有 8 家社会组织获得评估等级，2011 年有 11 家获得评估等级，2013 年有 34 家获得评估等级，2014 年有 191 家获得评估等级，2015 年有 48 家获得评估等级，2016 年有 18 家获得评估等级，2017 年有 49 家获得评估等级。

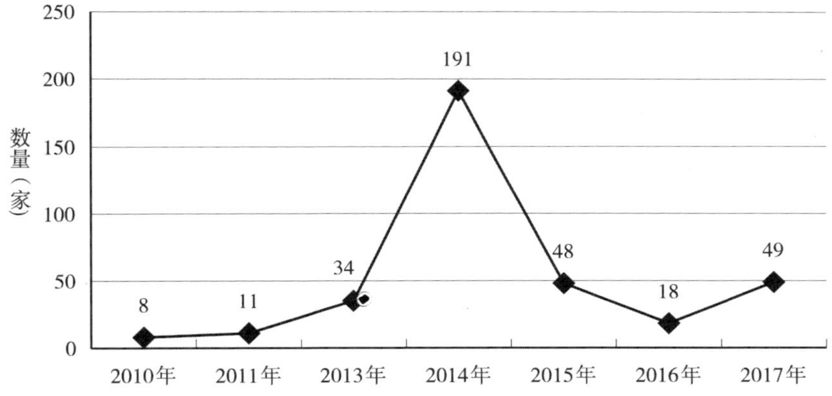

图 3　全市性社会组织历年评级数量

根据上图，2010—2017 年的全市性社会组织等级评估呈现出两个特点：一是参加评估的社会组织数量由少到多；二是历年的等级评估数量不均衡。2014 年全面铺开社会组织等级评估后，社会组织参评非常踊跃，191 个全市性社会组织获得评估等级。但 2015—2016 年，社会组织评级情况逐年下滑，2017 年略有上升。

2. 评估等级分布

广州市17批次评估获得等级的336家社会组织中（数据已减去15家复评及8家获评等级已过5年有效期的机构），5A等级48家，占14.28%；4A等级59家，占17.56%；3A等级110家，占32.74%；2A等级110家，占32.74%；1A等级9家，占2.68%。获得3A以上评估等级的全市性社会组织217家，占64.58%。由此反映出，参评的全市性社会组织质量普遍较高，获得评级的效果较理想。

（三）各区社会组织等级评估情况

据广州市社会组织管理局统计，截至2018年6月30日，全市11个区获得评估等级的社会组织共708个，其中越秀区40个，海珠区75个，荔湾区73个，天河区52个，白云区168个，黄埔区182个，花都区18个，番禺区61个，从化区9个，南沙区19个，增城区11个。

表2 广州市各区社会组织等级评估情况统计表①

区	社会组织总数（个）	符合评估条件数量（个）	获评数量（个）	参评率（%）
越秀	581	509	40	7.86
海珠	563	495	75	15.15
荔湾	471	273	73	26.74
天河	706	560	52	9.29
白云	738	475	168	35.37
黄埔	506	312	182	58.33
花都	493	376	18	4.79
番禺	776	580	61	10.52
从化	390	263	9	3.42
南沙	488	168	19	11.31
增城	547	369	11	2.98

① 统计时间截至2018年6月30日。

根据上表可发现，各区社会组织等级评估情况不均衡，黄埔、白云、荔湾等区推进较快，而花都、从化、增城的等级评估工作刚刚起步；市级及各区的评估标准不统一，评估标准应用不全面等。

三、广州市社会组织等级评估现实成效

开展社会组织等级评估工作，是加强社会组织规范化管理的内在要求，通过以评促建、以评促改、以评促管、评建结合，形成了社会组织创先争优、积极向上的良好氛围，对于社会组织完善内部治理结构、规范运营管理、提升服务能力、增强公信力和影响力具有积极的促进作用。经过几年的实践，广州市社会组织等级评估逐渐得到社会组织的认可，评估的实际效果已经显现。

（一）改进社会组织监管方式

随着社会组织数量不断增多，对政府管理提出巨大挑战，而有效的评估机制，动员社会力量对社会组织进行检查监督，有效弥补当前政府监管力量的不足；通过等级评估，政府对社会组织的发展情况有更全面更直观的了解，根据社会组织实际和内在需求，实施分类管理和指导，成为制定各项培育发展和监督管理政策的重要信息来源，可进一步完善政府对社会组织的监督管理机制。目前，广州市民政局已经进行了一些尝试，对发展良好的社会组织予以扶持，如在申报公益创投项目时，评估等级在3A级以上的在同等条件下享有优先权；在《广州市福利彩票公益金扶持社会组织发展资金管理办法》中规定："扶持资金对管理规范、运作良好，获得3A、4A、5A评估等级且符合福利彩票公益金使用范围的社会组织予以资助。符合前款规定的社会组织，5A级每个资助5万元，4A级每个资助3万元，3A级每个资助1万元。"

（二）提升社会组织能力建设

实地考察中，评估专家围绕法人治理、规范运作、财务管理、发挥作用及各项建设五个维度对参评社会组织进行全方位的综合评判，对照评估指标评分细则，深入每个参评单位逐项检查，现场打分，实地评价，当面

反馈，及时指出存在问题并提供专业建议。社会组织通过评估加强认识自身薄弱环节，增强规范发展意识，优化了内部治理，提高了服务能力。

（三）提高社会组织的公信力

社会组织评估通过公开透明的运作方式，实现了公众对社会组织的问责，同时促使社会组织重视信息公开，强化自律意识，提升社会责任感；增进公众对社会组织的了解和支持，树立社会组织良好的公众形象，达到以评估工作推动社会组织信用体系建设的目的。

四、当前社会组织等级评估面临的问题

从数据分析结果来看，广州市社会组织等级评估工作虽然取得了一定成效，但还存在一些问题，比如市级和各区等级评估推进不均衡，存在市强区弱的现象；全市社会组织等级评估总体参评率不高，距离民政部要求还有一定差距。通过对制约社会组织申报等级评估的因素进行分析，我们发现存在如下问题：

（1）评估氛围不浓。广州市社会组织发展还处于起步阶段，社会组织大多处于谋求生存的发展阶段，具有一定规模和品牌的社会组织数量较少，对等级评估的重视程度不高。

（2）参评动力不足。目前对于等级评估的结果仅用于减免年度检查程序、抽查豁免权，以及优先接受政府职能转移、购买服务等较为模糊的应用上，导致社会组织是否进行等级评估对其承接服务没有实质上的影响，因而申报积极性不高，参评动力不足。

（3）重视程度不够。无论是各区社会组织登记管理机关，还是社会组织，对等级评估的重要性及意义认识还不够深刻，有的区年度等级评估预算经费过低，对评估工作的支持力度不足。

（4）宣传推广不到位。近年来，虽然各级登记管理机关通过各种渠道加大对等级评估的宣传，但总的来说仍然存在宣传渠道、宣传形式较为单一等问题，社会组织缺乏了解等级评估的渠道及平台，不能及时知晓相关评估安排。

五、进一步推进等级评估工作的建议

（一）修订等级评估相关政策

一是修订《广州市社会组织评估管理办法（试行）》（以下简称《管理办法》）。广州市社会组织评估现行规定是于2013年12月2日出台，实施已近5年，为提升广州市社会组织评估管理办法的科学性、有效性，通过评估进一步提高社会组织法人治理能力，打造品牌社会组织，促进社会组织健康有序发展，需对广州市社会组织评估做法和典型案例作分析研究，并对《管理办法》内容全面修订。

二是修订评估指标和评估标准。目前，广州实施19类评估指标体系，包括12类社会团体评估指标、6类民办非企业单位评估指标及基金会评估指标。在符合国家政策总体要求的前提下，结合实地评估经验，组织专家、评估机构和参评机构对原有的指标进行研讨，不断完善指标体系，如可适当增加民办非企业单位评估指标类型及充实党建内容等，形成一套符合广州实际、覆盖广泛、具有可操作性和实用性的评估标准。

（二）加大等级评估宣传力度

一是构建规范和固定的评估信息发布平台。通过市社会组织信息网、第三方评估机构网站公示、微信发布、电邮传达等多种渠道，将评估通知、政策、指标、结果等信息全面、及时告知社会组织。

二是举办评估专题培训班。讲授评估相关内容，使参评单位充分认识到评估的重要性与必要性，掌握相关的规定、要求和工作程序，积极配合评估工作。

三是宣传先进典型。发掘以往评估工作中的先进典型，通过网站、杂志、微信、报纸等多渠道宣传，用典型引导推动评估工作。

（三）加强评估信息公开透明

一是定期发布评估信息。每批次等级评估结束后，通过相关平台进行公布，并接受公众监督。

二是对外公布评估标准。对各类社会组织评估标准进行对外公布。

三是加强评估过程透明。加强对评估专家的培训及挑选，对评估过程中的相关资料进行公示，接受社会组织咨询。

（四）联合相关单位共同推进

一是主动协调教育、人社、科协等业务主管（指导）单位，制订教育、培训、科技等类型社会组织联合评估方案，共建联合评估工作机制，全面推进各类型社会组织评估。

二是业务主管（指导）单位根据实际，有效结合社会组织管理重点工作和专项工作，配合开展社会组织评估工作。将本部门的激励、优惠政策与社会组织等级评估挂钩，增强评估工作的吸引力，将评估结果的应用最大化。

（五）建立市区联动机制

一是共同推进评估工作。考虑到部分区级社会组织登记管理机关力量薄弱、等级评估预算较少等实际困难，建立市区联动对接机制。推荐承接市级等级评估的机构共同推进区级评估工作。

二是合理评定评估标准。考虑市、区评估标准的衔接问题及各区之间评估标准的相对一致，避免有的区标准过高，而有的区标准过低。

（六）扩大评估成果的应用

一是将评估结果纳入社会组织信用体系建设，注重评估结果的社会化应用，在社会组织承接政府购买服务、社会组织财务审计等方面制定更严格的准入标准。

二是以激励机制保障评估结果，继续对获得3A级以上评估等级的社会组织予以资金等资助，对获得评估等级的社会组织开展定制的培训班、沙龙，有针对性地帮助改善发展状况。

（七）加强评估队伍建设

一是提高第三方评估机构工作水平。对工作人员进行相关培训，增强对评估工作的认识，提高评估的专业性，增强承办工作的可持续性。

二是加强对专家开展评估工作的培训，提高专家评估的专业性；不定期增补评估专家，综合考虑知识结构、专业结构、年龄结构等因素匹配，使各类专家比例均衡，优化专家队伍。

三是加强评估交流。加强登记管理机关、承办单位及社会组织的交流，及时将评估专家的意见、建议反馈给社会组织，帮助其及时整改，进一步提高社会组织综合发展水平。

从封闭式行政检查到开放性综合监管
——广州市社会组织年报制度改革研究报告

赖伟军[①]

作为民政部确定的“社会组织改革创新综合观察点”，广东的社会组织管理体制改革一直走在全国前列。除了率先开始社会组织直接登记改革，其在推动社会组织政社分开、加大社会组织培育扶持力度、推进社会组织监督管理规范化等各个方面均有大量前瞻性的探索。其中，在社会组织监督管理方面，广州市从2015年开始进行重大改革，通过借鉴商事登记管理制度改革的做法，将社会组织年度检查调整为社会组织年度报告。在新的年度报告制度下，广州市行政区域内登记注册的市、区两级社会组织不再接受政府主管部门的年度行政检查，改为网上自主填写年度报告并进行对外公开。通过这一改革举措，广州市试图探索构建新形势下社会组织的有效监督管理体系。本报告基于调查走访及相关数据资料的整理分析，拟对广州社会组织年报制度实施3年来的政策绩效进行初步评估考察。

一、从年检到年报：商事制度改革的经验借鉴

在市场监管领域，我国长期以来施行的是企业年度检查制度。1993年，国家工商总局制定《企业法人年度检查办法》，标志着我国企业年检制度的正式确立，而1996年12月发布的《企业年度检查办法》更是对企业年检的内容、程序和方法等进行了详细规定。其后，《企业年度检查办法》分别在1998年和2006年经历了两次修订，尤其是2006年修订版真正建立起我国现代意义上的企业年检制度。根据《企业年度检查办法》，年

① 作者系深圳大学公共管理系助理教授。

检是企业登记管理机关依法按年度对与企业工商登记事项有关的情况进行定期检查的监督管理制度。企业法人有义务配合接受登记管理机关的年度检查，年检通过需由工商行政部门审批盖章，拒不接受年检的工商企业则将被处以相应的行政处罚。自20世纪90年代初确立后的过去20多年时间里，企业年度检查制度在监督规范企业市场行为、落实国家行政管理及相关产业政策等方面发挥了重要作用。

然而，随着我国市场经济体制改革的纵深推进，有的商事登记管理制度越来越难以适应市场经济发展的现实需要。2014年2月，国务院颁布《注册资本登记制度改革方案》（以下简称《方案》），对我国商事登记管理制度进行重大改革。《方案》要求将企业年度检查制度改为企业年度报告制度，企业法人按年度在规定期限内通过市场主体信用信息公示系统向工商行政管理机关报送年度报告，同时在网络系统上向全社会公开。年报制度以企业社会信用监管代替传统的审批式行政检查，并通过将原来分散的企业登记事项（如社会保险登记与工商统计登记）进行有效整合、统一报告，实现有效减轻企业负担、切实改善企业发展环境的政策目标。与此同时，基于信用约束机制、企业自律机制及相关配套监督机制，企业年报制度有效地促进了我国市场监管方式的转变及企业事中事后监管体系的构建。自2014年实施3年多来，我国企业年度报告制度改革已经初见成效。

2014年9月23日，在国务院新闻办公室举行的新闻发布会上，国家工商行政管理总局外资局局长马夫在回答记者提问时对传统的企业年检制度与改革后企业年报制度之间的差别作了以下五点总结。

表1　企业年检制度与企业年报制度比较①

比较维度	企业年检制度	企业年报制度
定位不同	监督检查	报告公示
主体不同	企业、个体工商户	增加农民专业合作社
程序不同	申报—审核—盖章	报送—公示

① 参见中华人民共和国国务院新闻办公室网站：《企业年检制度和企业年报公示制度的差别有五个特点》，http：//www. scio. gov. cn/ztk/xwfb/2014/31596/31601/Document/1381606/1381606. htm。

续表

比较维度	企业年检制度	企业年报制度
内容不同	需要提交审计报告	无须提交审计报告
责任不同	行政处罚	信用约束

二、社会组织年检制度改革的必要性

与市场监管领域类似，我国对社会组织的监督管理也长期施行年度检查制度，其法律依据来自1998年10月由国务院同时颁布实施的《社会团体登记管理条例》和《民办非企业单位登记管理暂行条例》两大政策文件[①]。然而，近年来，随着我国社会组织整体管理体制的改革创新，原有社会组织年检制度已经难以适应社会组织快速发展的需要。遵循与企业从年检到年报方式转变基本相同的改革路径，广州市社会组织年度报告制度希望通过改革传统年检制度的相关做法，破除新形势下制约社会组织发展的体制机制，从而释放社会组织培育发展的更大活力和空间。具体而言，在当前我国社会组织快速发展的大背景下，传统年检制度存在以下一些主要弊端。

（一）社会组织负担

社会组织年检制度的首要问题是给广大社会组织形成相对沉重的年度检查工作负担。根据广州市民政局2011年制定发布的《关于进一步规范我市社会组织年检工作的通知》文件，社会组织参加年检需要经过业务主管单位初审、复检及登记管理机关终审等多个环节，最后社会组织还要将年检报告书分别送至业务主管单位和登记管理机关进行年检结果的盖章确认。从每年年初社会组织开始申报到登记管理机关对社会组织年检结论进行公告，年度检查工作时间跨度甚至长达10个月之久，社会组织需要在一年中的不同时间段处理与年检有关的工作，耗费大量的时间和精力。此外，在社会组织提交的年检材料中，除了填好的《年度检查报告书》、年

---

① 随着《基金会管理条例》在2004年的颁布实施，基金会从原有的社会团体管理体系中独立出来。《基金会管理条例》规定，对基金会的监督管理同样施行年度检查制度。

度工作总结及住所证明等大量资料，年检通常还要求社会组织提交由独立会计师事务所出具的组织上一年度财务审计报告。对于大量初创期及小规模社会组织而言，聘请会计师事务所对组织进行财务审计无疑会造成一定的经济负担。因此，社会组织参加年度检查产生了资金和人力双重负担。

（二）行政管理成本

除了给社会组织带来较重的工作负担，社会组织年检更重要的问题还在于其造成政府部门内部较高的行政成本。一方面，为了配合社会组织年度检查的有效开展，相关业务主管单位需要在每年特定的时间段内专门抽派人手参与社会组织年检资料的收集、整理和初审等工作，初审通过后再统一提交给登记管理机关。其间，除了业务主管单位需要付出人力成本外，登记管理机关还要进行不同业务主管之间的大量统筹协调。另一方面，在年检的终审阶段，面对汇集而来的社会组织年检资料，登记管理机关本身也需要投入大量的人力物力进行资料审查工作。以广州市为例，截至 2016 年 12 月底，广州全市登记注册社会组织数量为 7025 家。鉴于社会组织所提交年检资料的多样性和复杂性①，要完成所有 7025 家社会组织年检资料的审查并不是一件轻松的工作，其对登记管理机关工作人员也自然提出了较高的要求。从现实情况来看，登记管理机关在每年社会组织年检工作开展期间常常处于人手极度短缺的状态，工作开展的难度较大。

（三）监管实际效力

由于年度检查工作产生的巨大行政成本及行政管理机关人员短缺的现实，直接导致的结果是社会组织年检很多时候只是对社会组织提交年检资料的形式性审查，而非实质性内容审查，进而使得年检制度作为社会组织行政监管措施效力有限。随着近年来全国各地社会组织登记注册的放开和社会组织数量的快速增长，年检制度的监管“失效”问题将会越发凸显。尤其是在基层民政部门，受限于人员编制，其在社会组织监督管理方面人

---

① 根据广州市《关于进一步规范我市社会组织年检工作的通知》文件，社会组织年检需要提交的各种材料多达 15 项，其中《年度检查报告书》和年度工作总结（含下一年工作计划）等资料还包括相对复杂的表格及大量文字材料。

员短缺的问题更加严重。以广州市某区为例，2016 年底其登记在册的社会组织数量超过 700 家，而该区负责社会组织登记管理工作的区民政局社管科人力配备总共只有 5 人，其中科长 1 人（公务员编制），工作人员中 2 人（事业编制）负责社会组织登记管理和 2 人（合同制人员）负责社会组织党建、工会建设。以这样的人力资源配置，要在有限的时间内完成对全区所有 700 多家社会组织的年度检查工作，压力可想而知。因此，行政监管效力有限问题是社会组织年检制度在当前我国社会组织快速发展背景下面临的最大挑战。

三、社会组织年报制度的创新与成效

正是基于社会组织年度检查制度存在的上述问题，广州市从 2015 年开始通过借鉴引入商事登记管理改革的做法，在社会组织领域探索建立年度报告制度。新的年报制度取消了社会组织年度检查中设置的一系列行政审查及审批程序，社会组织直接通过统一的网络信息平台提交年度报告，并经由网络信息公开、随机抽样检查等保障措施，着力构建一套全新的社会组织综合监管体系。自 2015 年 1 月试行以来，广州市社会组织年报制度改革已经走过 3 年的实践和探索。通过内部一系列创新性举措，目前广州市新的社会组织监督管理体系已经初步成型并初见成效。

（一）网络平台保障政策有效落实

社会组织年报制度的有效落实首先依赖于对可能增加社会组织报告工作负担的有关技术障碍的突破。为了保证社会组织年度报告制度改革的有序推进，广州市民政局投入力量开发了集组织注册、登记变更、换证补证、年度报告及重大事项报告等多项业务办理功能于一体的一站式网络服务平台。社会组织只需登录网络平台按要求进行填报即可完成年度报告的填报工作，登记管理机关将在 10 个工作日内对社会组织所提交的年报资料进行形式审查并向社会组织反馈检查意见。相较于传统年检制度持续长达数月的漫长审核期，年报制度极大地便利了社会组织申报，最大限度减轻了社会组织参与年度报告工作的负担。

此外，为了进一步提高社会组织主动填报的积极性，广州市民政局大力进行有关社会组织年报制度改革的政策传播和社会动员，并委托广州市社会组织联合会在每年1—3月的年报填写周期内开展多场与社会组织年度报告网络填报相关的操作培训，有效保障了社会组织年报的填报率。表2呈现的是社会组织年报制度实施以来，市级社会组织在过去3年内的年度报告填报率情况。可以看到，其社会组织年报参与率一直维持在极高的水平，并逐渐实现社会组织全覆盖。

表2　广州市市级社会组织年度报告参报情况

年度	实报组织数量（家）	参报率（%）
2014年	924	94.96
2015年	1078	97.03
2016年	1201	96.08

（二）信息公示引入社会监督机制

社会组织年报制度对传统年检制度的最大突破在于其取消了原有年度检查制度中设置的相关行政审查程序，只由登记管理机关在社会组织完成年度报告的网络填报后进行相应的形式审查。但是，这并不意味着社会组织不需要为自己所提交年报资料的有效性负责，更不意味着社会组织完全脱离了政府部门的监督和管理。2015年8月，广州市民政局发布《广州市社会组织信息公示办法》（以下简称《信息公示办法》），对年报制度改革以后全市社会组织的信息公开措施作出了详细规定。通过信息公示这一举措，年报制度改革将社会组织的相关机构运行信息向全体社会成员开放，在社会组织的监管中引入社会监督机制。

与社会组织年度报告的填写一样，信息公示也实现了一站式网络平台操作。社会组织只需登录网站按要求填写相关资料，待登记管理机关形式审查通过后即对外进行开放，这样事实上就将社会组织置于更广泛的社会监督之下。此外，根据《信息公示办法》，通过网络公开的社会组织信息并不仅限于年报资料，还包括政府部门在履行职责过程中产生的能够反映社会组织真实状况的相关信息以及社会组织活动过程中形成的其他信息，包括社会组织等级评估信息、接受款物捐赠信息及受到行政处罚信息等。

《信息公示办法》明确规定：公民、法人或者其他社会组织有权针对任何一家社会组织公示的信息申请查询、进行举报或要求更正。总体上，通过全方位的信息公开，年度报告制度改革以后广州市社会组织监管实现了从封闭式政府行政检查到开放性社会参与监督的有效转变。

（三）随机抽查保证监督管理效果

社会监督机制的引入并不意味着原有政府行政检查措施的完全取消。事实上，在保障社会组织监督管理效果方面，政府部门的行政检查对社会组织仍然有着较高的实际威慑力。但是，在当前社会组织注册数量快速增长的背景下，社会组织行政检查的全覆盖基本难以实现。为了有效协调行政检查效力与检查规模之间的矛盾，广州市民政局为社会组织年报制度改革配套设计了社会组织随机抽查监督制度。

社会组织监督抽查具体包括两个方面的内容。首先，根据《信息公示办法》，登记管理机关要对社会组织信息公示情况进行随机抽查，监督社会组织是否按要求完成年度报告及其他相关信息资料的公示，并仔细核查社会组织公示信息的准确性和真实性。其次，除针对社会组织信息公示情况的抽查，广州市民政局在2015年8月同时制定出台了《广州市社会组织抽查监督办法》（以下简称《抽查监督办法》），对被抽取的社会组织进行更全面的机构运行检查。根据《抽查监督办法》规定，登记管理机关每年要按照上一年年末登记在册社会组织总数不少于5%的比例开展随机抽查，通过书面检查和现场调查相结合的方式，对社会组织登记注册、内部治理、开展社会服务及遵守法律法规等方面的情况进行实质性检查监督，发现问题按照相关规定依法给予处罚。以随机抽查制度作为社会组织年度报告及信息公示的有效补充，切实保证了社会组织综合监管的效力。

（四）异常名录推动信用体系构建

除了信息公示及抽查监督配套改革，广州市民政局还在社会组织年度报告制度框架下增加设计了异常名录管理制度。社会组织异常名录管理是新形势下加强社会组织信用监管的重要举措。两办《关于改革社会组织管理制度促进社会组织健康有序发展的意见》及2017年11月民政部发布的

《社会组织信用信息管理办法（征求意见稿）》均明确提出，要逐步建立社会组织异常名录制度，以信用监管进一步推动社会组织监督管理体系的完善。

根据《广州市社会组织信息公示办法》，在随机抽查中发现未按规定进行年度报告及其他相关信息公示、在公示信息中隐瞒真实情况或弄虚作假以及通过登记住所无法取得联系等问题的社会组织，登记管理机关要将其列入活动异常名录，并通过社会组织信息公示系统进行对外公示。同时，广州市还将异常名录管理与社会组织资金扶持、承接政府职能转移和购买服务、社会组织登记评估以及相关荣誉称号授予等直接挂钩，逐步建立健全社会组织信用约束机制，推动社会组织信用体系构建。

四、进一步完善社会组织年报制度的策略建议

综合以上制度创新与政策成效分析，本报告认为：通过一站式网络信息平台建设及组织信息公示、随机抽查监督、异常名录管理等多种配套机制的支持，广州市社会组织年报制度改革在过去 3 年实践的基础上逐步实现了社会组织监督管理从封闭式政府行政检查到开放性社会综合监管的转变。总体上，广州市在社会组织年度报告制度改革方面的探索是积极有效的，符合国家倡导改革社会组织管理体制、推动社会组织健康有序发展的大政方针，其相关实践经验也值得全国其他地区民政部门参考借鉴。

不过，本报告的评估考察认为，当前广州市社会组织年度报告制度实施过程中仍然存在着若干可以进一步改进和完善之处。总体而言，我们认为年度报告制度应该逐步发展成为社会组织监管的基础平台、社会组织决策的数据支持平台、社会公众参与社会组织监督的信息平台及社会组织公信力与信用水平的展示平台。为此，本报告最后提出以下几点政策完善建议。

（一）加强年报数据的挖掘、分析和应用，充分发挥数据的决策支持功能

随着广州市各级社会组织信息平台建设的有效推进，极大地增强了社会组织数据汇集、提取和分析的便利化程度，而这些汇集的数据将具备极

其重要的行业发展分析价值。因此，建议可依托社会智库等专业研究力量，加强对社会组织年报数据的分析和利用。数据分析初步可以分为三个层次：第一层次，遴选社会组织的基础性和规范性指标，对年报数据进行“扫描”，对数据“异常”情况进行分析和反馈，促进社会组织不断改善管理水平；第二层次，基于社会组织不同类别，在行业层面进行数据分析，为社会组织行业管理部门培育扶持和监督管理等相关工作的开展提供数据支持和决策参考；第三层次，立足长远，开发社会组织评估模型及发展指数，更加全面、科学和深入地反映广州市社会组织整体发展状况与水平，为党委、政府决策提供依据，同时逐步推广社会组织发展“广州指数”（暂定），增强指数在全国的影响力。

（二）推动社会广泛参与，发挥年报信息公示在社会监督中的基础性作用

“后年检时代”社会组织综合监管体系的有效性，在很大程度上依赖于其中社会监督机制是否能够真正发挥作用。现有的社会组织信息公示制度只是初步打开了社会参与监督的渠道，但其在实际工作中效用的发挥仍值得继续跟进观察。事实上，当前普通公众对社会组织发展工作的真正关注和了解仍非常不足。如果社会组织信息公示制度只是单纯的信息公开，而没有实质性社会参与监督，那么在社会组织年报制度框架下引入社会监督机制的政策努力也会大打折扣。因此，建议将推动社会广泛参与提上社会组织年报制度改革与完善的下一步工作日程。一方面，通过网络、电视、纸媒等多种媒体平台进行社会组织年报制度改革的社会宣传，以更大的范围影响和号召社会公众积极参与社会组织公示信息监督工作；另一方面，可以尝试探索建立社会组织公示信息义务社会监督员制度，组织和发动更多的公众加入对社会组织的社会化监管过程中。

（三）增加社会组织填报激励，提高年报数据信息的准确性和完整性

对于社会组织年报制度的有效落实而言，组织填报率只是衡量政策执行情况的一个指标而已。在高填报率之下，实际的年度报告填报质量并不一定得到有效保证。虽然在每年社会组织年报集中填报期内广州市民政局

设置了针对社会组织提交年报资料的形式审查环节，但本报告对广州社会组织信息平台所公示年报资料的随机检查发现，社会组织填报信息错误或前后矛盾的情况时有发生。目前的社会组织信息公示监督抽查制度只能对被随机抽取的社会组织公示信息实现实质性内容审查，其他大部分社会组织填报信息的准确性难以核实。如果无法有效保证社会组织所填报数据信息的准确性和完整性，那么年报制度的预设目标也会受到很大影响。因此，建议登记管理机关一方面要在填报环节加强对社会组织提交年报资料进行形式审查的严格性和规范性，另一方面可以考虑在异常名录的负面惩罚措施之外，增加对社会组织认真完成年报资料填报工作的正面激励，给予在年报形式审查阶段无明显信息填报错误的社会组织一定的奖励，以提高社会组织认真对待年度报告填报工作的积极性。

（四）探索组织责任人个人信用管理，推动社会组织监管长效机制的建立

传统年检制度下，对社会组织的行政监督与检查主要以组织为单位，这一点在新的社会组织年度报告制度框架下并没有发生太大的改变。比如，以社会组织信息公示异常名录管理为载体的社会组织信用监管只能对组织层面的信用体系构建起到一定的推动作用。然而，单纯以组织为单位的信用监管及其相应处罚措施并不能真正落实到具体的社会组织责任人，从而容易导致责任主体缺位条件下社会组织监督管理实际效用的降低[①]。根据两办《关于改革社会组织管理制度促进社会组织健康有序发展的意见》，在社会组织登记审查及后续监督管理中，要逐渐强化社会组织发起人责任，加强对社会组织负责人的管理，以真正实现社会组织监管效果。因此，建议在社会组织年度报告信息公示及其异常名录管理中探索加入针对社会组织发起人与负责人的个人信用记录管理，通过加强社会组织实际责任人的个人信用建设，逐步推动年度报告制度下社会组织信用监管长效机制的建立。

---

① 这一点也存在于国家层面的社会组织信用监管体系建设。根据民政部在 2017 年 11 月发布的《社会组织信用信息管理办法（征求意见稿）》，社会组织信用信息管理异常名录及严重违法失信名单制度同样只落实到社会组织层面。

第三章

行业发展

改革释放活力　打造广州模式

——广州市行业协会商会改革发展报告

唐国平[①]

近年来，广州市社会组织登记管理工作认真贯彻落实党的十八大和十八届三中、四中、五中、六中全会及十九大精神，按照建设现代社会组织体制、激发社会组织活力，改革社会组织管理制度，促进社会组织健康有序发展，发挥社会组织服务国家、服务社会、服务群众、服务行业的作用等系列要求，全面深化社会组织党建引领，有序推进社会组织登记改革，不断加强社会组织培育扶持，突出抓好社会组织政策创制，努力拓展社会组织服务，社会组织登记管理、法人治理、能力建设等各项工作稳步发展，社会组织公信力、影响力、作用发挥等稳步提升。

一、广州市行业协会商会发展现状

（一）发展结构合理

1. 呈现新的发展态势

近年来，随着国家统筹推进“五位一体”总体布局，协调推进“四个全面”战略布局，推动经济转型升级、“一带一路”倡议和“十三五”规划实施，以及广州市推动国家重要中心城市建设，落实“四个走在前面”的要求，构建开放型经济新体制，实施创新驱动发展战略，推进供给侧结构改革，行业协会商会通过行业内生和行业主管部门结构式引导，呈现新的发展态势：新兴产业行业协会商会，如软件业、服务外包、电子商务、

---

① 作者系广州社会组织学院院长。

空港经济、产业园区、科技创新、循环经济、城市矿产、人工智能、数字创意等，新兴服务业行业协会商会，如民间金融、小额贷款、典当、快递、信息服务、科技服务等陆续成立。

2. 覆盖范围更加广泛

从行业分布看，工商经济类、农林水产类、建筑类、服务类、交通类、科技信息类等都有本行业的协会商会。从产业分布看，传统产业、基础产业、新兴产业、优势产业、外向型产业都有推动产业进步、服务产业发展的协会商会。已经呈现出门类比较齐全、覆盖较为广泛，涌现出一批实力较强、规模较大，组织健全、服务较好，公信力强、发挥作用好的行业协会商会。

3. 市、区、街镇协会商会同步发展

截至2017年底，全市登记行业协会商会（不含异地商会）480个，其中全市性行业协会商会190个，各区行业协会商会共187个，分别是越秀区19个、海珠区8个、荔湾区18个、天河区8个、白云区15个、黄埔区18个、花都区22个、番禺区35个、南沙区11个、从化区18个、增城区15个；街镇商会共103个，其中越秀区12个、荔湾区7个、天河区19个、白云区18个、花都区8个、番禺区21个、从化区8个、增城区10个。

（二）发展规模适度

依照2017年数据，对190个全市性行业协会商会统计，涵盖全市29386家经济组织，平均拥有会员单位154个，拥有会员单位100个以上的95个，占比50%；共吸纳专职工作人员754人，其中专职工作人员3人以上的103个，占54.2%；年收入合计2.01亿元，其中收入超过100万元以上的58个，占比30%。

2005年以前成立的行业协会商会，平均拥有会员单位222个。2006年以后成立的行业协会商会，平均拥有会员单位105个。因2005年以前，《广东省行业协会条例》尚未实施，根据《社会团体登记管理条例》规定，实行一业一会，同时当时登记的行业协会商会多为传统产业，因此协会规模较大。2006年3月1日《广东省行业协会条例》正式实施，取消一业一会的限制，再加上新兴产业发展，行业规模相对较小，此后成立的行业协会商会规模同样较小，但总体规模适应行业发展。

（三）发展速度平稳

1988 年，广州市第一家行业协会——广州市出租汽车协会成立，至今已有 30 年发展历史。从全市性行业协会商会统计数据看，1988—1992 年，登记成立的全市性行业协会只有 3 个。从 1993 年开始，行业协会商会开始平稳增加。平均每年约增加 5 个以上。有 3 个快速发展期：一是 1999 年，因工业部门改制，相应成立行业协会，承担由原工业局改制后剥离的部分职能，当年新登记成立全市性行业协会 13 个。二是 2011—2014 年，广州市大力推进社会组织登记改革，推动了行业协会商会发展，4 年共登记成立全市性行业协会商会 57 个，其中 2013 年成立 27 个。三是 2015 年《广州市社会组织管理办法》正式实施后，进一步放宽登记条件、降低登记门槛，当年新登记成立全市性行业协会商会 25 个。

（四）发展质量良好

1. 党建引领、争创先进，树立标杆

通过单独组建或联合组建，有 62 个行业协会商会组建了党支部，占全市性行业协会商会总数的 32. 6% ，占广州市社会组织党委直管的 130 个全市性社会组织党组织的 47. 7% 。广州市建筑业联合会、广州市软件业协会是全市第一批成立党支部的社会组织。全国首创在行业协会商会成立廉洁从业委员会，完善和落实行业公约、行为规范、服务标准和反腐承诺等，指导监督行业反腐倡廉工作，加强行业协会商会反腐倡廉建设。广州市建筑业联合会获广州市 2009—2011 年度先进集体荣誉称号，开创了社会组织获奖先河。

2. 等级评估、创建品牌，整体领先

各行业协会商会对标法人治理、财务管理、发挥作用、规范运作、各项建设评估指标，加强和改进行业协会商会工作，积极申报社会组织等级评估，82 个行业协会商会获得 3A 级以上评估等级，其中 5A 级 24 个、4A 级 23 个、3A 级 35 个，整体评估成绩高于其他类社会组织。广州市建筑业联合会、广州市软件行业协会是全市第一批获得5A级评估等级的社会组织。2016年广州市开展品牌社会组织创建活动，获得4A级、5A级以上评估等级的行业协会商会按照品牌基础、品牌建设、品牌影响、品牌文化的评价指标，进一步加强协会建设，积极参加品牌社会组织创建活动。2016年、2017年经评估认定，各授予10个社会组织为品牌社会组织。其中，行业协会商会2016年有4个、2017年有3个，共7个先后被授予品牌社会组织，占比35%。

3. 强化管理、规范建设，公信力水平位列前茅

大多数行业协会商会从成立开始就朝着影响省内外乃至国内外的目标前行，如广州市建筑业联合会、广州市家具行业协会、广州市软件行业协会、广州市物流与供应链协会、广州环境保护产业协会、广州市建筑装饰行业协会、广州市汽车工业行业协会、广州动漫行业协会、广州市会展业行业协会、广州市总部经济协会、广州市城市矿产协会等，在省内外均有一定影响力。会长单位基本属于行业领军龙头企业，行业协会商会在帮助行业应对发展困境、转变发展方式、推动行业创新、加强行业自律、推动新产业发展和新技术应用、强化品牌建设等方面开展活动，获得较高的行业认同；积极承担社会责任、提供公共服务、参与各种公益活动等，赢得了较好的社会影响；强化管理、规范运作，行业协会商会中的僵尸组织、活动不正常组织相较于其他类社会组织明显偏少。广州市民政局从2015年开始，实施社会组织异常名录管理。据统计，190个全市性行业协会商会，先后有7个纳入异常名录，占总数104个全市性社会组织列入异常名录的6.7%。从2011年以来，市民政局共撤销全市性社会组织169个，其中行业协会商会撤销4个。

4. 围绕中心、服务大局，作用发挥升级到2.0版

与会员联谊、行业内联系、政社间联络等注重于发挥桥梁纽带作用做法不同，广州市行业协会商会在“促进企业发展、规范市场秩序、开展行业自律、制定团体标准、维护会员权益、调解贸易纠纷”等方面作用发挥已升级到2.0版，逐步成为促进经济发展的重要力量。一是平台作用更加明显。通过信息共享平台、资源链接平台、合作共赢平台，举办展会、高

端论坛、取得银行授信、开展业务对接、落实行业政策等举措，充分发挥行业协会商会的平台作用。二是引领作用更加明显。近年来，行业协会商会在清晰未来市场方向、精准把握产业方向等方面作用越来越大，通过建立产业园区、推动企业上市、开展企业投融资等服务，引领会员企业发展。三是服务作用更加明显。通过参与政策调研咨询、制定团体标准、提出意见建议以及参政议政，促进政府政策调整和优化；通过开展行业评优、培育孵化、对外合作、引进项目等，促进企业发展。由于作用发挥得好，收入来源更加多元。一些优秀行业协会，如成立已 30 年的广州市出租汽车协会，成立 20 年以上的广州市工程勘察设计行业协会、广州环境保护产业协会、广州市家具行业协会、广州市科技创新企业协会和近几年才成立的广州市循环经济清洁生产协会、广州市产业园区商会等，提供服务收入达到或超过会费收入，可见其发挥作用优势明显。

二、广州市行业协会商会发展模式

广州市在推动行业协会商会发展的过程中，通过改革创新登记管理、政府引导与行业内生，打造平台式、枢纽型、服务型行业协会商会，以及大力推进区域建会、园区建会，形成了独具特色的广州模式。

（一）一业多会，形成适度竞争

据统计，全市性行业协会商会中超过一半以上行业成立 2 个以上。如物流行业有：广州市物流和供应链协会、广州空港物流协会、广州市太和物流行业协会、广州市岭南物流供应链商会、广州市云山物流商会、广州市物流企业商会、广州市八零供应链商会、广州市物流技术与应用协会等。

（二）结构引导，服务新兴产业

近年来，随着新技术、新材料的运用，互联网的快速发展，新产业的蓬勃兴起，须及时成立相应的行业协会商会服务行业发展。除了行业内企业自发成立外，政府相关部门发挥了结构式引导作用。如，为了推动广州市总部经济发展，引导成立了广州市总部经济协会；为了推动金融服务业发展和广州民间金融街建设，引导成立了广州市金融业协会、广州市民间金融商会、广州市普惠金融协会；为了发展空港经济，引导成立了广州空港物流协会、广州空港保税协会；为了推动科技创新，自主发起和引导成立了广州市科技创新企业协会、广州市科技企业孵化协会、广州市高新技术企业协会、广州市科技服务业协会等。

（三）跨业联合，打造枢纽平台

突破行业局限，一些联合型、枢纽型、服务型的协会商会不断成立。如以联盟形式成立的协会：广州市国资国企创新战略联盟、广州市生物产业联盟、广州市两化融合服务联盟、广州市融资租赁产业联盟；以企业家代表的企业联合成立的协会商会：广州市中小企业家商会、广州市新锐企业家协会、广州市海纳企业家商会；以服务为目标，以促进会形式成立的广州市科技金融促进会、广州市建筑企业发展交流协会、广州市物流技术与应用协会、广州市会展服务促进会、广州市品牌质量创新促进会、广州市新材料产业发展促进会等。

（四）园区组会，推动专业经济

近年来，创意园区、产业园区、专业市场发展迅速。为推进园区建设，先后成立了广州市专业市场商会、广州市产业园区商会、广州白马服装商会、广州大学城商会等园区（专业市场）商会。广州市专业市场商会通过多种形式实地走访行业商圈，进一步完善行业数据库内容，推动商圈转型升级；建成专业市场公共服务平台，整合多家产业服务企业以移动互联网应用技术与平台对接。构建云仓储、云物流、云管理、云结算的一站式全流程线上业务闭环，形成“仓、配、管”一体化服务体系。广州市产业园区商会协助模式成熟的园区运营商外拓建新园，嫁接优质服务资源入园，成立产业园区创投联盟，搭建产业园区投融资平台。

（五）街镇建会，参与基层治理

广州市行业协会商会发展的一大特色是超过半数的街镇成立了街镇商会。这些基层商会对发展街镇经济、参与社区治理、配合街镇中心工作、加强城市管理、开展公益慈善活动发挥了积极作用。如番禺区创新基层治理的“五社联动”，包括社区、社会组织、社会工作、社会（社区）企业、社区基金，社会企业多以街镇商会的名义参与其中。番禺区南村总商会，推动经济发展成效卓著，2017 年 1—11 月，全镇实现规模以上工业总产值 166. 88 亿元，税收合计 65. 45 亿元，该会在第六届理事会就职仪式上筹集善款 1375 万元，用于设立支持创新创业专项奖励基金、外来工爱心基金、村级老年人颐乐项目和对口帮扶扶贫项目。

三、广州市行业协会商会登记管理改革

（一）有序放开，优化发展环境

2006 年 3 月 1 日，《广东省行业协会条例》正式实施（以下简称《条例》）。《条例》规定：行业协会可以按照国民经济行业分类标准成立，或者按照产品类型、经营方式、经营环节及服务类型成立，突破了《社会团体登记管理条例》有关“一业一会”原则规定。

2006 年，市委、市政府出台 11 号文，要求行业协会实行“五自”（自愿发起、自选会长、自筹经费、自聘人员、自主会务）、“四无”（无行政级别、无行政事业编制、无行政业务主管部门、无国家机关工作人员兼职）改革，实现政社脱钩，民间自治。

2011 年 11 月，广州市民政局出台了《关于进一步深化社会组织登记改革助推社会组织发展的通知》（穗民〔2011〕399 号），规定允许同一行业根据实际需要成立多个行业协会；允许适当吸纳非本地籍会员加入本地行业协会；允许港澳台人士投资兴办并在广州市工商注册的企业加入广州市行业协会，其代表可担任除法定代表人以外的负责人职务；允许跨行业、跨地域组建行业协会，打破了行业协会垄断格局，鼓励适度竞争、优胜劣汰，推动行业协会遵循市场化改革方向发展。

2012 年 4 月，广东省委、省政府印发《关于进一步培育发展和规范管理社会组织的方案》（以下简称《方案》）。《方案》进一步明确规定：“放宽行业协会商会准入条件，允许一业多会，允许按国民经济行业分类的小类标准设立行业协会，允许按产业链各个环节、经营方式和服务类型设立行业协会，允许跨区域组建，允许合并和分拆组建。”

2015 年 1 月 1 日，《广州市社会组织管理办法》正式实施，允许同一行业根据实际需要成立多个行业协会，同时在会员数要求、开办资金、住所要求三个方面降低了社会组织设立登记条件，简化了登记手续，促进了行业协会商会的发展。“一业多会”改变过去“一花独放、一家独大”“上不着天、下不着地”的现象，使得行业协会提供服务更到位，联系会员更紧密，行业规范更有效，也使得协会间通过适度竞争，更有效地服务政府、服务行业、服务会员、服务经济。实行“一业多会”后，协会间的竞争机制，“优胜劣汰”的发展环境已经形成。

（二）有力扶持，拓展发展空间

1. 重点推进行业协会承接政府职能转移和购买服务工作

2007 年、2009 年市财政局、市发改委、市民政局、市编委办先后出台《关于落实促进行业协会商会改革发展财政扶持措施的意见》《广州市行业协会商会承接政府有关职能的监督管理试行办法》，提出了政府向行业协会转移职能、财政对行业协会实施专项资助以及购买行业协会服务等措施，包括行业协会承接市政府授权或经市编委办审核报市政府批准的政府移交、授权的职能，每年所需经费由市财政局会同有关部门核定；对行业协会建设为行业服务、促进产业发展的各类自主创新、公共服务平台，组织和参与应对国际贸易纠纷引起的行业性诉讼，给予一次性适当补助；对重点产业、新兴产业和农业领域新组建行业协会确有困难的，给予一次性开办经费补助；政府部门授权或委托行业协会承担管理服务事项的，由政府各部门提出年度购买服务的事项及要求，纳入部门年度财政预算，由同级财政支付。2012 年 9 月，上述部门修订出台了《关于财政扶持行业协会改革发展的意见》，进一步完善行业协会承接政府职能转移、购买服务、专项补助等政策措施。

许多行业协会商会因此获得政府购买服务和资助。以 2017 年数据，广州市软件行业协会 99 万元、广州市科技创新企业协会 80 万元、广州市科技企业孵化协会 47.5 万元、广州市高新技术企业协会 57.5 万元、广州市城市矿产协会 10 万元、广州市专业市场商会 75 万元、广州市产业园区商会 105 万元、广州市环保产业协会 172 万元、广州市物流与供应链协会 50 万元。

2. 多管齐下，加大对行业协会商会的培育扶持

一是编制社会组织（含行业协会商会）具备承接政府转移职能、购买服务资质目录；二是加强社会组织教育培训，每年举办6期“广州社会组织讲坛”，并结合政策法规宣讲、学习，定期不定期开展培训活动；三是开展广州市社会组织公益创投活动，鼓励行业协会商会申报项目，在公益服务活动中加强建设，增强能力。如广州动漫行业协会，连续4届申报边远山区学校艺术支教公益创投项目，既帮助解决从化区边远山区学校美术教学师资不足的困难，又启迪孩子们艺术思维，受到了当地教育部门和孩子们及其家长的高度赞许。

（三）有效监管，促进发展规范

1. 建立制度指引

2011年，广州市民政局制定实施了《广州市行业协会规范化治理指引》《广州市行业协会管理制度示范文本》。对行业协会章程、治理架构等10项内部管理制度做了具体详尽的规定，并将之纳入行业协会年检（年度报告）、评估范围，指导和督促行业协会建立健全法人治理机制。2012年，广州市民政局又出台了《关于进一步加强社会组织发起人负责人管理服务的通知》，其中对行业协会发起人、负责人提出了更高的要求。同时加强社会组织反腐倡廉建设，推动行业协会建立廉洁从业组织机构，完善和落实行业公约、行为规范、服务标准和反腐承诺等，进一步强化法人治理，推动行业协会规范发展。

2. 建立年度报告和重大事项报告制度

《广州市社会组织管理办法》规定，社会组织实行年度报告制度。社会组织应于每年3月31日前提交年度报告书。除社会组织负责人换届或者更换法定代表人之外，年度报告不需提交财务审计报告。

有下列重大事项之一：行业协会商会召开会员（会员代表）大会；创办经济实体；接受境外捐款或者资助；涉外（包括港、澳、台地区）活动。应当提前15日向登记管理机关和有关主管部门书面报告，并提交活动的内容、方式、规模、参加人员、时间、地点、经费等相关材料。

3. 建立信息公示制度

制定出台《广州市社会组织信息公示办法》对公示内容和方式、公示信息抽查和活动异常名录管理等作了具体规定。社会组织存在未按照规定的期限公示年度报告的、未按照本办法规定的期限公示其他应公示信息等情形的，将由社会组织登记管理机关列入社会组织活动异常名录，通过社会组织信息公示系统公示，提醒其履行公示义务。实现社会组织行政许可、行政处罚等“双公示”信息全上线。按照国家统一的数据标准，将社会组织行政许可和行政处罚等信息在作出决定之日起7个工作日内上网公开，同时将有关信息推送至“信用广州”和“广州市社会组织信息平台”。

4. 实行社会组织分类评估制度，对社会组织实施动态评估

建立政府指导、部门协同、社会参与的社会组织评估机制，鼓励第三方评估机构参与社会组织的评估。以评促建、以评促改，引导行业协会商会加强规范化建设。

5. 推进行业协会商会诚信承诺和自律公约制度

行业协会商会按照诚实守信、公平竞争的原则，制定自律公约，广泛征求会员企业、行业管理部门等多方意见，经会员大会或会员代表大会表决通过后实施。行业协会商会要按照《行业协会价格行为指南》，自觉规范收费行为，提升行业自律水平。行业协会商会要向社会公开诚信承诺书，重点就服务内容、服务方式、服务对象和收费标准等作出承诺。

6. 严格执法

《广州市社会组织管理办法》依照《社会团体登记管理条例》《民办非企业单位登记管理试行条例》《基金会管理条例》对包括行业协会商会在内的社会组织作出警告、责令改正或限期停止活动、罚款和撤销登记等行政处罚规定。明晰行业协会商会的法律责任，推动其依法办会。

四、广州市行业协会商会与行政机关脱钩情况

（一）基本情况

截至2017年8月底，全市登记社会组织7442个（社会团体2928个，

民办非企业单位4476个，基金会38个）。市一级登记社会组织1338个，社会团体1144个、民办非企业单位156个、基金会38个，其中全市性行业协会商会186个。

按照中共中央办公厅、国务院办公厅《行业协会商会与行政机关脱钩总体方案》，广州市属于脱钩范围的包括2种：一是按照《广东省行业协会条例》（2006年3月1日实施）登记成立的行业协会商会（已完成）。2006年，《广东省行业协会条例》正式实施，全市按要求认真贯彻落实，基本实现政社脱钩。目前，按照《广东省行业协会条例》在民政部门直接登记成立的186个全市性行业协会商会已实现“自愿发起、自选会长、自筹经费、自聘人员、自主会务和无行政级别、无行政事业编制、无行政业务主管部门、无现职国家机关工作人员兼职”，100%行业协会脱离行政隶属关系，100%有章程，100%行业组织负责人根据章程选举产生，100%无现职国家公务员在行业协会兼任负责人。二是其他需要脱钩的行业协会商会（正在推进）。国家要求将同时具有以下特征的行业协会商会纳入脱钩范围：会员主体为从事相同性质经济活动的单位、同业人员，或同地域的经济组织；名称以“行业协会”“协会”“商会”“同业公会”“联合会”“促进会”等字样为后缀，在民政部门登记为社会团体法人。因此，国家要求的行业协会商会脱钩范围比《广东省行业协会条例》定义的行业协会范围有所扩大。为此，在按照《广东省行业协会条例》登记成立的186个全市性行业协会商会基础上，广州市民政局经初步摸查，还有218个全市性社会组织（以前按一般性社会团体登记成立）符合此次脱钩的范围。

（二）推进情况

1. 进行摸查工作

制定印发《广州市民政局关于开展行业协会商会脱钩专项检查工作的通知》《全市性行业协会商会脱钩自查情况表》《参加脱钩摸查的全市性行业协会商会名单》等文件，起草《广州市行业协会商会与行政机关脱钩实施方案（草稿）》，先行摸查全市性行业协会商会情况，为开展行业协会商会脱钩工作奠定基础。

2. 开展专项检查工作

2017 年 7—8 月对 50 个行业协会商会进行现场检查，主要按照中办国办《行业协会商会与行政机关脱钩总体方案》的要求，对行业协会商会与行政机关脱钩情况进行了摸查。

3. 积极协调推进成立市联合工作组

根据市委办公厅、市政府办公厅《广州市市级议事协调机构审批工作规范（试行）》成立市级议事协调机构的有关要求，已按程序报请成立广州市脱钩联合工作组。

4. 制订脱钩实施方案

一是明确脱钩的主体是各行政机关与其主办、主管、联系、挂靠的行业协会商会。其他机关和参照公务员法管理的单位与其主办、主管、联系、挂靠的行业协会商会，参照本方案执行。二是落实脱钩主要任务。推进机构分离、职能分离、资产财务分离、人员管理分离、党建及外事等事项分离。三是完善脱钩配套政策。完善支持政策，健全监管体制。目前，广州市行业协会商会与党政机关脱钩仍在进一步推进中。

五、广州市行业协会商会发展存在的主要问题

（一）行业主管部门转移职能、购买服务尚不到位

由于行业协会商会实行民政部门直接登记，一些行业主管部门对向行业协会商会转移职能、购买服务认识不到位，行动不积极，重视程度不够，尚未形成规范制度。同时，对行业协会商会奖励扶持、各种优惠等相关配套政策也不完善，大多数行业协会商会没有承接政府转移职能、获得政府资助和购买服务。即使承接了一些任务，也要贴钱办事，直接影响了行业协会活力的充分释放，作用的充分发挥。

（二）行业协会商会规模小、覆盖面窄现象比较突出

“一业多会”改革，本义是促进适度竞争，优胜劣汰，形成行业资源的市场化配置、行业服务的优质化提供，激励行业协会商会在竞争中发展、发

挥更好的作用。但有些发起单位没有正确理解改革政策，致使有些行业登记成立的协会商会多达5个以上，其会员单位必然分散，有的少至50个甚至30个以下，显然与广州这样的国际大都市的全市性行业协会商会不相称。由于会员企业的分流，行业协会商会的代表性大打折扣，权威性大大降低，话语权必然式微，"弱协会"现象将使协会难以生存，难以科学发展。

（三）行业协会商会内部建设仍然薄弱

全市性行业协会商会专职工作人员3人以下的仍占45.8%，有的只有1名专职工作人员，甚至只配备兼职工作人员；10名以上工作人员的行业协会商会寥寥无几，占比不到5%；高素质的专业人才少，离专家治会、专业人才办会的要求还有一定距离。

相当部分行业协会商会经费来源单一，靠会费维持协会运作，有的甚至年度收入为零，不少协会商会年度净资产为负数。一些行业协会法人治理不完善，内部建设不规范，行业公信力和社会声誉不高，"出资者办会""负责人控会"，实行违规的管理方式，开展违规活动，被列入异常名录管理、被处罚的现象仍然存在。显然，上述现象的存在难以完成新时代赋予行业协会商会成为促进经济发展的重要力量的使命。

（四）行业协会商会自身能力差距较大

行业协会商会能力建设包括服务能力、创新能力、筹资能力、经营能力，能力强了，协会商会才能顺畅运作，可持续发展，才能建成"百年老店"。部分行业协会商会还停留在传统的服务理念上，"开个会、照个相、发个文""到会员企业跑一跑，到政府机关说一说"，缺乏行业服务和公共服务的新思维、新手段，没有实际效果。运用新技术、新手段提高服务能力，运用新理念、新思维拓宽服务视野的办法不多，难以把协会带上高峰，难以做强做大。因此，有的协会商会便出现"成立时热热闹闹，第二年小打小闹，第三年不打不闹"，最后偃旗息鼓，成了僵尸组织。

（五）区、街镇行业协会商会布局规划、发展目标存在盲目性

区、街镇要不要发展行业协会商会？如何发展？仍然没有引起足够的

重视，仍然没有统一的制度安排。除了街镇商会由区工商联推动外，区的行业主管部门在这方面推动不够。客观上，已经成立了同行业的全市性协会商会，区再成立似乎没有必要。因此，区行业协会商会不但少，而且小，犹似“鸡肋”，可有可无。但总体上与区的认识不到位、推动不努力、目标不明确有关。

六、进一步推进广州市行业协会商会发展的建议

（一）建立清单、落实责任，加大向行业协会商会转移职能、购买服务的力度

深入贯彻落实党的十九大精神，按照中办国办《关于改革社会组织管理制度促进社会组织健康有序发展的意见》支持行业协会在“促进企业发展、规范市场秩序、制定团体标准、开展行业自律、维护会员权益、调解贸易纠纷”中发挥作用，使之成为促进经济发展的重要力量的要求，行业主管部门要主动作为，将适宜由行业协会商会承接的职能转移出去，列出转移职能清单，能转移职能的转移，可购买服务的购买，通过必要的程序交由行业协会商会承担，落实行业主管部门的责任。继续公布具备承接职能转移、购买服务的行业协会商会资质名单。使之有事可做，做行业的事，行业地位得以保证，作用发挥得以落实。

（二）整合重组、优势主导，促进行业协会商会发展壮大

登记管理部门要对行业协会商会的现状进行全面调研、深入分析，对同一行业成立协会商会过多的情况进行把脉，借鉴近年来结构式引导新兴产业成立行业协会的经验做法，商行业主管部门和相关行业协会商会，区别不同情况，通过联盟、联合、重组等方式，成立新型的行业协会商会，改变同业协会商会过多的现状；对生存困难，发挥不了作用的，指导其予以注销。对拟新成立的行业协会商会，登记管理部门要认真审查，严格把关，包括成立的必要性、发起企业是否是行业龙头企业、企业负责人是否具有行业影响力和号召力，会员覆盖率可能达到的比例，成立后对推动行业发展的作用等。

（三）加强保障、完善政策，深化行业协会商会培育扶持体系

在继续实施现行的培育扶持政策的基础上，出台进一步扶持行业协会商会发展的政策措施。实施财政投入、孵化培育、品牌创建、能力提升、作用发挥五大计划。

财政投入计划：加大财政资金扶持力度，行业主管部门要将转移职能、购买服务的经费列入部门预算，财政部门建立资助行业协会商会发展专项资金，参照财政资金资助社会工作机构提供社会工作服务的做法，资助行业协会商会提供经济服务，建立财政投入的长效机制。

孵化培育计划：在现广州市培育基地建设的基础上，建设专门的行业协会商会孵化培育基地，为行业协会商会提供办公场所、活动场所、政策咨询、管理服务、智库支持、资源链接等服务。

品牌创建计划：深化广州市社会组织品牌创建活动，重点培养一批有示范引领作用的行业协会商会，树立一批品牌服务项目，召开品牌社会组织表彰会，召开重点品牌服务项目推介会或成果交流会，扩大品牌社会组织的影响力和辐射力。

能力提升计划：充分发挥广州社会组织学院、广州社会组织研究院等专业培训、研究机构的教育培训功能，夯实行业协会商会的发展基础，优化行业协会商会从业人员的知识结构，为行业协会商会发展插上知识的翅膀。

作用发挥计划：建立行业协会商会参政议政制度，增加各级党代表、人大代表、政协委员名额，增加各级工、青、妇组织领导机构、代表名额，增加先进党组织、优秀党员、先进集体、先进工作者表彰名额；建立重大涉经济发展政策征求行业协会商会意见制度；建立党政部门与行业协会商会定期沟通制度。

（四）管理创制、部门融合，构建高效的行业协会商会综合监管机制

继续发挥广州市社会组织联席会议的统筹协调作用，凝聚各成员单位的力量，达成共识，形成共管，打造共建共治共享行业协会商会发展格局。建立党建引领、部门负责、行业自律、社会监督的综合监管机制。重

点抓好对行业协会商会负责人、资金、活动的监管。强化等级评估、年度报告、重大事项报告等监督检查。加大执法力度，建立健全退出机制和惩戒机制。完善以章程为核心的法人治理机制，完善行业协会商会规范化治理指引，落实民主选举、民主决策、民主管理、民主监督各项制度，推动行业协会商会依法办会、制度建会、民主立会，不断提高行业协会商会规范化建设水平。

（五）上下联动、科学布局，推动区、街镇行业协会商会跨越式发展

各区要结合经济发展的实际，规划本区行业协会商会发展蓝图，不摊大饼，不求上下对应，以发展园区商会、区域商会、重点行业协会为主，以发展对推动本区经济发展有重要作用的协会商会为主。建立市、区登记管理机关和行业主管部门协调机制，相对应的协会商会可以团体会员加入市协会商会，不要强求会员企业加入市协会商会，避免重复入会，增加其负担。建立培育扶持区行业协会商会机制，教育培训、孵化培育要将区协会商会纳入同一体系。规范发展街镇商会组织，在商会管理、制度建设、法人治理、发挥作用等方面提供指导。实现区行业协会商会和街镇商会科学布局，同步发展，同创辉煌。厚实全市行业协会商会三个层次的发展体系。

乘社会治理政策东风
创十年社工发展新格局

广州市社会工作协会

一、试点探索，社工服务行业乘风起航

广州市社会工作服务于2008年试点起步，乘着国家深化社会管理服务改革和创新社会治理的政策东风，在市委、市政府的大力支持和领导下，历经近10年探索，取得了长足发展。社会工作服务行业也逐渐由最初不足10家社会工作服务机构的零星弱小行业，一跃发展成为拥有近400家社会工作服务机构和上百个项目的规模化服务行业，实现华丽蜕变。

（一）社会管理服务改革深化

近年来，党和政府越来越重视社会工作服务的发展，社会工作连续4年被写进政府工作报告，社会治理创新在全社会范围内兴起。党的十九大报告明确提出“打造共建共治共享的社会治理格局”以及“提高社会治理社会化、法治化、智能化、专业化水平”，这一指示精神契合社会工作服务的内在专业理念和价值取向，为广州今后的社会工作服务发展带来新的机遇。

随着我国社会管理服务改革持续深化，政府购买社会服务兴起。广州于2008年积极响应党中央、国务院的指示精神，先行先试，通过政府购买社会服务，培育社会力量，推动基层社会管理服务转型。政府购买社会工作服务项目由此兴起，广州的家庭综合服务中心项目就此应运而生，社会工作服务由实践层面日益走进社区，逐渐进入广州市民的生活视野和社区场域，逐渐被社会各界所认知。2017年以来，广州积极贯彻落实党中央、

国务院关于加强社会治理创新的重大方针，连续两年将“创新实施社工+”纳入政府工作安排部署，为新时期推动广州社会工作服务的发展指明了方向，有利于推动广州社会服务迈向新的更高目标。

（二）社会经济快速发展

社会经济的快速发展使得广州市政府具备了购买社会工作服务的财政实力。据统计，2008—2017 年广州市政府购买社会工作服务的投入累计总额达 21 亿元。稳定的财政投入，确保了广州社会工作服务的持续健康发展。

同时，广州经济的快速持续发展也吸引大量外来人口，这给广州带来人口红利的同时，也带来了新的社会管理服务压力和挑战，加之广州本土存在的人口老龄化等问题突出，为应对新时期的社会管理服务问题，广州市政府积极探索推动社会管理服务深化改革，在养老、助残、禁毒、扶困、社会救助、社区治理等方面做了诸多有益的改革和尝试，为社会工作服务让渡的空间越来越大。

（三）公益文化氛围浓厚

广州历来拥有良好的公益慈善文化，民间对公益慈善的认同度和参与度一直较为突出。近年来，广州市公益慈善事业呈现快速发展趋势，公益慈善氛围日趋浓厚。2009 年广州亚运会后，志愿（义工）服务驶入快车道，志愿服务文化在广州兴起；2014 年，广州市成功举办了首届公益创投活动，截至 2018 年 5 月，广州市公益创投活动已连续举办 5 届；2016 年慈善法颁布实施后，为推动公益慈善事业的发展，广州市共出台了 18 份慈善相关配套政策文件；2017 年，广州市在公益慈善方面再次推出了 24 项创新举措，并启动和加快了“慈善之城”的创建活动；2018 年广州推出了 27 项重点慈善活动。2016 年以来，广州慈善事业快速发展，慈善文化得到充分彰显和传播，日趋良好的公益慈善事业和公益慈善氛围，为广州社会工作服务发展提供了良好的成长土壤和有利的文化环境，许多社会工作服务机构积极参与公益慈善活动，与公益慈善组织形成良好的合作和联动服务，进而促进了自身的发展。

（四）社会工作职业化发展

近10年来，民政部一直坚持推动社会工作的职业化和本土化发展，自2008年开始，探索实施全国统一的社会工作者职业水平评价考试；2015年社会工作者被纳入国家职业资格目录；2018年3月，人力资源保障部联合民政部颁布了《高级社会工作师评价办法》。不仅如此，近年来民政部还加快了社会工作服务的标准化建设工作，先后推出了《儿童社会工作服务指南》《社会工作服务项目绩效评估指南》《社区社会工作服务指南》等行业性的服务标准和规范，这些举措有助于引导和促进广州社会工作服务迈向职业化、规范化轨道发展。近年来，广州市社会工作服务的规范化、标准化建设也在提速。2015年广州启动了《广州社会工作服务条例》的立法工作，2018年7月26日《广州市社会工作服务条例》被广东省人大会议表决通过；2016年广州再次启动“1＋5文件”的修订完善工作；2017年广州市启动社会工作服务的标准化试点建设工作，广州社会工作服务的规范化建设持续加码。

二、大力培育，社工服务行业快速发展

（一）持续财政投入

2014年以前，广州市财政投入的购买社工服务主要以家庭综合服务中心为主，各领域专项社工服务项目的购买仍处在试点探索阶段。2014年以后，在广州市民政局的支持下，市司法局、团市委、市禁毒办等部门在各自工作领域开始启动了专项社工服务项目购买。截至2017年底，全市日常运营的街（镇）家庭综合服务中心项目共计169个，20个社区家庭综合服务中心，专项试点服务项目17个，市、区两级财政投入的购买社工服务经费总额3.5亿元，约占全市2016年度一般公共预算收入1393.85亿元的2.51‰，约占全市一般公共预算支出1943.68亿元的1.8‰[①]。

---

① 广州市2016年度一般公共预算收入数据和一般公共预算支出数据来源于广州市统计局发布的《广州市2016年国民经济和社会发展统计公报》。

2008—2017 年，广州市政府购买社会工作服务的投入持续稳步增长，累计总额达 21 亿元，财政投入的规模和总量稳居全国前列，尤其是 2011 年以后开始呈现大幅增长，2011 年财政投入 7000 万元，2012 年财政投入猛增至 2. 95 亿元，2013 年财政投入增至 3. 33 亿元，此后连续 5 年的财政投入稳定在 3. 3 亿元左右。

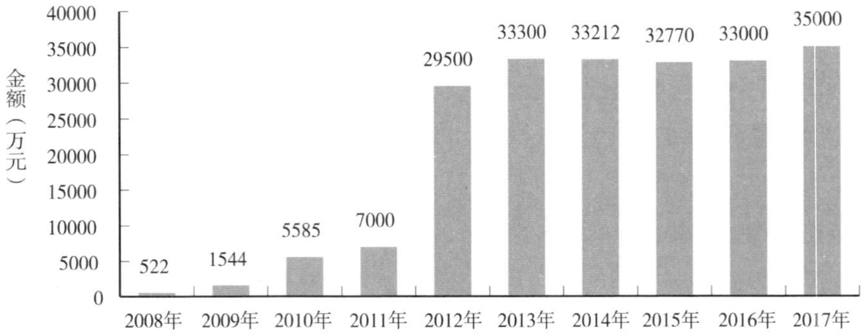

图 1　2008—2017 年广州市民政部门购买社工服务财政资金投入情况[①]

广州市委、市政府历来十分重视社会工作服务的发展，通过持续的政府购买服务投入，加大了对社工服务的支持，广州市很早就将政府购买社工服务纳入市、区两级政府的财政预算，并通过持续的政府购买服务投入，全面助推社会工作服务的发展。

2014 年以来，在实现对家庭综合服务的稳定常态化投入外，又进一步加大对青少年、社区矫正、社区戒毒、残障康复等领域的社会工作服务购买投入，先后试点推广一批专项服务项目，构建“综合服务 + 专项服务”并举发展的社会工作服务新格局。目前，广州市社会工作专项服务日益兴起和增多，公安、司法、共青团、工会、妇联等部门均已在各自领域实施购买社工服务的试点和推广工作，使得广州市社会工作服务日益向多元化、纵深化发展，目前全市社工服务已覆盖 20 多个领域，广州社工服务的内容和覆盖范围得到不断拓展。

---

① 图 1 所用统计数据由市民政局提供，参见中华人民共和国民政部网站发布的交流材料《广州市社会工作十年发展报告》。

（二）重视制度建设

广州市历来重视社会工作服务政策、制度的建设工作，2009—2011 年广州研究出台相关的“1 + 5 文件”，以保障社会工作服务的健康发展。2014 年以来，广州市社会工作服务政策体系顺应服务质量提升和规范化发展的客观要求，这一时期广州市加快推进社会工作服务立法，再次启动社会工作服务政策的完善和修订，通过穗港合作启动实施广州市家综服务项目的标准化建设试点工作，广州市社会工作服务规范化建设明显提速。

1. 广州市社会工作服务立法工作进程加速

早在 2012 年市民政局社工处就开始着手准备《广州市社会工作服务条例》的立法工作,《广州市社会工作服务条例》于当年被顺利列为 2012—2016 年广州市地方性法规规划项目和 2014 年预备项目。2012 年 11 月，市民政局与华南农业大学公共管理学院签订了《社会工作课题研究项目协议书》，启动立法调研工作。2014 年 8 月底市民政局启动《广州市社会工作服务条例》的立法起草工作，9 月底完成《广州市社会工作服务条例》初稿和注释稿，并提交市人大审议通过纳入 2015—2016 年的正式立法项目。2015 年 9 月底提交市法制办审核；2017 年 11 月《广州市社会工作服务规定（草案)》通过市第十五届人大常委会第九次会议一审，2017 年 12 月通过广州市第十五届人大常委会第十一次会议第二次审议，2018 年 5 月 30 日，广州市第十五届人大常委会第十四次会议全票表决通过《广州市社会工作服务条例》，我国首个关于社会工作服务的综合性地方立法诞生。

2. 政府购买社工服务的政策体系进一步完善

一是完善评估监督政策机制。2014 年以前，广州市社会工作服务评估监督工作由各区民政局负责实施，同样的家综服务，各区的评估标准不统一，评委水平参差不齐，评估工作的质量不高。针对此问题，市民政局于 2014 年下发《关于试行对全市家庭综合服务中心评估工作进行统一集中招标采购的通知》，开始探索试点推行全市统一的家庭综合服务中心项目的评估，并委托广州市社会工作协会统一制定全市家庭综合服务中心项目的评估标准体系，针对评委、项目购买方和承办机构，建立和实施统一的评估工作培训机制，对购买方、项目承办方和监督方实施分类培训，引入评估工作的社会观察员监督机制，促进广州市家庭综合服务中心项目评估工作的规范化、透明化运作。

二是探索完善广州市家庭综合服务中心项目的招投标指引规范机制。2015 年以前，广州市家庭综合服务中心的招投标工作由各个街（镇）自行负责，由于缺少规范和指引，在招投标过程中出现许多争议和不规范的问题，为了解决这一问题，2015 年市民政局印发《关于印发广州市家庭综合服务中心项目招标文件有关文本设定指引（试行）的通知》，该指引是全国第一个关于政府购买社工服务的招投标指引规范，在国内的政府购买社工服务领域尚属首例，具有一定的探索性和开创性意义。2017 年 7 月又在前期试行的基础上，修改完善该文件，再次下发《市民政局关于印发〈广州市家庭综合服务中心项目招标文件有关文本设定指引（暂行）〉的通知》（穗民规字〔2017〕11 号）。家综项目招投标指引规范的制定和实施，有利于规范相关的政府购买服务活动，确保招投标采购环节能够公平、公开、公正实施。

3. 启动了“1 +5 文件”的修订和完善工作

广州市关于发展社会工作服务的“1 +5 文件”基本上都是在 2010 年前后制定，绝大部分在 2015 年均已到期，面临重新制定或修改的问题。为完善和优化相关政策法规，市民政局于 2015 年启动了“1 +5 文件”的修订工作，加大对社会工作服务机构的培优扶持，对优秀机构和优秀项目的支持力度加强，此外家综服务项目的购买投入经费适当增长，服务的购买周期也将由三年一标改为五年一标，将进一步推动广州社会工作服务的健康持续发展。

三、十年沉淀，社工服务行业茁壮成长

（一）社工服务机构发展态势良好

社会工作服务机构是提供社会工作服务的主体，在政府购买服务的政策背景下，需要数量充足的社会工作服务机构，才有利于通过竞争机制促

进社会工作服务的健康、持续发展。通过近10年广州社会工作服务机构数量统计数据，发现其具有以下特点。

一是总量规模大。据市民政局发布的统计数据资料显示，2008—2017年广州市社会工作服务机构数量一直保持持续增长，总量规模日益增大，2016年度，该年全市依法登记注册的社会工作服务机构数量达417家，为近10年来的增长峰值，当年稳居全国第一，广州一跃成为全国社会工作服务机构数量最多的城市。

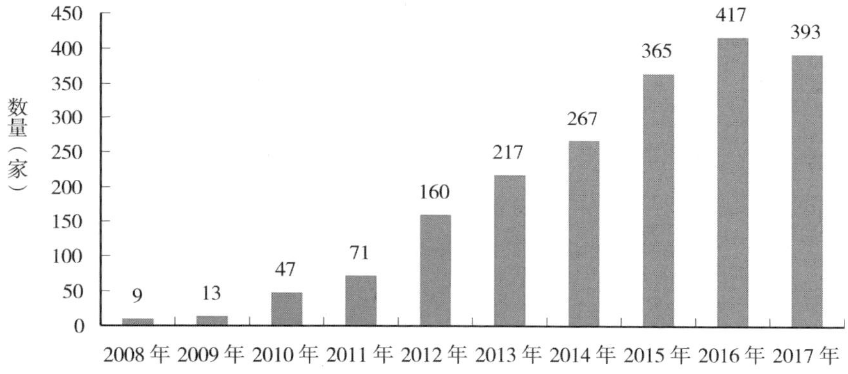

图2 广州市历年社会工作服务机构数量柱状统计图①

二是增速保持较快。近10年来，广州市社会工作服务机构数量基本呈现加速增长趋势，尤其是从2010—2016年，连续7年保持快速增长，年均增长超过110%。2017年广州市社会工作服务机构总数已达393个，与2008年数量相比增长近44倍，这意味着近10年来广州市社会工作服务机构数量每年平均在以4.4倍的速度递增。但2017年社会工作服务机构数量略有下降，这有可能成为广州市社会工作服务机构数量增速趋缓的信号。可以预见的是，随着政府对社工服务的规范和服务质量要求的持续提升，行业竞争将进一步加剧，后进入或者实力较弱的社会工作服务机构将面临更严峻的竞争挑战和生存发展压力。

三是新成立的机构仍占相当比例。除2017年外，全市每年都有新注册

① 图2采用的数据资料由市民政局提供，参见民政部网站发布的交流材料《广州市社会工作十年发展报告》。

成立的社会工作服务机构，其中登记成立满5年的社会工作服务机构占全市当前总量（393家）的约41%，剩余的233家社会工作服务机构成立未满5年，约占全市总量的59%。目前广州市仍有近四成的社会工作服务机构成立时间不满3年。可以预见的是，在当前的政府购买服务政策背景下，广州市社会工作服务行业的竞争将逐年加剧。2015年以后成立的社会工作服务机构进入行业较晚，在人才、专业、品牌、资源和项目竞争等方面的总体实力相对较弱，现阶段绝大部分将面临较大的生存发展压力和挑战。

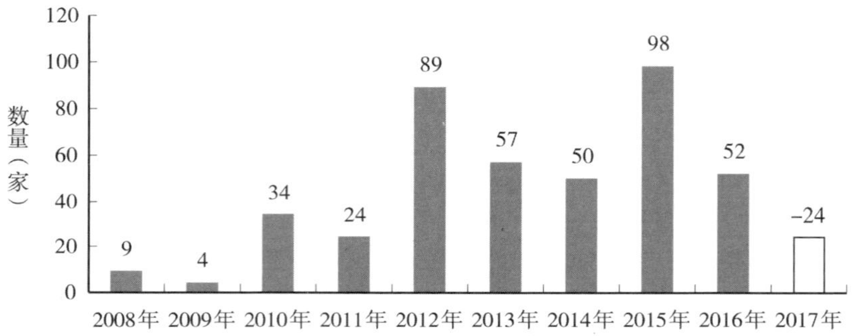

图3　2008—2017年广州市新增社会工作服务机构数量

（二）社工专业人才队伍综合素质提升

1. 通过国家职业资格水平考试的人数保持连续增长趋势

2008—2017年以来，广州市通过国家社会工作者职业水平评价考试的人数保持连年持续增长趋势，尤其2011—2016年连续保持快速增长，2015年广州市通过国家社会工作者职业水平评价考试的人数首次突破1万人大关，2016年增至13305人，2017年增至近14622人，2017年持证社会工作者人数总量是2008年的13.7倍，近10年来广州市持证社会工作者人数在以年均超过1300多人的速度持续递增，年均增长1.37倍。

2. 持证社会工作者队伍数量趋于8∶2的稳定结构

2016年广州市通过国家社会工作者职业水平评价考试的人数总量增至13755人。其中，助理社工师10893人，占比79.19%；中级社工师2862

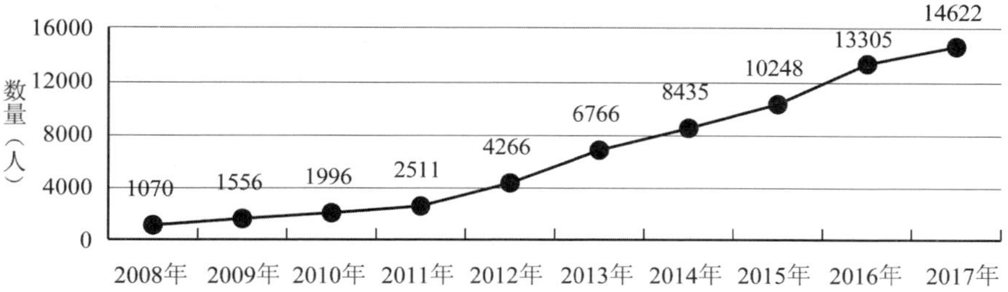

图 4　2008—2017 年广州市通过国家社会工作者职业资格水平考试人数①

人，占比 20.81%；另外，2008—2016 年广州市通过助理社工师考试的人数百分比平均为 79.19%，这说明历年来广州市助理社工师的人数总量结构占比趋于稳定在 79% 左右的区间波动，社会工作师的人数总量占比趋于稳定在 21% 左右的区间波动。由此可推测广州市助理社工师数量占比趋于稳定在总量的 80% 左右，中级社工师占持证社会工作者的数量占比趋于稳定在总量的 20% 左右。

表 1　2008—2016 年广州市通过国家社会工作者职业水平评价考试的人数

年份	助理社工师数量	社工师数量	当年社工总量	助理社工师占当年总量比例（%）	社工师占当年总量比例（%）
2008	906 人	164 人	1070 人	84.67	15.33
2009	311 人	175 人	486 人	63.99	36.01
2010	337 人	103 人	440 人	76.59	23.41
2011	406 人	109 人	515 人	78.83	21.17
2012	1444 人	311 人	1755 人	82.28	17.72
2013	1848 人	652 人	2500 人	73.92	26.08
2014	1385 人	284 人	1669 人	82.98	17.02
2015	1451 人	362 人	1813 人	80.03	19.97

① 图 4 采用的统计数据由市民政局提供，参见民政部网站发布的交流材料《广州市社会工作十年发展报告》。

续表

年份	助理社工师数量	社工师数量	当年社工总量	助理社工师占当年总量比例（%）	社工师占当年总量比例（%）
2016	2805 人	702 人	3507 人	79.98	20.02
平均数	1210 人	318 人	1528 人	79.19	20.81
合　计	10893 人	2862 人	13755 人	79.19	20.81

3. 社会工作者群体呈现年轻化和较高学历化

从年龄结构而言，广州市社会工作者群体以 80 后、90 后为主，普遍年轻。中山大学雷杰副教授等人调查发现，广州家综从业人员年龄最小的仅为 20 岁，年龄最大的为 53 岁，平均年龄为 26.52 岁，同时广州家综社工的平均社会工作从业经验则为 2.14 年①。

虽然广州社工的年龄较轻、经验尚浅，但社会工作者群体普遍具有较高的学历和专业背景，在 2012—2013 年广州市海珠区、黄埔区、白云区、越秀区 58 个家综 969 名从业人员中，大专学历以上的合计占 84% 以上，其中本科学历的占 56%；2013—2014 年广州市海珠区、黄埔区、白云区、越秀区、增城区 71 个家综 1283 名从业人员中，学历为大学专科以上的合计占比达 95%，其中学历为大学本科的占 59%②。这些数据表明，广州市社会工作者群体呈现出年轻化和拥有较高的学历特征。

4. 中高端人才队伍不断发展壮大

随着广州市政府购买社工服务的持续加码，整个行业对督导人才和管理人才的需求快速激增，中高端人才的严重不足问题日益突出。为此，市民政局社会工作处于 2011 年开始委托广州市社会工作协会开展督导人才培养工作，目前已累计开展 6 期督导人才培训班，为广州培养本土督导人才 350 多名；2012 年协会启动管理人才培训班，目前共开展 5 期，累计培训管理人才 300 多名。督导和管理人才培训工作的实施，较好地推动了广州

① 雷杰、罗观翠、段鹏飞、蔡天：《广州市政府购买家庭综合服务分析研究》，北京 · 社会科学文献出版社，2015 年版，第 60 页。

② 雷杰、罗观翠、段鹏飞、蔡天：《广州市政府购买家庭综合服务分析研究》，北京 · 社会科学文献出版社，2015 年版，第 61 页。

市社工服务行业中高端人才队伍建设工作，满足了行业发展需求，有效地促进了社会工作服务的持续健康发展。

（三）社工工作服务成效显著

1. 广州市社会工作服务的各项发展指标位居全国前列

其中社会工作服务机构数量、持证社会工作人才队伍的数量、政府财政资金投入总量均位居全省和全国前列。据统计，2016 年度广州市社会工作服务机构达到了 417 家[①]，数量位居全国第一。另据中国社会工作联合会公布的"2015 年度百强社会工作服务机构榜单"显示：广州市有 16 家社会工作服务机构入围，占广东省 44 家入围机构的 36%，均位居全省和全国第一。

2. 广州社工在基层的扶弱助困中发挥了重要作用

一是广州家综服务和各专项服务社工在服务独居、孤寡、残障、低保低收、社矫人员、吸毒人员等各类困境群体的服务方面发挥了重要作用，据市民政局统计：2015 年全市家庭综合服务中心共服务 260 万人次，14 个专项服务项目共服务约 10 万人次。另据广州市社会工作协会对全市家综项目的统计数据发现：全市家综每年可服务孤寡长者、残障人士、低保低收、单亲母亲等各类社区困境人群达 1.5 万人次左右。社工可为社区各类困境人群提供问题评估、资源链接、心理辅导、人文关怀等贴心服务，有助于缓解和改善各类困境人士所面临的各种困难。

3. 广州社工在助推公益慈善服务中的作用明显

据广州市社会工作协会评估统计的数据显示，仅广州市家综服务每年可培育的义工至少可达 3 万人，全市家综已成为广州市义工培育和服务的重要平台。广州市前 4 届公益创投活动中，270 个项目是由广州社会工作服务机构的社工策划的，占比达 51.9%，其充分说明广州社工和社工机构已成为广州公益创投活动中的一股重要力量。

4. 广州社工在解决社会难点、热点问题方面的能力在显著提升

近 10 年来广州市社会工作者先后介入 5·12 汶川大地震、4·20 雅安

---

① 详见广州市社会组织联合会发布的《广州社会组织年度发展报告（2016）》。

地震、广州建业大厦火灾、广州7·15公交车爆炸事件、婴儿岛处置等10余件大型社会突发事件及自然灾害，在协助政府介入社会热点、难点问题方面表现越来越好。

2014年3月，广州“婴儿安全岛”事件爆发后，广州市北达博雅社会工作资源中心敏锐发现了重症儿童的社会救助服务需求，此后他们精心策划实施了针对重症患病儿童的救助服务——生命通道项目，经过坚持不懈努力，获得爱佑慈善基金会、广东省人民医院、广州市妇女儿童医疗中心、广州军区广州总医院等诸多单位和医院的支持，仅2016年，“生命通道”项目已在广东省人民医院、广州市妇女儿童医疗中心、广州军区广州总医院3家定点医院为844名重症患儿提供了救助，链接社会资金超过1900万元，获得了良好的社会效应。广州市普爱社会工作服务社积极抓住残康人士的出行服务需求，精心策划实施了“普爱复康巴士”服务项目，整合链接社会资源为残障人士购买了出行服务的专列巴士，项目自2003年策划实施以来，累计服务残障人士超过9764人次，赢得了媒体和社会的广泛关注和好评。

5. 广州社工在养老服务方面发挥了重要作用

一是全市家综社工在促进社区为老服务方面的作用突出。广州市每个家综都设有老年服务项目，且面向独居、孤寡等困境长者的服务要求全覆盖。据广州市社会工作协会的调查统计，近3年来全市169个街（镇）家庭综合服务中心，平均每年为社区独居、孤寡、空巢、残障、患病、低保等各类困境老年人提供的个案服务超过5000人以上，面向各类老年人开展的探访服务达10万人次以上，面向各类长者开展的小组、社区活动服务超30万人次。二是社工在促进老年公益慈善服务中的作用明显。全市近三届公益创投共有98个社会组织公益创投为老服务类项目，其中有59个是由社工机构发起、策划的，占比达60%。例如广州市手拉手社会工作服务机构充分利用家综服务平台，积极策划实施公益项目，并通过参加广州市公益创投，累计为社区长者链接了50多万元的社会资金，有效提升社区困境长者服务。三是家综和社工机构在促进社区老年人养老服务中的作用明显。依据有关媒体报道，广州已建成老人配餐助餐点345个，社会化运营占比85%，覆盖全市122个街（镇）、1015个社区（村）的75万老年人，其中依托家综和社工机构开展大配餐的达 109 个，占总数 30% 左右[1]。另据广州市社会工作协会统计，目前全市依托社工机构和家综运营的日间托老服务中心共计 83 个，占家综总数的 50. 6% ，这意味着有 50% 的家综已经承担起社区日间托老服务功能。

6. “社工 +” 首次纳入市委市政府 2017 年度的重要工作安排

广州市政府在 2017 年的工作计划中明确提出要“创新实施社工 +”，这一提法在广州市政府历年的报告中尚属首次。“创新实施社工 +” 意味着要进一步深化和优化社会工作服务中的政社合作关系，要继续创新各级政府与社会工作服务机构之间的合作机制，为政府购买社工服务创造更优的社会工作服务环境，其必将有利于促进广州市社会工作服务在拓宽服务领域、拓展服务内容、提升服务成效、整合社会资源等方面更进一步。

四、提质升效，社工服务行业新时代砥砺前行

当前，广州市社会工作服务历经 10 年发展，已在政策、人才、服务、管理等各方面有了一定的本土化实践和积累，广州民众对社会工作服务的认知度、知晓度和接纳度在持续提升，广州市家庭综合服务中心项目即将进入第三个服务周期，司法、残联、公安、共青团、工会和妇联等领域的专项社工服务日益兴起和快速发展。但随着政府购买投入的持续加大，社会各界对广州社工的期待和要求越来越高，今后 5—10 年将是全市社会工作服务发展的爬坡期，也是提质升效的关键期。

（一）社会工作服务的顶层设计仍有优化提升空间

自 2008 年开始发展至今，广州基本形成了“家综 + 专项” 的社会工作服务发展格局，但涉及全市社会工作服务的中、长期专项发展规划尚需后续研究制订，社会工作服务的标准化、规范化建设尚需继续加强，社会工作服务在社会治理中的定位和职能尚需进一步厘清，部门之间，市、区、街之间在社会工作服务发展中的关系尚需进一步理顺和优化，卫生、

---

① 详见《广州日报》大洋网 2017 年 7 月 25 日的新闻报道《全市长者饭堂已经 345 个，附详细地址电话，拿走不谢》。

司法、团委、禁毒、工会、妇联等领域的政府购买专项社会工作服务项目有待进一步推开，家综与各领域专项服务之间的职能分工和转介合作协作机制也有待进一步健全和完善。

（二）社会工作人才队伍的专业化建设工作仍需继续加强

历经近10年发展，广州社工人才队伍持续发展壮大，目前全市持证社会工作者总量已达14622人，已稳居全国前列，这一局面固然喜人，但还应看到广州市社会工作者的专业实务能力尚需进一步提升，社会工作人才的激励和优待政策亦需不断完善。一是建立完善全市行业性的社会工作者岗前培训指引和规范机制，明确对全市新入职社工的培训要求和实训要求及规范；二是探索建立行业性的专业技能和职业道德操守实务测评监管机制，以规范促进和提升行业从业社工的专业技能和道德操守；三是适时优化全市社会工作者的继续教育培训体系，探索建立分层分类化的社会工作者职业继续教育机制；四是要完善社会工作者的评价、激励机制。一方面，参照深圳和其他行业的做法，健全完善广州市优秀社工人才的分类奖励和津贴制度，对于在广州市从业超过5年以上，为广州市社会工作行业发展作出贡献的行业高端人才、优秀机构管理人才、项目管理人才和一线社工人才，给予适当的奖励和津贴，不断完善和优化广州市社工人才的政策体系；另一方面，应本着培养人才、用好人才和留住人才的原则，适时探索建立政府部门、行业协会、机构等多层面的社工人才优待、激励机制，鼓励和引导机构选好、用好社工人才，形成重视社工人才、优待社工人才的良好氛围。

（三）提质升效将成为今后一段时期内面临的一大挑战

当前广州市政府购买社工服务发展的社会环境已不同于10年前，社会各界对社会工作服务的了解和认知已大幅提升，社会工作服务的发展已引起社会各界的广泛关注和热议，不仅如此，服务对象和社会各界对广州社工服务的看法、要求也在日益提升和改变，这就意味着广大市民必然对广州社工服务将会有更高的期待。这种期待，对广州市社会工作服务发展而言，既带来一定的机遇，也带来新的压力和挑战，未来5—10年，广州社会工作服务如何再进一步，以更加优异的服务质量和成效来回馈社会，将是今后一段时期面临的艰巨任务，提质升效已然成为广州社工服务行业同人需要共同直面的紧迫任务。

（四）行业社工服务的风险警示防控工作尚需继续加强

安全服务、风险防范是任何行业健康发展的前提和保障，更是任何高品质服务所具备的内在要求。当前仍有相当一部分机构的安全服务内控工作不到位，风险防控意识较薄弱。故应引导机构建立健全内部服务风险的定期检查抽查、教育培训、预警通报和整改监督机制；应本着行业服务自律的原则，继续完善和健全相关的服务投诉、服务应急、服务风险预防、服务违规通报、服务质量监督等规范和指引，通过综合施策，引导和强化家综服务承办机构的风险意识，建立和完善内部风控机制，持续提升机构自身的项目运营管理抗风险能力，以确保提升行业社工服务的安全、可靠性。

（五）广州社工服务的品牌建设有待进一步提升

品牌是一个组织发展的“敲门砖”，品牌也是一个行业服务质量和社会认可度高低的象征，服务品牌的提升将有助于优化社会工作服务的影响力和社会认知度。而当前，广州市社会工作服务的整体品牌化建设工作较为薄弱，社会工作服务机构的品牌化服务意识和能力不足，同一领域内，服务的趋同化问题较为突出，相关领域的服务品牌建设方向、思路不够清晰，投入不足，服务的社会知晓度、满意度、影响力等尚需进一步提升。因此当前和今后一段时期，加强广州市社会工作服务的品牌建设，将成为整个行业面临的又一项重要的工作任务。

（六）跨机构、跨项目、跨界合作机制有待进一步优化

一方面，行业内不同机构之间、不同项目之间的服务信息、资源、合作和转介机制尚未完全建立，跨机构、跨项目的合作联动服务不多，行业整体的内部服务资源的整合机制有待进一步完善和提升；另一方面，社会工作服务与政府、企业、基金会、慈善会等各方的合作尚需提升和优化，

社会工作服务机构整合社会资源的能力需要继续提升，广州社会工作服务后续仍将需要在跨界合作中不断提升社会影响力和服务成效。未来乘着社会治理兴起的东风，广州社会工作服务需要继续在贯彻落实“社工+”发展战略的过程中，进一步优化社会工作服务与政府公共服务、公益慈善、公益实体、商业实体等各方资源的对接、合作机制，搭建相关的服务合作转介和资源链接平台，探索推进社会工作服务与实体资源和项目载体的融合发展，促进社会工作服务的质量、成效持续提升。

推动慈善之城建设　打造城市慈善样本

广州市慈善会

慈善事业是惠及社会大众的事业，是促进社会和谐、实现扶贫济困、缩小贫富差距、推进人民群众共享改革开放成果的重要力量。发展慈善事业有利于完善社会保障体系，提高民生水平，缓解社会矛盾，对实现全面建成小康社会伟大目标具有积极意义。发展慈善事业是一项系统工程，不仅需要政府不断完善政策体系，完善慈善管理体制机制，更需要慈善组织充分发挥扶贫济困、改善民生的积极作用，在党委、政府的正确领导下，紧密联系群众，发挥慈善事业在扩大公众参与，营造共建共治共享社会治理格局上的积极作用。

一、广州慈善事业发展进入“快车道”

近年来，围绕贯彻落实《中华人民共和国慈善法》，广州市不断加强慈善政策法规研究和设计，积极探索慈善事业发展方向，优化发展环境，规范慈善组织发展，主要表现在以下几点。

（一）政策制度体系不断健全

2012 年，广州市出台《广州市募捐条例》，引导慈善回归民间，同时加强对募捐的管理和监督，走在了全国前列；2015 年，广州市作为广东省慈善款物募用分离实施试点城市，率先印发了《关于慈善款物募用分离试点工作实施方案》，进一步加强全市慈善组织之间的资源共享、分工协作，提升慈善资源使用效率；2016 年，广州市政府出台了《广州市人民政府关于促进慈善事业健康发展的实施意见》，突出慈善的“为民”功能、拓宽慈善的民众参与方式、部署慈善与多元素的结合，实施“羊城慈善为民”

行动。2017年初，广州市把“深化‘羊城慈善为民’行动创建‘全国慈善之城’”写进了政府工作报告，作为“提升推进民生社会事业”的一个重要手段纳入城市整体发展战略。制订了《深化“羊城慈善为民”行动创建全国“慈善之城”2017—2020年行动方案》和《深化“羊城慈善为民”行动创建全国“慈善之城”2017年实施方案》《深化“羊城慈善为民”行动创建全国“慈善之城”之“尽善净行”实施方案》《深化“羊城慈善为民”行动创建全国“慈善之城”2018年实施方案》《关于鼓励支持企业积极参与广州市创建慈善之城的意见》等一系列制度文件，明确工作任务，部署全市慈善工作，致力于打造党委领导、政社合作、为民务实的城市慈善的范本。

（二）羊城慈善为民行动品牌全国领先

一是城市慈善发展战略清晰明确。自2016年以来，广州市首次以“人人慈善为人人”理念，提出“羊城慈善为民”行动系列，推出传承发展、创新推动和综合提升三大板块共19项重点行动。在2016年底第四届“中国城市公益慈善指数”排名中，广州市捐赠增长速度、社会组织增长速度均排名第一。2017年，广州市创新提出深化“羊城慈善为民”行动，创建全国“慈善之城”，持续以“慈善为民”为核心，围绕慈善捐赠、慈善救助、慈善文化、慈善组织、交流平台、监管体系、激励机制系统化制定10项指标，到2020年全面建成全国“慈善之城”。2018年，广州市整合全市慈善资源，推出首个“慈善为民月”，全市在6月开展了27项慈善活动，助力创建全国“慈善之城”。通过创新推动慈善+体育、慈善+实体、慈善+消费、慈善+创投等模式，多元深入开展慈善进机关、社区、家庭、学校、企业等系列活动，畅通社会各界参与慈善的渠道。开展扶贫济困日活动助力脱贫攻坚，走访企业，开展重点企业座谈会，聚集全市善心。2016—2018年共筹集款物16.61亿元，其中2016年筹集4.85亿元，2017年筹集5.45亿元，2018年筹集6.31亿元，主要用于扶贫、扶老、助残、助孤等领域。

二是广州特色慈善不断彰显。自2016年以来，紧紧围绕“羊城慈善为民”行动和创建“慈善之城”总体目标，深入实施“慈善+”战略，先后开拓“微公益”、月捐、网络众筹、运动众筹、手机捐赠等新型募捐方式，精心打造为爱骑行、为爱奔跑、为爱徒步等“为爱系列”慈善品牌，人人慈善格局初步形成。2018 年，创新开展新春花市慈善行、广府庙会之慈善庙会、北京路公益慈善嘉年华、寻找慈善家庭、开通有轨电车慈善专列等活动，将慈善与体育、民俗、消费、实体相融合，完善慈善平台，畅通慈善公众参与渠道，进一步营造“人人可慈善、人人为慈善、人人做慈善、人人分享慈善”的全民慈善氛围。

三是慈善为民作用凸显。大力实施慈善医疗救助、困境儿童救助等为民行动，突出慈善的“为民”功能，自 2014 年以来共救助 2700 余人次，支出金额 2000 多万元。2018 年 5 月，修订出台了《广州市慈善医疗和应急救助实施办法》，扩大了救助范围，提高了救助标准，将最高救助金额标准从原来的 3 万元提升至 6 万元，让慈善发展成果惠及更多的困难群众。2017 年，整合提升“长者饭堂”慈善项目，投入 10919 万元统筹推进中央财政支持居家和社区养老服务改革试点及广州市“3 + X”创新试点，重点构建全覆盖的社会化“大配餐”服务体系，建立了“大厨房”供应系统，积极引进慈善力量与社会资源，采取“政府补一点、企业让一点、慈善捐一点、个人掏一点”模式，依托广州市慈善会，推出“长者饭堂——微微一‘孝’暖羊城”慈善项目，鼓励爱心企业、家庭、个人奉献爱心，链接慈善资金和慈善志愿服务，助推长者饭堂发展，仅一个月筹集善款近 11 万元（含市慈善会配捐 5. 59 万元），共帮助全市 11185 位长者用上爱心餐；2018 年 4 月，由广州市慈善会发起“长者饭堂 · 爱心餐”联合劝募，发动多家长者饭堂运营机构参与联合筹款，借助慈善的力量，支持长者饭堂良性可持续发展。目前，全市共有长者饭堂 952 个。

（三）慈善文化建设全面深化

一是建设广州特色慈善品牌形象，大力弘扬广府慈善文化。配合广州深化“羊城慈善为民”行动，创建全国“慈善之城”的工作，于 2016 年向社会公开征集广州慈善吉祥物、慈善主题歌，设计制作慈善之城标识，并陆续正式发布体现广州特色、表达岭南爱心慈善的动漫形象“珠珠”、慈善之城主题歌《善城广州》、慈善之城标识“善穗”等，且在各类慈善活动和慈善宣传中广泛使用推广，增强广州慈善的辨识度、专属性、影响力。2018年，结合深入开展“文明广州”主题月宣传活动，将6月设定为广州首个“慈善为民月”，重点组织开展27项慈善活动，推动慈善走进家庭、走进生活的方方面面。印发中小学慈善读本《童心善本系列丛书》，在中小学开展“读一本慈善读本、上一堂慈善文化课、做一件慈善事”活动，在高校开展“慈善沙龙”，大力推广慈善文化，提升慈善影响力；组织开展慈善进家庭活动，在全市开展寻找慈善家庭活动，弘扬慈善文化，推动家庭慈善良好家风建设。

二是健全慈善荣誉回馈机制，广泛传播先进慈善文化。2016年起，推出首届广州慈善榜，分设“广州慈善捐赠榜”“广州慈善影响力榜”和“广州慈善歌曲榜”三大榜单，两届慈善榜单共收录656家慈善捐赠单位、496名慈善捐赠达人，涌现了一批具有影响力的慈善企业、慈善人物、慈善公益组织、慈善项目，慈善歌曲更是以“慈善+艺术”的形式走进广州市民生活。通过慈善榜、慈善盛典等方式，大力表彰和倡导慈善行为，鼓励带动更多市民参与慈善。2018年6月，民政部公布第十届“中华慈善奖”候选名单并接受网络投票，由广州市推荐上报的慈善楷模王颂汤、慈善项目“羊城慈善为民”和捐赠企业星河湾集团有限公司入选候选名单；紧随其后，广州市共77家单位和个人获得广东省扶贫开发领导小组授予的“2017年广东扶贫济困红棉杯”，占全省获奖总数的28%，在全省各市中居于首位。

三是健全慈善文化营造机制，全面推进慈善标志建设。从2016年开始，在全市范围内推动慈善标志建设，截至目前，全市已创建慈善标志120个，包括慈善广场、慈善社区、慈善街道、慈善乡村、慈善学校、慈善公园等，形成各具特色、内涵丰富、公众可参与的便利慈善平台。此外，自2013年起，每年编辑发布《广州市公益慈善事业发展报告》，自2017年起，编辑出版广州慈善刊物《善城》杂志（季刊），精心运营“善城广州”公众号，通过“纸质+自媒体”广泛宣传，既加强慈善理论研究，分析广州慈善事业发展情况以及国内外慈善事业发展趋势，又讲述广州慈善好故事，传播广州慈善好声音。

（四）慈善公信力不断提升

为进一步加强慈善组织信息公开的及时性和规范性，大力推动广州市各区加大慈善工作实施力度，率先研发了全国首个区域慈善指数和具有新时代广州特色的慈善组织透明度评价体系，作为体现“爱心 GDP”的晴雨表与风向标，以及提升慈善事业社会公信力的杠杆。2018 年 4 月 10 日，正式通过广州市社会组织新闻发布会公开发布两个体系，必将进一步助力广州慈善事业更好、更快、更全面地发展。

区域慈善指数主要反映一个地区慈善事业发展状况和发展潜力，由 6 个一级指标、16 个二级指标、55 个三级指标构成，从慈善活动力、慈善组织力、慈善贡献力、慈善影响力、慈善透明力、慈善发展力 6 个方面组成指标体系，评价全市各区域的慈善事业发展情况。慈善组织透明度评价指标内容框架为“基础指标 + 进阶指标”模式，“基础指标”包括基本信息、治理信息、业务信息、财务信息 4 个模块；“进阶指标”是指慈善组织透明度发展性指标，由慈善组织信息公开方面的责任承担、透明度信息互动反馈和提高透明度的措施构成。评价体系期望慈善行为在遵守法律制度的基础上，把透明度信息公开的主动权还给慈善组织，把透明度的监督权还给社会公众、捐赠人和信托委托人。

（五）慈善组织发展日益加强

按慈善法规定，广州市登记认定慈善组织 82 个，备案募捐项目 336 个。自 2014 年起广州连续 5 年举办社会组织公益创投活动，投入财政资金 10044 万元，资助项目 696 个，撬动社会配套资金 6438 余万元，为推动慈善公益组织发展提供了资金保障和发展环境，为促进慈善事业发展架起重要桥梁。加大社会组织培育力度，对公益慈善类社会组织实行直接登记，并对新成立的公益慈善类社会组织予以一定的开办资金支持。全市设立社会组织培育基地 45 个，重点吸收入驻包括公益慈善组织在内的社会组织 1336 家。

（六）社会监管机制日趋完善

近年来，广州市逐步探索建设政府部门培育支持、依法监管，社会专业监督、行业自治、社会广泛参与的“四位一体”的广州慈善事业管理体系。2013 年，广州市在全国率先成立第三方慈善组织社会专业监督机构——广州市慈善组织社会监督委员会，先后对全市 46 家公益慈善组织的 306 个项目进行了善款募集、资金使用情况等方面的专项执法检查和审计，对全市 14 亿多元的慈善资金进行审计，向社会公布了 25 份慈善监督报告，成为盯住慈善机构的“第三只眼”；2014 年，在全省率先成立广州市公益慈善联合会，强化行业指导，维护慈善声誉。2017 年，以广州市公益慈善联合会为龙头，联合各界慈善力量成立创建“慈善之城”联盟，吸纳成员单位 152 家。举办首届慈善“公众开放日”活动，以广州市公益慈善联合会为重点，发出“廉洁慈善”倡议书，以广州市慈善会为抓手，牵头参与“公众开放日”活动，邀请市人大代表、政协委员、市民代表等参观，积极引导全市其他慈善组织主动开门迎接公众，重点公开慈善组织年度工作报告和财务会计报告、募捐和慈善项目实施情况，首届“公众开放日”活动共组织 38 家慈善组织参与，展示慈善行业正能量、新形象，提高慈善透明度，健全慈善事业监管体系，营造风清气正的慈善环境，助推广州创建全国“慈善之城”。

（七）信息公开度不断加强

2013 年广州开通“广州慈善信息网”，2015 年推出“广州慈善通”和“慈善地图”微信平台，公众可以随时随地在慈善信息网及手机移动终端查询全市公益慈善组织机构的基本信息、近一年来的公益活动情况、接受捐赠情况、活动支出明细以及行政经费管理情况，还可以在线投诉。2016 年，广州市慈善会慈善信息平台——广益联募平台入选民政部首批全国互联网募捐信息平台，是全国唯一由慈善会发起成立的网络募捐平台，涵盖善捐、善助、善品、善行、善知五大板块，公开募捐、个人求助、慈善义卖、慈善活动、慈善知识传播等一应俱全。同时，广州市慈善会出资成立了广州市广益联合募捐发展中心，负责广益联募平台日常的运作管理。截至目前，吸引了 180 家公益慈善组织入驻，428 个慈善项目上线、捐款人数近 19.78 万人次、累计募集善款 3.23 亿元。慈善信息发布平台不断得到优化，慈善信息公开透明日渐成为习惯。

二、广州市慈善事业发展面临的挑战和难题

目前，广州市慈善事业发展在慈善管理体制、慈善组织发展、慈善专业人才等方面与发达城市存在一定差距，主要有以下几方面。

（一）慈善管理体制机制还不健全

慈善法实施后，慈善事业突破了扶贫济困的范畴，拓展至整个社会公益领域，更加需要政府、市场、社会、公众的共同参与和支持。一些部门对慈善事业的重视程度不够，对慈善组织在经济社会发展中的地位和作用认识不到位，培育扶持动力不足。慈善监督管理机制有待进一步完善，慈善组织公信力评价体系还不健全，社会监督、行业自治的局面还没有真正形成。慈善信息不对称，常态化的慈善需求和对接机制还不够完善。

（二）慈善组织发展水平不高

慈善组织数量总体偏少，知名慈善组织和慈善品牌不多，没有形成龙头带动效应。一些慈善组织行政色彩比较浓厚，独立性不强，自主性不足，专业化水平较低，内部管理不规范，运作不够透明，导致慈善机构公信力不足。慈善组织创新能力不强，慈善信托、捐赠渠道拓展、知识产权保护等成效不明显，在提供公共服务、开展慈善活动等方面难以满足多元化需求。

（三）慈善专业人才较为短缺

大部分慈善组织依靠志愿者开展运作，专职工作人员特别是慈善专业人才较少，薪酬待遇偏低。多数慈善组织负责人和专职工作人员没有接受过专业化培训，缺乏现代慈善发展理念、慈善组织运作、慈善项目管理等方面的专业素养，创新发展能力不强。

三、大力发展慈善事业，推动建设慈善之城

党的十九大将慈善事业、社会组织发展纳入“提高保障和改善民生水平，加强和创新社会治理”的重要范畴，提出完善慈善事业制度，打造共

建共治共享的社会治理格局。广州市拥有较好的经济发展基础和较为浓厚的慈善文化氛围，应主动顺应新时代发展需要，在强化慈善组织管理，促进慈善事业发展繁荣，提高社会治理能力和治理水平上走在前列，当好排头兵，做大做强“爱心GDP”，推动建设全国领先的“慈善之城”。

（一）完善慈善事业发展政策法规

深入研究解决慈善法实施中遇到的难点重点问题，提出推动慈善事业发展的新思路、新对策、新建议。坚持理论联系实际，充分利用广州市立法先行先试的优势，开展《广州市募捐条例》修订工作，把创建“慈善之城”、慈善信托、慈善表彰等内容纳入条例，完善慈善组织发展、慈善捐赠秩序、慈善信托设立、企业参与“慈善之城”建设、慈善信息公开、慈善活动监督管理等政策文件。加强“慈善力指数”研究，探索制定广州特色的慈善力评价体系。进一步整合政府部门、高等院校、慈善组织的力量，深入开展慈善理论研究，力争取得一批国家、省、市重大课题研究理论成果。

（二）健全慈善事业管理体制机制

深化慈善事业管理体制改革，合理确定专门的监管部门，配备专业人员，强化对全市慈善组织的统筹管理。进一步加强党建工作，以党建为引领，推动慈善服务和资源下沉基层，逐步优化慈善组织结构。按照“政府管信息平台、信息平台服务组织”的思路，进一步提升广益联募慈善组织互联网公开募捐信息平台功能和影响力，强化慈善信息公开，畅通公众参与监督渠道，提高慈善组织和慈善活动的透明度。坚持“政府+行业+专业第三方”政社合作的原则，加强慈善行业建设，完善慈善组织发展行业规范，强化行业自律自治，提升慈善行业公信力。充分发挥广州市慈善组织社会监督委员会的作用，强化第三方监管，形成社会监督的强大压力。鼓励高等院校开设慈善专业，大力培养慈善事业发展急需的理论研究、募捐策划、高级管理、项目实施、专业服务、宣传推广等领域的实务人才，强化慈善行业人才培训，努力建设一支政治合格、结构合理、专业优良的慈善从业人才队伍。

（三）深入实施新时代“慈善+”战略

坚持政府主导、政社合作、跨界融合、发动社会、依靠群众，充分依靠、发动和激发群众和社会力量，打造社会广泛参与的“慈善之城”创建联盟。大力发展“慈善+互联网”，以广益联募平台为基础，充分利用现代信息技术为全国各地慈善组织提供公开募捐服务，构建社会公众互联网捐赠主渠道。打造慈善救助对接平台，以慈善医疗救助为核心，以慈善应急救助和其他专项（项目）救助为补充，完善市、区、街道（乡镇）、社区（村）四级慈善救助网络，加强慈善救助平台与政府救助平台互通互联，搭建社会公众信赖的精准救助平台。探索慈善与商业融合机制，激发企业持续行善动力，推动慈善与教育、科学、文化、卫生、体育、环保、日常消费等的结合，搭建中小企业、商户与社会公众参与的桥梁，推动慈善融入市民生活。

（四）创新发展新型慈善主体

大力发展慈善信托，研究制定广州市慈善信托配套制度，推动慈善信托成为广州市慈善事业的新动力。积极发展捐赠知识产权收益、技术、股权、有价证券等新型捐赠方式。鼓励企业和个人在慈善组织设立慈善冠名基金、冠名项目，鼓励个人设立小微基金，满足企业和公众自主、灵活、便捷、个性参与慈善的意愿。鼓励慈善组织兴办符合慈善性质的医疗、教育、养老、残障康复、文化体育、应急救助等机构和设施，为慈善事业提供更多的资金支持和服务载体。支持发展社会企业，倡导企业设立社会责任部门，鼓励其把参与慈善作为履行社会责任的重要方面。鼓励金融机构积极探索金融资本支持慈善事业发展的金融产品、服务方式和政策渠道。

（五）加强广州市特色慈善文化传播

丰富广州慈善榜，争取纳入政府奖，增强慈善榜的社会影响力，积极推行慈善荣誉及时回馈的做法，让行善光荣成为全社会的向导，增强行善的成就感。大力挖掘广州市慈善文化底蕴和历史，打造慈善文化品牌，通过发布慈善蓝皮书、举办慈善盛典、出版《善城》杂志、推广校园慈善读本以及广泛利用新媒体等，传播现代慈善文化，营造慈善生态“湿地”。积极开展年度慈善“公众开放日”活动，深入传播慈善理念。大力宣传慈善家庭群像，传播“慈善+家庭”理念，推动家庭慈善好家风建设。

广州市义工服务发展调查报告

广州市义务工作者联合会

一、调查背景与意义

义工（也称“志愿者”）是指不以获取报酬为目的，自愿以自己的时间、知识、技能、体力等参加义工服务活动的自然人。

义务工作的五个特性：自愿性、无偿性、公益性、组织性和业余性。义工服务是社会文明进步的标志，也是一个城市可持续发展的文化基础。

截至2017年底，广州市共发展注册志愿者220万人，占常住人口的15.18%。志愿服务团队12602个，全年开展志愿项目数量13774个，志愿服务总时长达3594万小时。其中，社区志愿者69万人，义工服务队伍16000多支，组织参与义工服务的社会组织2000多家，年培训社区志愿者逾10万人次，培训社区志愿服务骨干1.5万人次、培训管理骨干5000人次。据统计，在社区层面共组织超过30万人次志愿者参与社区志愿服务，年服务居民群众超过320万人次。

为了解广州市义工服务的具体情况，推动广州义工服务的进一步发展提供参考和建议，广州市义务工作者联合会联合街道办事处开展问卷调查，最终回收有效问卷1107份。

二、调查数据情况分析

调查问卷主要围绕五个方面：基本资料、参与动机、参与度、行为描述与义工的专业性。在调查样本的基本情况中，男性占比27.1%，女性占比为72.9%，从数据中可以看出，参与义工的主要人群为女性。同时，做义工的年龄主要集中在19—40岁这个阶段，占58.27%。超过60%的受访者在广州生活了6年以上。在所有的职业中，学生和企业职员占比最高。义工的受教育程度比例不均，大专及本科占比63.41%。

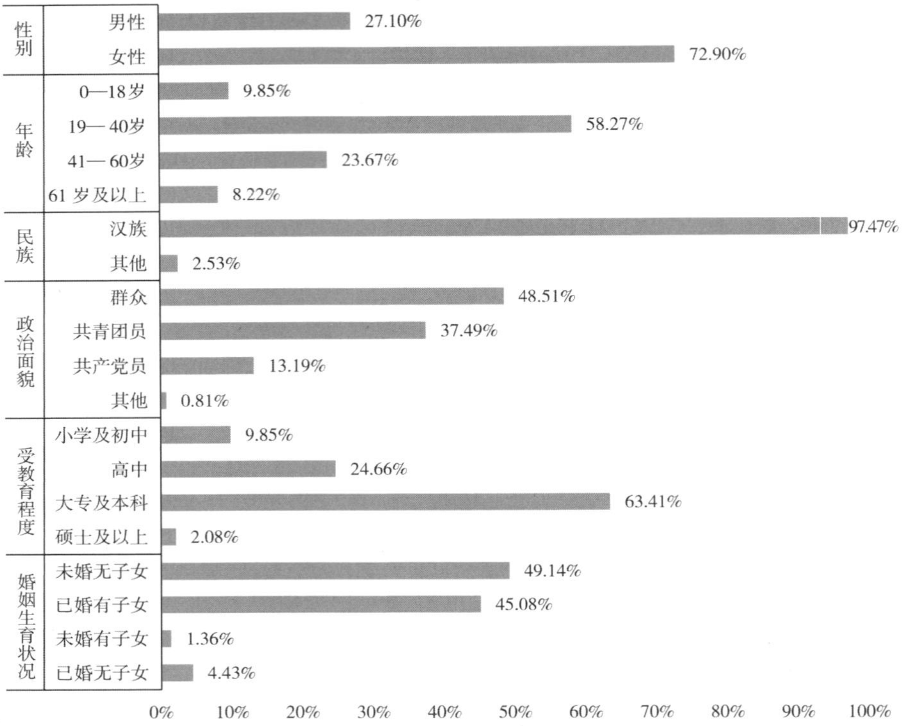

图1　调查样本基本特征情况

（一）义工基本情况

1. 学生和企业职员中做义工的人数最多

学生和企业职员中做义工的两者占比都很高，比例合计50.86%；其次为离退休人员，比例为15.36%，私营和个体劳动者比例为12.56%，其他职业比例合计为21.22%。

2. 93.41%的受访者参与过义工活动

在回收的1107份问卷中，参与过义工活动的受访者占比93.41%，没有参与过的占比6.59%，该数据说明广州义工活跃度和参与度比较高，与广州经济发展有着直接的联系。经济发展水平的提升，使人们更加注重精神层面的建设。

（二）义工参与动机调研

1. 受访者参与义工服务活动的动机以理想型和学习型动机为主

义工参与义工服务动机可分为功利型动机、交往型动机、理想型动机、学习型动机和盲目型动机5种。理想型动机，是指人们参与义工服务主要源自内在精神需要。“帮助他人，快乐自己”和“感觉参与义工活动是自己回馈社会的一种方式”这两个选项是以理想型动机为主，前者占比89.7%，后者占71.36%；有51.13%的受访者选择“学习新知识”选项，该选项以学习型动机为主；其次，50.41%的受访者以交往型动机为主，他们认为参与义工服务可以“结识更多的朋友”。

表1　参与义工活动原因

参加义工服务的动机	百分比（%）
帮助他人，快乐自己	89.7
感觉参与义工活动是自己回馈社会的一种方式	71.36
学习新知识	51.13
发挥一技之长，体现自己的价值	46.79
被活动内容所吸引	25.56
结识更多的朋友	50.41
参加义工可以获得物质奖励或评优评先加分	9.94
身边有人做义工，自己也跟随参加	14.54
打发时间	5.69
其他	1.63

2. 活动本身是否具有意义是义工参加活动的衡量标准

对于义工来说，活动本身是否具有意义成为其参加活动最重要的考量因素，占比为71.09%；其次是“组织机构的可信度”，比例为50.95%；“是否了解相关义工活动的信息”比例为46.34%，这三个选项是义工参与活动最关注的问题。

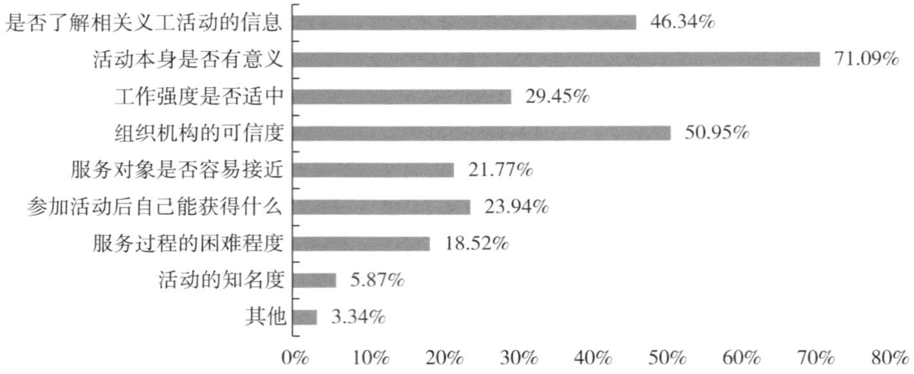

图2　影响义工参与的因素

3. 义工活动类型更加多样化

在义工活动类型方面，社会宣传和青少年儿童教育占比最高，分别是63.23%和52.12%；其次是家庭探访（50.59%）。随着近几年慈善事业的发展，以及“99公益日”的推动，义工服务活动不仅仅局限于社区和学校，服务范围也更广，影响力也更加深远。“慈善募捐”和“义诊义卖义演”这两个选项占比较高，在义工服务中发挥重要作用。

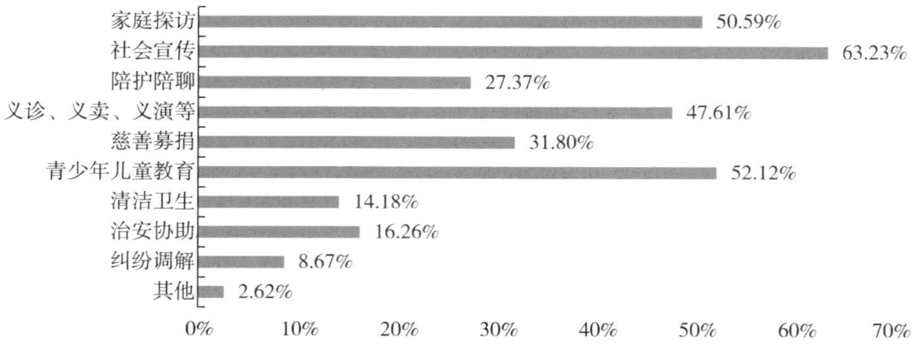

图3　受访者参与义工活动类型

4. 自我实现需求是义工参与社会服务最终的目的

马斯洛需求层次理论中，最基本的需求是生理需求、安全需求；其次是社交需求和尊重需求；最高层次的是自我实现需求。在回收的1107份问卷数据中显示，获得自我“内心满足”的比例最高，为72.36%，说明义工在参与社会活动时最终的目的是达到精神上的一种自我实现，也就是在前文中提到的理想型动机。同时，“专业培训”占比相对较高（36.13%），这表明，义工参与服务有较强的能力提升要求。

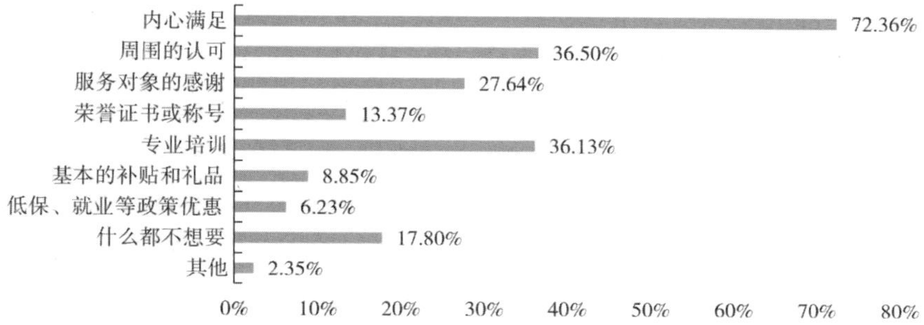

图4 对参与义工活动收获的期待

5. 义工参与服务更多的是满足自我实现和社交需求

前文提到过，人们参与义工服务的动机有5种类型。在这个选项中，义工参与活动后的收获主要体现在理想型动机、学习型动机和交往型动机这三个方面，“生活更加充实有意义”占比为86.27%，“锻炼和提升了自身能力”占比为71%，“增长社会见识”占比为62.15%。从数据中可以看出来，义工在参与社会服务后满足了自我实现和社交需求。

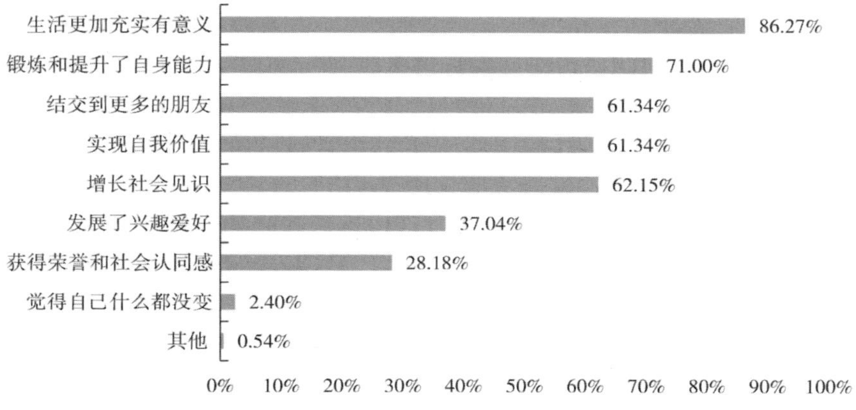

图5 参与义工活动的主要收获

6. 参与义工活动后的感受更趋于积极向上

在收回的数据中，66.31%的受访者在义工活动后感受到“幸福满足”，84.37%占比为“高兴快乐”，“酸甜苦辣都有，说不清楚”选项占比20.87%。从数据中可以看出义工在参与社会服务后总体的感受趋向于积极向上的，在对社会进行建设的同时能够达到自我满足，是一种双赢的局面。

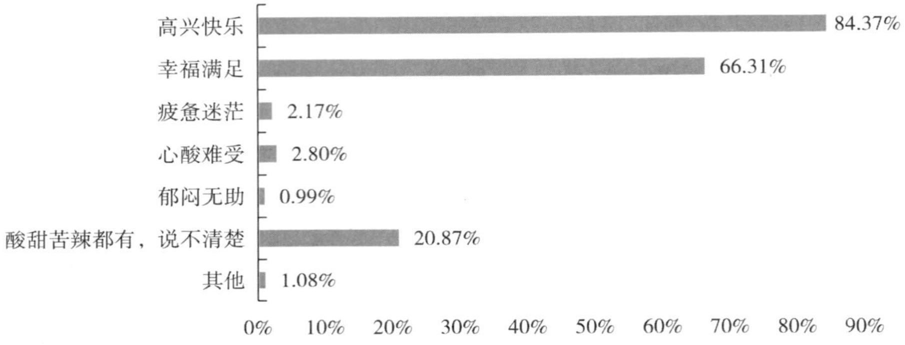

图6　参与义工活动后的感受

（三）义工参与度调查

1. 义工对义工信息的关注程度较高

对义工信息的关注程度中，“比较关注”人数占比最高，为54.74%；“非常关注”占比为32.79%，该数据说明义工对义工信息的关注比较高，高关注度会带来更高的参与度。

2. 手机是义工获取活动信息的主要渠道

随着科技的发展，手机是日常生活中不可缺少的角色。2017年8月4日，中国互联网信息网络中心（CNNIC）发布的第40次《中国互联网络发展状况统计报告》中显示，截至2017年6月，中国网民规模达7.51亿，互联网普及率为54.3%。从数据中可知，手机和电脑网络成为义工获取活动信息的重要渠道，占比分别为89.70%和42.91%；通过“亲朋好友”进行信息传递比例占36.68%。从这一部分可以看出，周围朋友的信息传递也是一种渠道。

3. 义工活动的组织者呈现多样化

在义工活动的组织者中，“义工联、青年志愿者协会等社会团队”所占比例最高，达75.25%；其次是家庭综合服务中心为36.22%和政府、街道办、居民委员会为33.51%以及学校为22.4%。从数据中可知，义工活动的组织者越来越多样化，且具有不同的影响力。

4. 义工对参与义工活动时间不再局限于双休日

参与义工活动的时间不再局限于双休日的占44.17%，“工作空余或课余时间”是主要的选项，占比为73.44%；国家法定节假日或寒暑假也占比为16.44%。12.74%的义工是“随需随到”的，对义工活动有很高的忠诚度。

5. 每月至少参加1次义工活动的比例为90.24%

参加义工活动“每月1次”的比例最高为44.35%；其次是“每周1—3次”，比例为38.3%；“每周3—5次”占比为7.59%。从数据中可以看出，每月至少参加1次义工活动的比例为90.24%。

6. 如果有合适的义工活动，愿意持续参加的人占大多数

“非常愿意”持续参加的人数占比最大为71.45%，“比较愿意”持续参与的比例为27.82%。从数据中可以得出，在广州地区，义工参与社会服务的积极性很高，同时持续性参与社会活动的比例在增加。

7. 近90%义工同意做义工需要像对待本职工作一样认真负责

从数据中可知，“比较同意”和“非常同意”两者的占比近90%，“比较同意”占比19.69%，“不同意”占比0.45%。

8. 义工越来越重视自身应享有的权利

“获得义工服务相关教育或培训”与“人身安全保障措施”这两个选项比例最高，前者是82.29%，后者是70.82%，说明义工在进行社会活动的同时更加注重自身权利。另外，“要求义工组织提供义工服务经历证明”占比为34.33%，说明义工看重社会组织的规范性和可信度。

9. 80%义工身边的亲友支持其参与义工活动

80.04%的受访者身边的亲友支持其参与义工活动，持一般态度的占比

14.72%，“反对”占比为0.63%，以上数据说明，广州整个环境对公益和社会活动的发展具有很好的促进作用，人文素质较高。

10. 义工经常劝说自己的朋友或家人参加义工活动

在收回的1107份问卷中，53.39%的义工有时会劝说自己的朋友或家人参与义工活动；32.61%的义工经常这样做，很少这样做的占比12.92%。这表明，通过现有社区义工可以影响社区内更多的人加入社区义工的队伍。

（四）义工的行为描述

1. 义工活动服务对象不再局限于某一群体

义工的服务对象所占比例最高的是“困难家庭的孩子或学生”和“独居老人”，比例分别是48.87%和47.88%；其次是“贫困的残障人士”（41.28%）；然后是外来务工者或其子女（28.64%）。由此说明，义工活动的服务对象不再局限于社区，也不再局限于某一群体，服务对象变得多样化。

表2　义工活动服务对象

选项	百分比（%）
独居老人	47.88
贫困的残障人士	41.28
困难家庭的孩子或学生	48.87
外来务工者或其子女	28.64
自然灾害受难者	8.85
失业下岗人群	7.86
流浪者	12.47
流浪动物	7.05
其他	14.09

2. 超过60%的义工认为义工活动的强度为一般

超过60%的义工认为活动的强度为“一般”，21.14%的认为劳动强度

“较大”，“非常大”的比例为9.39%，劳动强度“不太大”占比8.76%，“较小”所占比例为3.7%。从数据中可以看出，一般的义工活动劳动强度处于适中的水平。

3. 义工活动对服务对象产生了较为积极的影响

从数据中可以看出，90%的义工认为自己所做的义工活动对服务对象产生了较为积极的影响。

4. 每次义工服务的时间2小时以上超过半数

义工服务时间“2—4小时”比例为56.55%，“4—8小时”比例为25.2%，“8小时以上”占比为3.61%，时间不固定占比20.05%，“2小时以下”则为11.38%。从数据中可以看出，每次义工服务时间2小时以上的超过80%，时间控制在一定的范围内可以使活动更高效地完成，达到目标。

5. 在义工活动后给出反馈的不到50%

在义工活动结束后，接受到组织方提供的活动反馈的比例不足一半，偶尔会接收到反馈的比例为43.36%，从来没有获得活动反馈的占比为10.66%。不管是日常的活动还是义工活动，反馈的作用都是巨大的，有利于维系义工，拉近两者之间的距离，建立更稳固的关系。为此，社会组织在反馈方面应投入更大力度。

6. 义工活动反馈形式中，80%义工希望通过微信、QQ等社交工具收到活动反馈

在活动反馈形式中，“活动书面报告”占比为11.92%，“当面座谈会”占比为17.52%，通过电子邮件的形式反馈占比25.56%，“不需要反馈”占比为8.04%；希望通过“微信、QQ等社交工具”进行反馈占比为81.48%。

7. 参与义工活动有时数记录的占主要部分

在义工进行社会活动的过程中，有时数记录的比例为72.72%，偶尔进行时数记录的比例为21.77%，从来没有进行时数记录的为7.05%。时数记录不仅是对义工的监督，也是对社会组织责任感的一种监督方式，对两者来说，时数记录具有很重要的作用。

8. 活动组织方为义工提供的支持越来越多样化

如表3所示，活动组织方为义工提供的支持中，“提供物资工具”和“提供心理支持”占主要的部分，“提供奖励性的小礼品”占比为30.62%，“购买当日的意外保险”比例为24.84%。从数据中可以看出，活动组织方为义工提供的支持越来越多样化，形式也更具有特色。

表3 活动组织方为义工提供的支持

选项	百分比（%）
提供物资工具	58.9
提供心理支持	42.19
举办志愿者嘉许礼	27.73
提供奖励性的小礼品	30.62
提供交通补贴或餐补	33.42
购买当日的意外保险	24.84
签订服务协议	5.69
其他	7.95

9. 义工在参与义工活动过程中大多是根据组织方要求去做事

在参与义工活动过程中，参与管理的义工占比为23.85%，12.74%的受访者会提出自己的疑问，有33.06%的受访者会在活动过程中提出建议，参与决策占比为16.44%，根据组织方要求参与服务的占比为73.55%。从数据中可以看出，义工在参与活动的过程中，基本是按照组织方的要求去做事。

10. 大多数义工对于活动中自身的安全状况不担心

从数据中可以看出，在进行义工活动中不太担心自身的安全状况占比86.09%，而对自身安全状况担心的比例有18.34%，“很担心”占比为4.52%，这说明义工组织有必要在义工管理过程中建立安全保障机制。

11. 时间少或地点不匹配成为参与义工活动中最大的阻碍因素

62.33%的义工认为时间少或时间点不匹配，46.43%的义工认为服务地点较远降低了义工活动的参与度，34.6%的认为不了解义工活动相关信息影响了义工活动的开展。另外，12.47%比例的义工认为“某些义工活动华而不实，纯属宣传”，针对这一部分情况，社会组织在进行活动宣传的时候应更加接地气且注重义工的参与情况，“华而不实”的活动容易打消义工的积极性。

（五）义工的专业性

1. 义工的专业知识在活动中基本得到应用

专业知识“部分用上”的比例占 73.08%，“完全用上”的比例占 12.83%，完全没用上的比例占 14.09%。从数据来进行分析，可以得知义工的专业知识在社会活动中基本得到了应用。

2. 专业培训应该成为义工在进行社会服务时的重要保障

专业性对于一个社会组织来说具有重要作用，而专业培训对于义工来说同样具有重大的意义，义工活动过程前“每次都有”专业培训比例仅有 25.02%，而“我本身能力已经很好了”所占比例为 3.16%，“偶尔有”专业培训所占比例为 58.72%，“从来没有”专业培训占比为 13.1%。

3. 有相关经验的义工进行现场培训和指导能够更有助于开展义工活动

近 50% 的义工认为“有相关经验的义工培训会”更有助于开展义工活动，32.43% 的义工支持“有相关经验的义工现场指导”，同时，“发放相关义工活动指导书”等培训手段占比为 10.57%，支持“网络视频授课”的义工为 5.6%，认为自己本身能力已经很好的占比为 1.9%。

三、现状分析和义工发展建议

（一）现状分析

1. 广州义工发展的优势

（1）广州义工积极参与义工活动。通过调研数据可以发现，广州义工活动参与性相对较高，这与一个城市的经济发展有着直接的联系，经济发展程度越高，相对应的精神文明建设就越可得到提升。同时，在参与义工活动后，超过 60% 的义工觉得“幸福满足”，也正好印证这个观点。义工活跃程度高，也说明义工对服务信息有较高关注度，“比较关注”和“非常关注”的受访者达 88.53%。

（2）义工活动的形式更加多样化。义工活动对象不再局限于单一群众，服务地域不再局限于社区，形式也越来越多样化，义工服务领域也在不断扩大。形式多样化说明受众对义工和义工活动更加关注，整体影响力不断上升，这对于建立义工形象和推广义工活动具有积极影响。

（3）义工活动不仅有利于义工实现自我满足的需要，同时有利于构建和谐社会。在“您参与义工活动的原因?”问题中，选择“帮助他人，快乐自己”及“感觉参与义工活动是自己回馈社会的一种方式”的受访者占比最多。同时，在“您参与义工活动期待获得什么?”问题中，选择“内心满足”选项的比例最高，说明在创建和谐社会过程中，义工活动具有深远的影响，它能将自我实现与社会发展两者形成很好的平衡。

（4）广州当前的经济发展为义工活动的推广创造更适宜的环境。经济基础决定上层建筑。广州作为千年商都、改革开放的前沿阵地，一直以来都是全国义务工作发展最早最快最好的城市之一。近年来，随着广州市不断创新基层社区治理，激发社会组织活力，使得丰富的社会资源、大批的专业人才、宽松的服务环境迅速集结，为义务工作的发展提供了前所未有的良好土壤。

2. 广州义工发展的不足

（1）义工活动的反馈机制不够健全。虽然在义工参与活动的过程中大部分有时数记录，但是结束后，获得活动反馈的不足50%，这种情况不利于与义工建立联结。在活动中，通过反馈可以有效地了解义工的服务情况，同时能够更好地维护组织与义工之间的联系，有利于后续发展。

（2）义工培训常态化体系有待完善。义工培训是开展义工服务的重要环节，它一方面是义工服务保质保量的前提条件，另一方面也是吸引社会成员加入义工队伍的重要因素。但是在实践中，由于培训资源、场地、资金等方面的原因，义工组织在开展专业培训方面与义工的期待仍存在差距。

（3）义工组织的服务力和影响力有待提升。广州市义工组织在总体上还存在着规模不大、能力不强、作用发挥不够全面，与群众需求还有不少差距。一是各级义工组织的运作模式有待进一步创新和规范；二是各级义工组织的人员专业素质不高、稳定性较差，能力有待进一步提升；三是义工管理尚未实现标准化，义工服务管理能力不足；四是义工组织的自我造血功能较弱，资源整合能力不强；五是义工组织品牌意识较弱，影响力不足。

（二）发展建议

党的十九大报告明确指出“推进诚信建设和志愿服务制度化，强化社会责任意识、规则意识、奉献意识”。2017 年 12 月 1 日，《志愿服务条例》正式实施，义务工作将迎来前所未有的历史机遇期。

1. 重视义工的安全和发展环境

《志愿服务条例》明确要求义工组织应当为义工参与义工服务活动提供必要条件，解决义工在服务过程中遇到的困难，维护义工的合法权益。下一步，如何加强义务工作的顶层设计，实现义工注册登记、服务安排、时数记录与服务证明出具、服务培训、安全保障等一系列的制度化构建，将是新时代实现义务工作大发展的关键环节。

2. 义工技能朝专业的方向发展

随着广州经济社会的加速发展，市民素质不断提升，专业分工更加细致，义工对个体专业技能运用到义工服务的意识和期待更加强烈，服务对象对义工服务的专业要求更加迫切。《志愿服务条例》关于“国家鼓励和支持国家机关、企事业单位、人民团体、社会组织成立志愿服务队伍，开展专业志愿服务活动，鼓励和支持具备专业知识技能的志愿者提供专业志愿服务”，是推动义务工作专业化的重要体现。这意味着未来义务工作的发展平台将吸纳更多元的社会主体，团结更多可以团结的爱心人士。义务工作将会呈现一个全新的格局，迎来更大的发展空间。

3. 推动义工组织依法登记合法运行

2016 年，中共中央宣传部、中央文明办、民政部、教育部、财政部、全国总工会、共青团中央、全国妇联联合发布《关于支持和发展志愿服务组织的意见》（以下简称《意见》），《意见》第二章第四条明确提出，要推进志愿服务组织依法登记，在不违背社会组织管理法律法规基本精神基础上，可以按照活动地域适当放宽成立志愿服务组织所需条件，在活动场所、活动资金、人才培养等方面提供优先支持，激发志愿服务组织依法登记的积极性和主动性，鼓励已经登记的志愿服务组织为其提供规范指导和工作支持。当前广州多数社区义工服务队还没登记，未来条件成熟的应当推动逐步实现登记注册；同时完善组织内部治理，登记管理机关、业务主管机关单位和行业管理部门要指导已登记的志愿服务组织依据章程建立健全完善、权责明确、运转协调、制衡有效的内部治理结构；加强义工服务组织日常监管，建立登记管理机关、业务主管单位、行业管理部门、行业组织和社会公众等多元主体参与，行政监管、行业自律和社会监督有机结合的监督管理机制。

4. 加大政府扶持力度，推动政府购买服务

根据《意见》，一要健全义工组织孵化机制，社会组织孵化基地要吸纳义工组织，在项目开发、能力培养、合作交流、业务支持等方面提供有针对性的扶持；二要积极推进义工组织承接公共服务项目，充分发挥义工服务成本低、效率高，义工组织灵活度高、创新性强的特点，加大财政资金对义务工作运营管理的支持力度；三要推广“社工＋义工”协作机制，鼓励义工组织与社会工作服务机构融合发展。广州政府已经开展购买义工服务，“社工＋义工”联动模式亦走在全国前列，未来应进一步完善机制体制建设，加大政府购买服务力度，使义工服务成为广州城市名片。

5. 出台和创新更多义工激励措施

现代义务工作精神，除了强调奉献、责任感外，还应积极回应义工作为“人”本身的需求。因此，激发和维系义工的热情、满足义工自我实现的需求，建立相应的义工激励机制已然成为政府和社会的广泛共识和措施。近年来，从中央到地方更应从信用体系构建、义工时间银行平台打造，积极探索构建更立体、更系统、更便捷的激励机制。

6. 拓展多元传播渠道

互联网的发展使得信息呈现裂变式的趋势，而义工的发展可以更好地借助互联网进行推广，而不是局限在本身的领域和“熟人圈”中，传播渠道的多样化更好地体现出“连接、支持、创变”三个核心的关键词，连接体现在传统领域如何更好地与新领域进行沟通和有效的结合；支持体现在平台对项目的支持，以及政府对社会组织的支持；创变体现在对义工管理模式的转变，以及对义工组织模式的改变。

第四章

区域经验

党建引领　促进越秀社会组织新发展

广州市越秀区民政局

2017 年，越秀区以党的十九大精神、习近平总书记系列重要讲话精神为指导，严格贯彻落实中共中央办公厅、国务院办公厅印发的《关于改革社会组织管理制度促进社会组织健康有序发展的意见》文件要求，扎实推进越秀区社会组织培育管理工作，逐步构建出以党建引领社会组织发展为特征，社会组织治理机制不断完善，社会组织作用逐渐凸显的社会组织发展新格局。具体工作如下。

一、培育管理并重：加强社会组织培育

越秀区历来重视社会组织培育工作，早在 2009 年就出台专门文件，加快公益慈善类、居民互助类和志愿服务类社会组织发展，并先后建立 2 个区级和 5 个街道一级的社会组织培育基地，为社会组织培育发展提供场地和专业支持。截至 2017 年 12 月底，各级社会组织培育基地入驻和培育社会组织 200 多家，为越秀区社会组织发展奠定良好基础。同时，越秀区十分重视社会组织的扶持工作，通过政府购买服务、专项补贴、公益创投和专项发展资金等方式，多方筹措，积极为各类社会组织提供资金支持合计 3.3 亿元。在实践中，越秀区积极为社会组织发展提供空间，注重引导社会组织参与为老、助残、济困、扶贫、助学等各类服务，参与社区共建共治治理行动。2011—2015 年，越秀区社会组织年增长率均在 10%—20%，保持稳健发展态势。自中共中央办公厅、国务院办公厅印发《关于改革社会组织管理制度促进社会组织健康有序发展的意见》以来，越秀区加强社会组织的培育和规范管理，主动联系并提供服务，引导僵尸类社会组织主动注销，社会组织提质明显。

截至 2017 年 12 月 31 日，越秀区已经正式登记成立的社会组织合计 574 家，其中社会团体 106 家，民办非企业 468 家，已经基本形成种类齐全、服务领域广泛、社会影响力强等特点的社会组织发展格局。

二、党建引领发展：完善社会组织治理

习近平总书记在全国组织工作会议上强调，要加强社会组织党的建设。越秀区作为全市传统中心区，人口密度和老龄化程度都很高、社会服务需求大、综合治理任务重，随着社会组织参与社会治理的力度形式不断拓展，党建引领工作的重要性也越发凸显。近年来，越秀区委深入贯彻习近平总书记系列重要讲话精神，始终紧跟省、市工作部署，构筑红色堡垒、加强两个覆盖、壮大党员队伍、创新党建品牌，在进一步强化党对社会组织的领导，促进社会组织健康发展等方面进行了大量有益探索，形成以党建引领有效激发社会组织活力的社会组织党建格局。截至 2017 年 12 月底，已建立社会组织党组织 71 个，其中单独建立 53 个，联合组建 18 个，实现了党建工作 100% 全覆盖。

（一）多措并举抓覆盖

一是把好社会组织“登记关”。充分发挥“两新”党工委和社会组织党委职能，将党建工作纳入前置掌握、关联限制和考核指标范围，在社会组织成立时设立党员及党组织信息收集选项，同时明确规定未成立党组织的社会组织不得评为 4A 级以上等级、不得授予品牌社会组织称号，推动党建工作更具针对性，并有效激发社会组织组建党组织的内生动力。2017 年以来，全区获得 4A 级以上等级的 9 家社会组织均单独成立党组织。二是牢牢抓住社会管理的关键环节。重点指导辖内总商会、环保协会、食品商会、饮食商会等行业协会商会建立党组织，吸纳未满足成立党组织条件的企业党员加入党组织，从而以点带面扩大会员企业组织覆盖。三是降低组织设立门槛。针对区外注册机构在区内长期开展项目服务等情况，创新推进社会工作服务机构和公益组织的党组织建设，因地制宜推动机构依托服务项目点建立党组织，将项目属地志愿者中的党员吸纳进入党组织，使之成为带头参与社区困难人员服务和社区治理工作的生力军，切实突出党

在社区服务中的领导作用。

（二）从严从实抓管理

一是着力加强政治建设。突出社会组织党组织的政治属性和行业特点，围绕习近平新时代中国特色社会主义思想和党的十九大精神，针对初生社会组织和成熟型社会组织党建工作的不同重点，分别开设党建培训课程。同时，建立党组织书记年度轮训工作机制，对社会组织党组织书记开展大轮训。2018 年 1—8 月，全区共开展相关培训 85 场次，培训社会组织党组织书记 247 人次。二是全面加强制度统筹。先后制定出台《中共广州市越秀区委关于加强社会组织党建工作的意见》《越秀区非公有制经济组织和社会组织党组织工作制度》《关于建立越秀区非公有制经济组织和社会组织党建工作经费保障机制的实施意见》等文件，从制度体系上全面加强对社会组织党建工作的统筹规范和系统指导。三是不断压实支部管理。始终秉持“引领政治方向，助推健康发展”的主旨，规范并加强社会组织党支部的建设，将党建工作全方位融入社会组织管理与服务日常。近年来，在社会组织中先后开展“立根固本”“一社一品”等专题行动或品牌创建活动，常态推进“四亮四树”，积极引导党员亮身份、树形象，党组织立标杆、树品牌，进一步发挥党组织的战斗堡垒和党员的先锋模范作用。

（三）统筹资源抓保障

一是选优配强党组织书记。严格按照守信念、讲奉献、有本领、重品行的要求，把好党组织书记审查关。推行社会组织党员负责人与党组织书记“交叉任职”，越秀区社会组织主要负责人与党组织书记一肩挑的比例达 73%，有效强化了社会组织党组织的政治核心作用。二是全面落实经费保障。建立起以财政拨款为主、其他来源为辅的“两新”组织党建工作经费保障机制，全面落实党员活动经费、党务工作者工作津贴和党组织启动经费。近 3 年来，越秀区共向社会组织党组织拨付启动经费 9.6 万元，拨付书记津贴 37 万元。三是试点配备专职党务力量。除抓好街道社区党建指导员队伍建设外，在广州高山文化培训学校、广州阳光社会工作事务中心等对党建工作较为重视且在行业中具有较大影响力的5A级社会组织中，探索设立专职党建指导员，党组织的组织力、凝聚力和战斗力明显提升。

（四）树立典型抓示范

越秀区委高度重视典型的示范引领作用，近年来围绕领导班子好、业务发展好、发挥作用好、工作保障好、展示效果好的“五个好”建设标准，精心培育了一批社会组织党建示范点。2016年，广州卓越教育培训中心党委等3个社会组织党组织获评广州市社会组织党建工作示范点，越秀区总商会党支部列入市社会组织党委书记对接联系点。2017—2018年，广州高山文化培训学校党支部、广州市越秀区环境保护产业协会党支部获评广州市社会组织优秀党组织，杨小卓等4人被授予广州市社会组织优秀党务工作者称号，邓文飞等5人被授予广州市社会组织优秀共产党员称号。

三、提质增效务实：发挥社会组织作用

2017年，越秀区加强社会组织提质增效工作，促进社会组织在社区建设和治理中作用的发挥。

（一）以信用代码实施为契机，促进社会组织规范发展

根据《广州市民政局　广州市地方税务局　广州市质量技术监督局　广州市国家税务局关于我市实施社会组织统一社会信用代码事项的通知》要求，越秀区加大宣传，简化办事手续，按照上级规定完成社会组织统一社会信用代码的赋码和新版登记证书发放工作，为社会组织信用管理提供保障。

（二）以专项行动为抓手，提升社会组织自治能力

1. 大力开展专项治理行动

协助相关部门开展社会组织信用体系建设、市场监管体系建设行动，进一步建设风清气正、井然有序的越秀社会组织发展秩序；按照国家、

省、市的部署，开展行业协会商会脱钩、民政服务机构普查、社会服务机构服务场所安全隐患排查整治等专项行动，提升社会组织服务的安全性，保障居民的服务安全。

2. 深入开展网上年度报告公示

2017年，全区487个社会组织向社会披露年度工作报告、重大活动和财务状况等重要信息，占应报告社会组织总数的87.5%。按照相关规定，越秀区将经过多次督促未能完成2016年度网上年度报告的59家社会组织列入越秀区社会组织活动异常名录名单，并指导越秀区8家因未完成年度报告被列入异常名录的社会组织补交年度报告，并将其移出社会组织活动异常名录，实现社会组织活动异常名录的动态管理。

3. 大力推进等级评估工作

2017年，越秀区持续开展社会组织等级评估工作，依托区社会组织评估委员会和区社会组织专家库，委托广东省社会工作师联合会开展等级评估工作。经过机构自评、专家现场评估、评估委员会讨论审核，10家机构获得2A级以上等级，越秀区社会组织等级评估数量增加至59家。在本次评估中，广州高山文化培训学校被评为5A级，广州市越秀区侨商会等4家社会组织为4A级，广州市青宫社会工作服务中心等五家社会组织为3A级，广州市悦成长青少年研学发展中心为2A级。

4. 全面增强检查执法工作

2017年初，越秀区在全市率先设立“社会组织约谈室”，完善约谈制度，重点加强新成立、其他相关单位转介、被投诉举报，以及在检查中发现有违规行为的社会组织的约谈，重点对社会组织举办者、法人、理事会成员、党员进行约谈，调查了解实际情况，及时叫停或处理违法违规行为，督促社会组织依法依规开展活动。约谈室成立后，全年约谈社会组织47家，社会组织的守法意识提升明显，越秀区社会组织的自治水平有较大改善。同时，越秀区民政局通过日常走访、巡查、抽检制度，依托广州12345投诉举报平台等渠道，广泛收集执法线索，做到发现一宗，查处一宗，做到件件有回应。此外，越秀区还重点摸排、清理整顿未完成年度报告的社会组织，引导名存实亡的15家社会组织完成注销，对5家未完成年度报告的社会组织给予警告的行政处罚。

（三）以加强培育扶持为支撑，助力社会组织健康发展

1. 完善社会组织资金支持机制

社会组织的发展离不开资金支持，建立合理高效的资金扶持体系对于社会组织发展具有重要意义。早在2009年，越秀区就推进了社会组织的项目支持计划，以社区需求为导向设立服务项目，委托有资质的社会组织承接，扶持社会组织发展。近年来，随着财政资金投入的增加，越秀区逐渐形成了以政府购买服务为主，专项补贴、公益创投和专项发展资金等为补充的社会组织资金支持机制，通过政府购买服务、公益创投、创益越秀、志愿服务集市、幸福社区等方式，为社会组织提供发展资金，培育和壮大社会组织。2017年，越秀区动员指导全区社会组织申报广州市社会工作服务机构一次性资助金、广州市福利彩票公益金扶持社会组织发展专项资金以及第四届广州市公益创投等活动，并开展越秀区第三届“创益越秀”活动，为社会组织提供多渠道的资金支持。

2. 实施社会组织品牌战略

2015年以来，越秀区建成4个各具行业特色的社会组织党建工作示范点，指导越秀区6家社会组织参与首批广州市品牌社会组织创建试点申报工作，加大在全区4A级以上的社会组织中的宣传力度，进一步激发社会组织活力，提升社会组织能力，加强社会组织品牌战略意识，驱动越秀区社会组织由数量规模型向质量效能型深度转变。2017年，越秀区登记注册的广州市和悦社会工作服务中心通过创建申报、专家评议、实地考核、集中会审等重重考验，被评为第二批广州市品牌社会组织。

3. 加强社会组织教育培训

2017年，越秀区以贯彻落实中共广东省委办公厅、广东省人民政府办公厅印发的《关于改革社会组织管理制度促进社会组织健康有序发展的意见》精神，依托区社区服务中心设立了社会组织指导服务中心，对社会组织实施“培才－培基－培强－培优－培牌”五大系列培育计划，并对新成

立的社会组织开展“一宣誓三培训”工作，提升社会组织的守法意识，增强社会组织治理能力和服务水平。

在过去的一年中，越秀区社会组织培育管理工作虽然取得一定的成绩，但工作短板也十分明显：社会组织管理的联动协调机制还有待增强，社会组织管理制度仍需完善，还需要进一步夯实基础，保障工作落地，进一步提升社会组织管理水平，发挥社会组织作用。具体任务是：

在社会组织党建方面，下一步，越秀区将深入贯彻新时代党的建设总要求，把政治建设摆在首位，紧紧围绕打造社会组织“党建强、服务强”创新发展共同体的工作目标，做好“三个全面提升”。一是全面提升“两个覆盖”质量。持续深化开展“两个覆盖”质量提升行动，加强分类指导，加强集中攻坚，全面构筑“横向到边、纵向到底”的覆盖网络。二是全面提升党组织组织力。围绕加强和规范党内政治生活，整体统筹、逐个推进，不断提高社会组织党组织的规范化建设水平，锻造坚强有力的“红色引擎”。三是全面提升党组织服务水平。进一步理顺管理机制体制，切实发挥业务主管部门抓党建在专业资源上的天然优势，推动社会组织党建水平与服务水平同频共振、互促共进。同时，找准社会组织参与社会治理的着力点，搭建有效平台，让社会组织党组织在营造共建共治共享社会治理格局上发挥更大的积极作用。

在社会组织培育方面，还需要进一步提升培育的有效性，一是升级“创益越秀”创投工作。根据居民和社区需求设计服务项目，提升创益越秀资金的使用成效，促进创投工作在全区社会组织建设中的引领作用。二是广泛宣传第五届广州市公益创投活动，发动更多的辖内社会组织积极参与，争取更多资金支持越秀区社区服务发展。三是推进政府购买服务的深化工作。倡导购买服务向困难群体倾斜，提升购买服务效能，提高购买内容与居民、家庭和社区需求的匹配度。

在社会组织监督方面，要进一步加大社会组织检查执法力度，净化社会组织发展环境。一是加强社会组织的日常检查与监管。检查督促社会组织及时更新资料，加强社会组织信息公示工作，完善社会组织重大事项报备，加大对违规社会组织的约谈、检查和执法，保障社会组织规范运营，依法依规开展业务。二是加强社会组织执法与处罚。加强社会组织年度报告的管理，出台 2017 年社会组织活动异常目录，并对违规机构实施处罚。根据《广州市民政局关于印发广州市社会组织抽查监督办法的通知》，按照上一年度末登记在册的社会组织总数不少于 5% 的比例，对社会组织开展抽查检查工作。

培育与监管并重 促进海珠社会组织健康发展

广州市海珠区民政局

社会组织是国民经济和社会发展的重要组成部分，是社会管理服务的重要协同力量，在协调推进全面建成小康社会、全面深化改革、全面依法治国、全面从严治党战略布局中，社会组织承担着重要任务。近年来，海珠区社会组织数量得到较快的发展，社会组织的能力也在逐渐增强。

一、坚持多措并举，引导社会组织健康有序发展

2017 年，海珠区社会组织管理工作在区委、区政府正确领导下，在广州市社会组织管理局具体指导下，积极做好社会组织党建、依法登记、监督管理和培育发展等工作。

（一）不断夯实社会组织党建工作

1. 提升社会组织党建工作意识

自中共中央办公厅《关于加强社会组织党的建设工作的意见（试行）》和中共中央办公厅、国务院办公厅《关于改革社会组织管理制度促进社会组织健康有序发展的意见》出台后，海珠区委组织部、区社会组织党委高度重视，多次组织开展学习宣传。除了把相关重要文件安排在社会组织党委学习，还经常将之纳入民政局党委会议和党委中心组（扩大）学习，帮助局领导、党务干部、各科室负责同志进一步认识社会组织党建，让改革发展的理念深入人心，进一步增强做好社会组织党建工作的责任感和紧迫感。区社会组织党委结合广州市社会组织登记管理改革的实际，明确要求登记管理工作必须与党建工作融合、同步，登记管理人员“一岗双责”，

制定行政工作与党建工作“三同步”措施，即成立登记时，凡符合成立党组织条件的同步完成党员信息登记、同步成立党组织、同步指导其将党建工作写入社会组织章程。同时，印制一批社会组织党建工作宣传册页，分送至区政务服务中心、各街道办事处、居民委员会，在群众咨询社会组织事务、领取批准证照时主动派发，加强社会组织党建工作宣传。

2. 推进“两学一做”学习教育常态化制度化

组织全区社会组织党员通过各种形式，如现代远程教育平台学、网上考学等方式，深入学习贯彻习近平总书记重要批示精神和党的十九大精神，坚定社会组织党员“四个意识”，确保社会组织党组织的政治引领作用。

印发《关于深入学习贯彻落实习近平总书记对广东工作重要批示的通知》，指导全区社会组织结合本单位实际制订学习计划，细化学习方案，由支部书记带着组织各支部全体党员采取灵活有效的方式，结合工作领域和岗位，把握好落实好“四个坚持、三个支撑、两个走在前列”的各项要求，进一步激发社会组织活力，充分发挥社会组织服务国家、服务社会、服务群众、服务行业的作用，为建设创新之区、国际商贸交往中心区、生态文明示范区、文化名区、幸福美丽海珠作出应有贡献。

3. 推进社会组织党建工作双覆盖

为进一步落实海珠区社会组织党建工作责任制，切实有效提升海珠区社会组织党的组织和党的工作覆盖，报区委组织部同意，在持续推进自2016年建立完善社会组织党建工作台账定期报送制度基础上，现配套实施社会组织党建工作联系制度，从分工到管理进一步明确各单位和街道的职责，确保及时将新成立和地址变更的社会组织党建工作纳入管理。社会组织党组织覆盖达85.1%，8家行业协会商会成立行业廉洁从业委员会。

4. 打造“两新”组织党建工作示范点

继2016年南武实验学校党支部和启创党支部被确立为广州市第一批社会组织党建工作示范点，2017年海珠区社会组织党委联合琶洲街道党工委，结合广州市港航工程研究所的自身特点，找准党建工作服务大局的着力点和结合点，把政治引领、服务群众、推动发展作为创建工作的出发点和落脚点，充分调动和发挥广州市港航工程研究所党支部的战斗堡垒和党员的先锋模范作用，力争将其打造为海珠区具有广泛影响的“两新”组织党建工作示范点。

（二）依法开展日常管理工作

1. 严把登记关

按照《社会团体登记管理条例》《民办非企业单位登记管理暂行条例》《广州市社会组织管理办法》等规定，按照“政务公开、优质服务”要求，社会组织业务办理实现全程网办，高质量地做好社会组织日常登记管理工作。2017 年共办理社会组织登记 82 家，其中办理民办非企业单位成立登记 17 个、变更登记 36 个、注销登记 10 个；办理社会团体成立登记 6 个、变更登记 7 个、注销登记 6 个。目前共有社会组织 654 家，民办非企业单位 563 家，社会团体 91 家。

2. 加快换证进度

根据《广东省民政厅关于加快推进社会组织统一信用代码主照换发工作的通知》的要求，梳理未换证社会组织名单，通过 QQ 群、电话通知、短信提醒、平时变更、换证等方式，大力推进社会组织统一信用代码赋码换证工作，全区社会组织“三证合一”换证率达 100%。

3. 部署年度报告提交工作

根据《广州市民政局关于提交 2016 年社会组织年度报告的通知》的要求，下发《广州市海珠区民政局关于提交 2016 年社会组织年度报告的通告》，及时组织开展 2016 年度社会组织年度报告提交工作，利用网站、QQ 群、电话等向社会组织宣传和督促。2016 年度需提交年度报告的社会组织共 563 家，已提交年度报告的社会组织共 541 家，提交年度报告率达 96.09%，办结年度报告公示 541 家。对未按规定提交 2016 年年度报告的 22 家社会组织列入异常名录，做好信息公示及“双公示”工作，推动社会组织诚信建设。重点清理未完成年度报告的社会组织，引导名存实亡的 8 家社会组织完成注销登记手续。加强对社会组织重大事项报告管理，对报告内容同时发送区相关部门进行审查，从早从严对社会组织涉外和举办各类活动进行监管管理。

4. 推进等级评估工作

委托广东省开元社会服务研究中心开展海珠区社会组织等级评估工作。大力宣传鼓励社会组织参加等级评估工作，达到以评促改、以评促建目的。2017 年上半年开展第三批社会组织等级评估，并召开评估培训，组织评估专家到现场考察评估，经评估委员会审议，2017 年完成 15 家社会组织等级评估考察，截至目前，海珠区共有 75 家社会组织获得评估等级。

（三）加强社会组织监管力度

1. 加强社会组织台账管理

全面梳理、更新全区社会组织台账，完善社会组织台账信息，将社会组织统一信用代码证逐一编入社会服务统计信息管理系统，及时更新社会组织成立、变更、注销情况，做到底数清、情况明。

2. 加强与业务主管单位和街道的沟通和联动

通过与社会组织业务主管单位沟通和联动，对不开展活动、没有参加年度报告的社会组织主动发函给业务主管单位，督促相关社会组织补提交年度报告或办理注销手续。梳理无业务主管单位社会组织，下发街道，加强日常巡查，做到及早发现涉嫌违法违规行为，及时报告，加强联动和信息沟通，健全意识形态联合处置机制。

3. 加强社会组织涉外监管

召开社会组织业务座谈会，邀请市公安局境外非政府组织管理办公室负责同志进行政策解读和工作指导，向社会组织宣讲相关政策法规等；贯彻落实《广州市社会组织重大事项报告工作指引》和《中华人民共和国境外非政府组织境内活动管理法》，要求社会组织对涉外活动和重大事项应依法依规向登记管理机关报备，并主动进行信息公示，自觉接受社会监督。积极配合市区有关部门约谈多家社会组织，了解掌握其开展涉外活动情况。

4. 加大行政执法力度

依法对未提交 2014 年、2015 年年度报告的 36 家社会组织进行立案调查，启动行政处罚流程。经过行政处罚程序，对其中 16 家社会组织作出了警告的行政处罚并责令改正的决定，对另外20家依法补提交年度报告或已办理注销手续的社会组织作出不予行政处罚决定。

5. 开展行政检查

根据《广州市社会组织抽查监督办法》规定，对未提交2016年年度报告和涉企收费的32家社会组织，检查社会组织内部治理、各项规章制度、活动开展、年度报告、重大事项报告制度等情况，并委托会计师事务所对社会组织财务状况进行检查。通过检查，加强了与社会组织沟通交流，达到了向社会组织宣传政策法规、各项管理规定和互相交流沟通的目的，为日后开展工作打下基础。同时，也十分注重日常监管，对海珠区内11家残疾人服务机构进行了专项检查，办理行政诉讼案件2宗，答复政府12345热线业务咨询工单近百宗。

（四）积极扶持社会组织发展

1. 完成海珠区第二届公益创投活动

申请海珠区福利彩票公益金200万元用于开展海珠区第二届社会组织公益创投活动，共有22个项目获得资助，涉及领域包括为老服务、救助帮困、社会组织培育发展类和其他公益类4个方面。海珠区第二届公益创投活动深入社区开展个案、小组及社区服务活动逾1000次，服务对象逾62000人次，动员社会各界深层次参与公益服务，用政府资金发挥标杆作用，撬动社会配套资金超90万元，进一步提升了社会组织能力建设，有效推动海珠区公益慈善事业发展。

2. 开展海珠区第三届公益创投活动

继续申请区福利彩票公益金100万元用于开展海珠区第三届社会组织公益创投活动，经过专家初评和现场评审确定10个公益创投项目予以资助，其中为老服务5个，救助帮困类1个，青少年服务类1个，其他公益类3个，项目包括长者辅具租赁、老年人防跌倒、轻度失能独居长者服务、中风长者社区支持、残疾儿童照顾者喘息服务和视障智能手机能力拓展计划等，进一步激发社会组织活力，提升社会组织的服务能力，促进海珠区社会组织有效满足和解决社会公共服务需求。

3. 宣传第四届广州市公益创投活动

积极宣传做好第四届广州市社会组织公益创投活动，筛选符合条件社会组织，通过 QQ 群和电话等方式，宣传发动海珠区社会组织申报广州市公益创投项目。海珠区 17 个社会组织成功获得了市第四届社会组织公益创投活动各类项目资助，资助金额共计 319.1 万元。

二、展望新时代，推动社会组织参与共建共治共享

新时代需要社会组织，而海珠区各种类型、各种层次的社会组织在服务生产生活中发挥着越来越重要的作用，作为社会组织登记管理机关，也将继续发挥好培育、扶持、监管的职责，引导社会组织在共建共治共享治理格局上把握好“定向”“定位”“定式”，为推动社会治理科学发展，提供更为有价值和值得示范的成功经验。

（一）加大对社会组织负责人培训

根据 2017 年行政检查中发现的问题，针对性开展社会组织负责人培训，加强社会组织重大事项报备、法人治理、等级评估、民间非营利组织会计、年度报告、抽查监管和社会组织信息公示、异常名录等各项管理制度的培训，促进社会组织规范健康有序发展。

（二）继续做好社会组织登记及年报相关工作

按照中央、省“两办”意见，严把审核关，继续做好社会组织成立、变更、注销登记工作。组织开展 2017 年度社会组织年度报告提交工作，利用网站、QQ 群、电话等向社会组织宣传和督促提交年度报告工作。

（三）加大社会组织培育扶持力度

继续开展海珠区第三届公益创投活动，完成中期末期评估，监督项目实施，确保项目实施达到预期目标。加大对广州市社会组织公益创投活动的宣传，积极鼓励区内社会组织继续参加广州市公益创投活动。

（四）深入开展社会组织抽查监督工作

按照《广州市社会组织抽查监督办法》规定，按照不少于上一年度末登记在册的社会组织总数的5%的比例，对海珠区社会组织进行抽查监督。对未提交上一年度报告、未按规定进行重大事项报告、可能存在隐瞒真实情况弄虚作假、被列入活动异常不满一年、无业务主管单位等情形的社会组织，将被列入抽查监督名单。

（五）继续推进社会组织等级评估

拟采取政府购买服务方式委托机构开展海珠区社会组织等级评估工作，并联合相关业务主管单位开展下一批评估工作，规范社会组织运作，将评估结果纳入接受政府资助及承接政府购买服务的重要考评指标，并作为奖励、评优的重要参考。

（六）加快推进社会组织培育发展基地建设

加快区社会组织培育发展基地建设，打造为老服务类社会组织培育基地。加快推进施工图设计、概算、施工单位招投标等工作，建成后将以无偿或低偿形式为入驻的初创期为老类、公益慈善类社会组织提供办公场地，为它们提供政策咨询、项目策划、人才培训、成果展示、资源链接、互动交流、后勤保障等综合性服务，并对其日常活动进行监管和指导。

党政社企齐联动　助推南沙新发展

广州市南沙区民政局

一、继往开来：开创社会治理新局面

（一）不忘初心，南沙社创再出发

2012 年，经国务院批复的《广州南沙新区发展规划》其中一个重要战略定位就是把南沙打造成粤港澳优质生活圈，构建社会管理服务创新试验区，这是南沙新区创新社会管理的历史机遇。2014 年初，南沙区又被民政部确认为“全国社区治理和服务创新实验区”。尽管 2016 年南沙区已经顺利通过检查验收，但仍有必要继续加紧步伐，围绕创新社区管理体制、丰富社区自治形式、完善社区服务制度、优化社区服务手段等领域进行积极探索，推动社区建设不断向深度和广度拓展。

全面贯彻落实《广州南沙新区发展规划》和《关于改革社会组织管理制度促进社会组织健康有序发展的实施意见》精神，还需进一步加强南沙区社会组织建设工作，激发社会组织活力，从而促进社会组织健康发展，开创南沙区社会治理新局面。

（二）厚积薄发，南沙社会组织大发展

自 2014 年以来，南沙区登记注册的社会组织数量已翻倍，总体呈稳步上升趋势。截至 2017 年底，南沙区登记在册的各类社会组织共 459 家，其中民办非企业单位 210 家，占总数的 45.8%；社会团体 249 家，占总数的 54.2%。

经过多年的发展，南沙区社会组织涉及社会生活方方面面，主要涉及

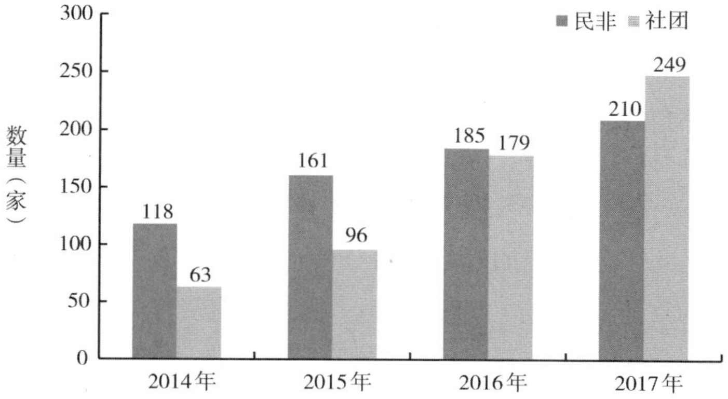

图1 2014—2017年南沙区社会组织数量增长情况

教育（共125家，占31.8%）、文化（共70家，占17.8%）、科研（共10家，占2.5%）、卫生（共11家，占2.8%）、经济（共48家，占12.2%）、体育（共32家，占8.1%）、社会中介服务（共54家，占13.7%）等社会生活的各个领域，初步形成门类丰富、覆盖广泛的社会组织体系（如图2所示）。

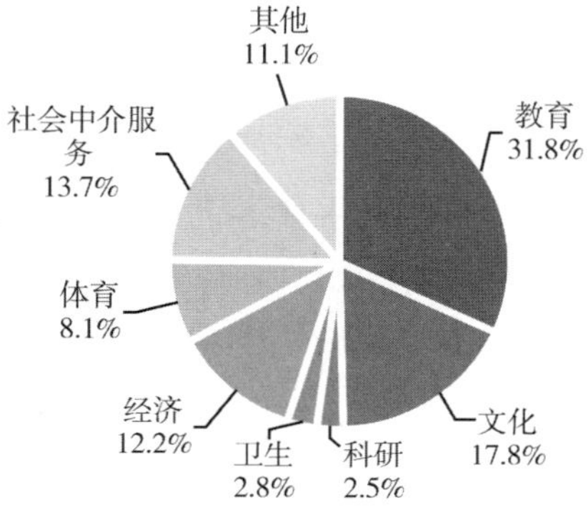

图2 南沙区社会组织类型分布

截至2017年6月9日，南沙区获得等级评估3A级以上的社会组织分别有：广州市南沙区东涌镇商会获广州市第15批社会组织评估等级5A级，广州市北达博雅社会工作资源中心获广州市第15批社会组织评估等级4A级，广州市南沙区博海学校获广州市第13批社会组织评估等级3A级，广州市南沙区卓才职业培训学校获广州市第12批社会组织评估等级3A

级，广州市南沙区旭升学校获广州市第12批社会组织评估等级3A级。总体来看，南沙区优秀或较优秀的社会组织占比还是相对较低。

（三）多方联动，协作社会作贡献

1. 承接政府职能转移，发挥社会组织效能

南方（南沙）国际产能与技术合作中心是由国家发改委国际合作中心、南沙自贸区管委会、广东省综合改革发展研究院合作共建，于2017年2月15日成立的新机构。其宗旨是协助地方政府推进国际产能合作、打造粤港澳双创基地和建立一带一路智库联盟。该机构成立后，主办和承办"一带一路"建设与国际产能技术合作研讨会、全球环境展望——世界环境科学家大会等大型重要研讨活动、国际活动。其工作效果显著，获得地方政府和社会的高度认可和肯定。

广州市南沙区百民社会工作服务中心（以下简称百民社工中心）是南沙区首家在民政部门注册登记成立的专业社工机构，主要通过承接政府购买服务和自筹等方式运作，服务项目涵盖家庭综合服务、居家养老服务、社区综合服务、妇女儿童之家建设、日间托老服务、企业社会化管理、长者人文关怀、司法社区矫正、社区戒毒康复、社会组织培育孵化等，现有运营项目达30多项。2016年10月，百民社工中心与南沙区禁毒委员会签订禁毒社会工作服务协议，利用百民社工中心现有的家庭综合服务、高校顾问团队、区级专项社会服务、网格管理体系等本土优势，进一步围绕戒毒康复人员"离所—戒毒康复—回归"流程，创新戒毒康复管理工作，构建戒毒康复回归新体系，为建设南沙新区的特殊社会服务作出一定贡献。

2. 制定行业自律机制，营造良好营运环境

跨境电商外贸业务是南沙产业创新发展的主力军之一。区内部分知名跨境电商企业在区民政局的业务指导和监督管理下，联合发起成立广州市南沙区跨境电商行业协会并积极开展活动。目前协会会员达230多家，形成南沙自贸区跨境电商生态圈，是闪耀着南沙新经济发展的一张亮丽名片。该协会一直努力发展国内乃至全球范围内各社会团体间的横向关系，制定行业行规并建立健全的行业自律机制，为政府和企业发展规划提出建

议，搭建企业和政府的沟通桥梁，结合“一带一路”导向，进一步营造良好的营运环境，在实现企业自我良性发展的同时，大力促进自贸区产业的创新发展。

3. 搭建学习交流平台，引导会员转型升级

广州市南沙区东涌镇商会积极发挥自身职能作用，通过举办政企座谈会、会员年会、法律政策专题宣讲会、考察活动等方式，为企业会员搭建学习交流平台，规范企业内部经营管理，构建和谐稳定的劳资关系。在经济新常态的环境下，引导会员企业转型升级、发展自主品牌、开拓新路径，进而实现科技创新。该协会在不断加强内部建设的同时热心于公益慈善事业，开展节日慰问、青少年帮扶、对口扶贫、慈善拍卖会等活动，为建立和谐的社商关系作出积极贡献。

4. 举办丰富多彩活动，丰富群众文化生活

广州市南沙区旅游协会于 2016 年 5 月成立，目前会员单位达 100 多家，几乎覆盖整个南沙的主要商业资源。成立一年以来，旅游协会共组织举办 12 期沙龙，围绕全域旅游、邮轮旅游、跨境电商、农家乐发展、东部旅游发展思路等议题，针对性解决南沙旅游发展中遇到的问题。举办 30 多场活动，包括南沙妈祖文化旅游节，“扬名立万”徒步活动，环球太太、环球小姐总决赛，各类旅游文化节、嘉年华、观赛活动，参与人数达 100 万人次，丰富了南沙广大群众文化生活。此外，还承办了 2016 年度南沙区星级农家乐等级评定工作，通过标准化和科学化的评定，推动南沙农家乐品质提升。最终评定了 12 家三星级农家乐，其中 2 家被推荐到市参与四星级农家乐评定。

5. 致力培育专业人才，为文化事业作贡献

南沙是人民音乐家冼星海的故乡，开展群众性音乐普及和教育工作对南沙形成独特的群众文化特色具有非同寻常的特殊意义。广州市南沙区林森青少年乐社已与南沙小学合作开展“第二课堂”多年，培养一批又一批国乐人才。为延续学员学习国乐的积极性，培养他们成为专才，毛礼林老师于 2016 年 3 月注册登记林森青少年乐社，成立 45 人青少年乐团（队员年龄均为 12 岁以下）。毛老师带领乐团参加第 12 届中国青少年艺术节，获

得广东赛区金奖，赢得评委和观众的一致赞赏，为南沙群众文化事业打响了一炮。

二、上下求索：加强社会组织管理与服务

（一）党政引领，搭建社会组织管理架构

南沙区的社会组织管理架构以社会事务科为核心，以区社会组织培育基地和9个镇街孵化站为平台，通过“南沙区社会组织信息网”“南沙区社会组织交流群”“南沙民非工作群”“南沙社团工作群”等线上渠道，不断扩大社会组织政策宣传力度和覆盖率，同时，增强区内各社会组织的信息收集和宣传渠道。2017年11月21日出台《南沙区社会组织扶持资金申请指引》，为社会组织提供财政补助和扶持，进一步降低区内社会组织的生存压力，仅2017年度就对符合条件的58个社会组织及9个镇（街）孵化站提供310余万元的扶持资金资助。同时，注重提升社会组织的能力建设和品牌意识，加大力度开展等级评估工作，委托第三方评估机构广州市社会组织联合会开展区内社会组织等级评估工作，加强引导、鼓励符合条件的社会组织参与等级评估，对获取等级的社会组织给予奖励性资助，以促进社会组织加强内部规范管理、提升服务能力。2017年共有8家社会组织参评，其中6家获得3A级。南沙区特别重视社会组织的培育与发展，为进一步促进社会组织的成长，成立南沙区社会组织专家库以及社会组织评估委员会和复核委员会，共吸引51位社会组织专家的到来，为南沙区社会组织发展出谋划策，提供充实的智力支持。

（二）服务当先，创新社会组织服务举措

1. 畅通社会组织宣传渠道，营造良好的社会氛围

通过网站、微信公众号以及微博等各类媒体宣传的方式，向外展示南沙社会组织的风采和力量，让群众真真切切地感受到不同类型的社会组织为其提供的服务以及产生的效益，积极营造有利于社会组织发展的舆论氛围，鼓励广大群众参与社会管理组织，促进社会和谐。

2. 完善社会组织培育方案，助力社会组织成长发展

根据南沙区社会组织发展现状，出台适应现阶段社会组织实际情况的扶持政策。加强规划引导，从类型和数量、外部环境、社会与市场因素等方面进行综合分析，坚持分类考核、分类培训、分类评估、分类投入、分类监管相结合，分门别类制定不同的引导政策，分类培育发展社会组织。鼓励社会组织不断提升自身能力建设，做大做强，更好地参与社会建设和社会管理工作。

3. 加强社会组织平台建设，提升社会组织能力建设

充分发挥南沙区社会组织培育基地和 9 个镇街孵化站在培育、促进社会组织发展方面的重要作用，为社会组织提供人员培训、指导服务、技术支持、公共产品推介、信息发布、政策咨询、培育孵化等“集约式”服务，逐步改变社会组织管理分散、缺乏交流和服务薄弱等状况，促进社会组织提升生存发展能力。

三、任重道远：助推社会组织新发展

2018 年，南沙区将进一步加强社会组织党建引领，完善专家库建设，强化社会组织人才队伍建设，同时优化社会组织平台建设，发挥枢纽型社会组织的作用，进一步促进社会组织成长发展。

（一）规范发展社会组织，加强社会组织党建工作

按照“有序放开、有力扶持、有效监管、有固党建”的原则，贯彻执行市民政局制定的社会组织各项管理规定和指引，逐步细化社会组织登记管理，同时，积极推进社会组织党组织和工作的有效覆盖，加大社会组织党组织组建力度，将社会组织党建工作贯穿于登记管理工作中，同时，成立南沙区社会组织联合会，并发挥其桥梁纽带作用，通过建立社会组织联合党支部，将社会组织中党员的力量集中起来，发挥其先锋模范作用，提升区内社会组织党建工作的覆盖率。

（二）推进区公益创投和等级评估工作，加强社会组织品牌化建设

2018 年度南沙区将加大力度，推进南沙区首届社会组织公益创投工作

的实施，进一步激发社会组织活力，提升区内社会组织的项目策划和管理能力，加强社会组织间彼此的沟通与交流，从而加快社会组织品牌化建设的步伐，提升社会组织能力建设。加大开展社会组织等级评估工作力度，通过评估工作，加强社会组织内部治理能力，力争3A级社会组织达到20家。

（三）优化社会组织平台建设，激发社会组织活力

对现有区社会组织培育基地进行迁移装修改造，以南沙区“1+9”社会组织培育基地网络为基础，强化社会组织科学研发、多元服务和社会支持等“三大平台”建设，通过“社会组织培育”与“党群服务孵化”双管齐下，共同打造与南沙新区定位相匹配，本土化与专业化兼具的社会组织创新服务园区，积极探索品牌发展路径。为社会组织提供政策研究、公益宣传、人才培养、技术支持、标准建设等个性化、多样化、精细化、科学化和规范化的集群服务。充分激发社会组织活力，促进南沙区社会组织蓬勃发展，实现政府职能转移与社会组织发展的有效对接，成为促进社会和谐发展的强大助推器，为南沙区社会治理新格局增光添彩。

（四）优化社会组织人才队伍，促进社会组织可持续发展

在原有社会组织“一库两委”的基础上，成立公益创投评审专家库，进一步加强社会组织专家队伍，同时，运用社会组织“两库两委”的专家资源，协助制订社会组织专职工作人员培训计划，开展多层次、多类别的业务培训，提高社会组织工作人员的专业化、职业化水平。

第五章

品牌社会组织

用心服务社群 追求卓越品牌

广州市中大社工服务中心

党的十九大报告中指出，中国特色社会主义进入新时代，社会主要矛盾已经转化为“人民日益增长的美好生活需要和不平衡不充分的发展之间的矛盾”。习近平总书记强调：“加强社区治理体系建设，推动社会治理重心向基层下移，发挥社会组织作用，实现政府治理和社会调节、实现居民良性互动。”实现更加平衡更加充分的发展，满足人民日益增长的美好生活需要，为社会组织发挥自身的优势提供了广阔的舞台，也对社会组织自身建设提出了新要求。

一、“三步走”探索品牌发展路径

广州市中大社工服务中心（以下简称“中大社工”）是2009年6月依托中山大学社会工作专业成立的社会服务机构，2010年3月起正式投入运营。机构坚持以“用心服务，追求卓越”为宗旨，“用专业影响社会，以品牌引领未来”为使命，“让每个人享有卓越的社会服务”为愿景，致力于现有国内社区家庭综合服务专业水准的提升，在社区家庭综合服务的实践基础上进行理论研究与倡导，丰富中国社会工作的本土化内涵。自2009年6月成立以来，机构在全市相继建立了“5+4+3”服务网络，包括5个街道级家庭综合服务中心、4个服务专项、3个社区家庭服务中心。其中机构成功运作了广州市首家街道一级的家庭综合服务中心——联和一家，广州市首批20家社区综合服务中心试点单位之一——北京街家庭综合服务中心，以及广州市首家社区级家庭服务中心——联和街玉树社区家庭服务中心。中大社工的品牌建设历程经历了以下三个阶段。

（一）夯实品牌建设基础（2009—2012 年）

中大社工自创立以来，品牌建设一直是机构的立身之本。这一时期，中大社工的发展重心放在各项基础建设，为今后规范有序的发展奠定基础。

1. 基于自身优势，制定符合实际的发展战略

中大社工依托高校背景成立，丰富的资源为机构开展专业服务和理论研究提供了强有力的支持。基于这一优势，中大社工在创立之初就制定了“服务、研究、运营、倡导四位一体，打造中国一流社工机构品牌”的发展战略，找准了自身的定位，契合实际，引导机构在今后的发展中，始终将“品质”放在第一位，打造专业服务与研究相结合的行业典范形象。

2. 承接购买服务，形成“三条中轴线”业务布局

2011 年，中大社工承接广州市第一个街道级家庭综合服务中心——联和街家庭综合服务中心，随后又相继承接北京街家庭综合服务中心、猎德街家庭综合服务中心、冼村街家庭综合服务中心、彩虹街家庭综合服务中心。至此，基本形成中大社工“三条中轴线”的业务布局，即传统老城区域服务点，致力于搭建社区支持网络，助力社区问题的解决；新兴 CBD 区域服务点，致力于推动资源联动，倡导社区公益；城乡接合区域服务点，致力于培育社区社会组织，打造社区治理共同体。中大社工也一直沿着“三条中轴线”的布局，紧贴机构的发展战略，保持稳步发展趋势。

3. 加强内部治理，建立规范有效的治理结构

中大社工在创立之初，结合机构发展需要，设置了清晰的内部架构，制定详细的岗位职责说明书，同时配套相应的管理制度，保证内部管理秩序的规范有序。

4. 融入党建智慧，探索专业化社会服务群众路线

为贯彻落实省委、市委关于加强社会组织党建工作的精神，按照市民政局党委、市社会组织党委的部署和具体要求，发挥党组织在社会组织的战斗堡垒和政治核心作用，中大社工于 2012 年 11 月正式成立中共广州市

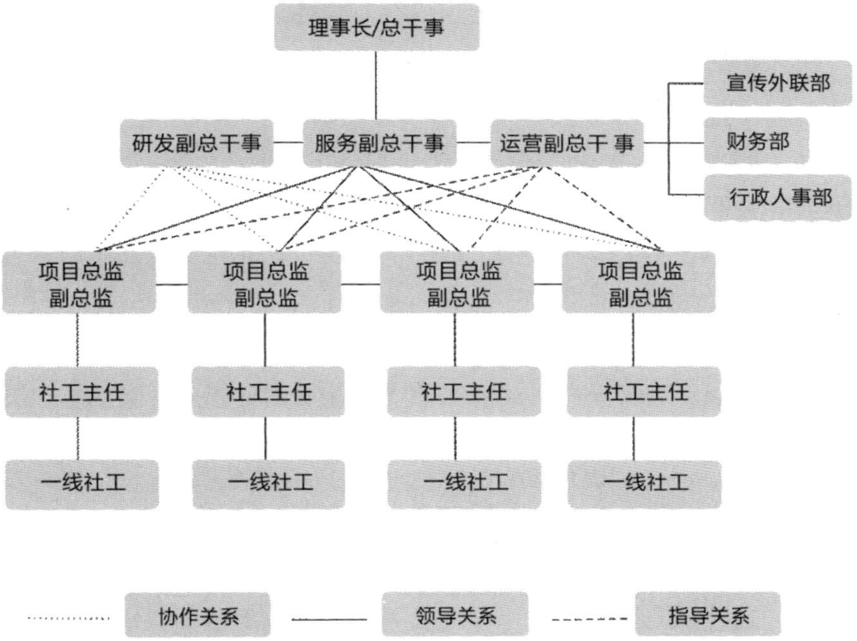

图 1　广州市中大社工服务中心治理架构

中大社工服务中心支部委员会，创新形成社工机构“1 +5”联动共建架构，即 1 个支部委员会和 5 个项目党小组。支部委员会发挥统筹、协调与引领作用，在各项目点形成党小组，党小组则因应具体的支部要求开展工作，做好沟通与协调，落实党的方针、政策，影响与带动其他同工。

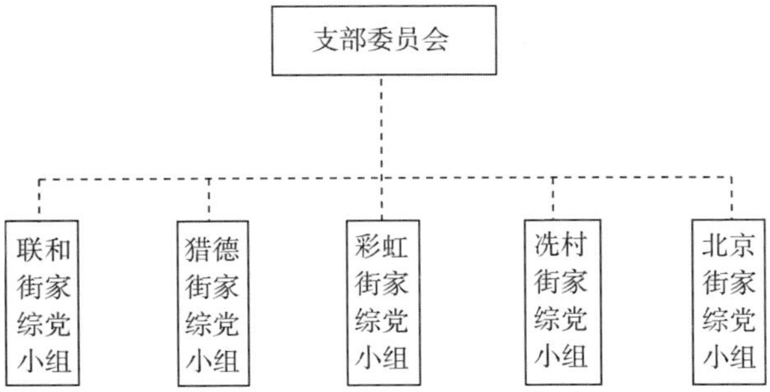

图 2　党建“1 +5”

5. 注重人才培育，形成有层次的人才梯队

社会服务机构中对人才的培育应始终视为各项工作中的重中之重。中大社工结合机构发展需求与员工发展需求，形成丰富多元的人才培育体系：针对不同年资、专业、岗位的同工，从能力建设、思想建设、创新力建设三个维度，设置有针对性的培育内容，以能力建设推动服务力，提升机构发展的品质与效率；以党建工作提升思维力，输送机构发展的意志和思维；以创新工作提升创造力，推动机构业务的转型与升级。

在这一阶段，中大社工凭借严谨规范的管理、专业有素的服务，在业内形成良好口碑。2012 年，联和街家综获得民政部全国专业社会工作服务项目评选一等奖，行业影响力逐渐形成。

（二）深化品牌建设思维（2013—2015 年）

在这一阶段，社会组织的活力逐渐显现，行业发展也迎来了新的机遇和挑战。中大社工在过往基础上，总结经验和教训，不断深化品牌建设的意识和思维。

1. 梳理发展愿景，进一步明晰机构发展目标

中大社工进一步明确了自身的发展方向，恪守“用心服务，追求卓越”一种理念，探索“服务”和“研究”两种路径，承接“社会服务、专业研发、能力培育”三大业务，发展“人才、资源、管理、品牌”四大战略，坚持“爱心、诚心、热心、专心、信心”五种心态，希望建设成“业务类型多元、知识储备丰富、人才质素优良、运营管理规范、社会责任担当、文化实力雄厚”的一流社工机构品牌，并且进行了短期目标的分解。

（1）策略年（2014 年）：制定机构总体发展战略，明确发展方向与策略。

（2）品质年（2015 年）：建立并完善质量监测体系，完善督导、培训体系，加强机构文化建设与形象建设。

（3）多元年（2016 年）：促成机构资金渠道、知识储备、员工发展、项目类型多元化。

（4）整合年（2017 年）：延续战略，持续平稳发展，反思提升，整合优化。

（5）文化年（2018 年）：总体目标实现与检讨，制订下一个五年规划。

2. 挖掘品牌服务，形成机构核心竞争力

在扎实的社区服务基础上，中大社工各项目点结合社区需求，在服务上进行延伸与发展，不断完善服务体系，使服务更加科学化、精细化，以期能够更好地发挥社会效应。猎德街家综开展“书出爱”自闭症儿童家庭支援项目、彩虹街家综开展“乐行驷马涌”项目、联和街家综开展“为爱发声”反对家庭暴力服务项目、冼村街家综开展“你好，阳光”重症患儿困难家庭项目、北京街家综开展“乐出行”公房楼道改善计划等。这些品牌项目紧扣社区和社会热点，促进服务成效，惠及于民。

3. 强化党建引领，发挥党员先锋模范作用

在开展专业服务中充分结合党建与社会工作的要点与精髓，加强党员社工与党员义工之间的联动促进，充分发挥党员的主观能动性，增进党员社区参与，组建党员义工队。在党员社工的组织下，党员义工自主策划，献计献策，共同关注社区困难群体，解决社区问题，推动社区慈善发展，通过自身的义工行动充分感染其他社区居民，形成一股强有力的社区正能量，助力打造共建共治共享的社会治理格局。

4. 整合宣传标识，强化机构形象建设

在可视化的打造上，中大社工建立了完整的品牌形象设计体系，统一一系列外在符号的标识，包括机构名称、LOGO、工衣、宣传品、信封、上墙宣传资料等，打造“创新、专业、贴心、务实”的机构形象，并配套成立宣传、资源整合工作组，建立恒常会议机制，对机构总部、各项目推行的工作、服务项目工作进行属性分类，按照“创新、专业、贴心、实干”四个关键属性进行中大宣传事项分类，并确定季度宣传工作主要事项。

5. 推动行业协同，探索社会服务资源共享网络平台

中大社工积极链接行业内外资源，筹集政府、社会捐赠资金补充服务

所需，缓解政府购买服务资金的单一性和局限性，逐渐将其发展成为社会服务的资源共享平台。同时，中大开展行业倡导和服务研讨交流活动，主要以专业服务经验交流研讨、创新服务的探索和推广两种类型的研讨为主。

这一时期，中大社工荣获广州市第八批5A级社会组织称号，国务院总理李克强、科学技术部部长万钢、工业和信息化部部长苗圩一行莅临玉树社区家庭服务中心调研考察。同时，中大社工与加州大学伯克利分校开展“国际社工领袖培训”合作项目，组织机构内与行业内员工赴美培训，通过开展国际合作，拓宽社工行业国际视野，促进国际交流。

（三）提升品牌发展高度（2016—2018年）

中大社工的发展逐渐形成鲜明的特色，各方面建设也进入成熟稳定期。

1. 践行社会责任，积极参与社会政策与行业倡导

中大社工积极参与政府相关政策的起草、制定、意见征求工作，积极参与行业协会相关规范等文件的起草、制定、意见征求工作，主动协助人大、政协、党代表委员在社会服务领域提案工作。同时，通过举办服务研讨会，推动行业之间的服务交流和探讨。

2. 关注文化建设，注重构建文化传递体系

文化建设是机构中长期形成的共同理想、基本价值观、作风、生活习惯和行为规范的总称，是机构在经营管理过程中创造的具有自身特色的精神财富之总和。中大社工统筹组织员工进行文化建设讨论，确定好文化建设框架，并制订年度推进计划，有计划、有步骤、循序渐进地推动机构文化建设。通过总部、项目的日常沟通，员工生日会、员工大会、退修会、员工支持会议等组成文化传递体系，为员工提供关爱与支持，促使员工在这样的支持环境中得到成长。

3. 潜心研究领域，推动行业经验积累和知识产出

基于多年的服务沉淀，中大社工进一步提高研究标准及要求，制定“100篇文章”的任务，要求机构每一名员工，根据岗位的不同，每年完成

不同数量的文章撰写任务，鼓励员工总结过往的服务经验，促进员工反思和专业求索。2017 年 7 月，中大社工与广东省第一荣军医院、益先社会工作研究院合作开展优抚（荣军）社会工作行动研究，在此基础上合力编写成《构建新时期荣军支持网络的全心服务模式——广东省第一荣军医院社会工作服务经验分享》一书，已经正式出版，为我国优抚（荣军）社会工作服务模式与体系的发展作出理论贡献和实践推动。

4. 优化组织架构，完善内部治理结构和规则

中大社工根据发展需要，调整内部治理架构，设置项目管理部、运营保障部、研发拓展部、公关资源部四大部门，更加精细化地开展各项工作。在充分发挥法人治理结构的基础上，成立了包含政策、法律、医学、传播等方面专家的战略咨询委员会，为机构多元发展战略提出合情合理的意见和建议。同时，审视机构内部管理制度，通过补充、优化、修订、废除等方式，进一步提高机构管理的效率。

这一时期，中大社工的品牌影响力持续扩大。2017 年，机构联合义工联共同举办来穗人员朗读者大赛，挖掘来穗人员的故事，传递社会正能量。该项目得到中央电视台教育频道、江苏卫视、山东卫视等媒体的宣传报道，传播广州社会组织形象。2018 年，中大社工荣获第二批“广州市品牌社会组织”称号。

二、“三核心”助力品牌发展优势

综观中大社工走过的历程，以下三要素是助力机构发展为品牌社会组织的关键。

（一）明晰自身优势定位

中大社工在成立初期，就细致地对机构进行 SWOT 分析，全面地认识机构自身的优势、劣势、机会、挑战，为大家清醒、客观地认识机构的发展历程提供了依据，从而较为准确地找到机构的定位和发展方向。

（二）规范机构内部管理

社会服务机构的内部管理秩序与机构的公信力息息相关，因此建立规范

有序的内部管理制度对于机构创建自身品牌格外重要。中大社工围绕发展目标与业务规划，创建包含服务管理制度、行政管理制度、人事管理制度、财务管理制度、资源管理制度在内的制度体系，保障机构的规范发展。

（三）积极回应社会议题

社会服务机构肩负着社会使命，在介入社会问题、回应社区需求、参与社区治理方面应发挥作用。中大社工始终坚持这一点，在业务布局与服务设计上，直击社区、社会的热点和痛点，探索有效的解决方案。

三、“三要点”展望品牌发展未来

展望未来，中大社工怀着归零的心态，继续深耕社区，经营专业社会工作服务，推动社区公益慈善发展。

第一，中大社工继续恪守品牌社会组织的各项标准，更加严格规范机构的各项建设，加强完善坚持党建引领、发挥品牌支撑、规范内部管理、发挥正能量的机构治理结构。

第二，中大社工将通过多元传播策略，深化品牌知名度、美誉度、认知度，增加社会大众及合作伙伴对机构的信心和满意度，强化机构品牌的竞争优势。

第三，中大社工将践行行业使命，进一步树立行业标杆，积极参与行业倡导，不断总结服务发展经验和机构治理经验，为行业的发展贡献力量。

不忘初心塑品牌　砥砺前行谱新章

广州市律师行业协会

作为依法设立的律师行业自律性管理与服务组织，广州市律师协会（以下简称广州律协）已走过30个春秋。30年的历程一步步走来，广州律协不断创下新的业绩，服务会员和社会的水平持续提高，先后获评广州市5A级社会组织、广州市品牌社会组织和广州市卓越社会组织。在改革开放的大潮中，广州律协不断适应社会经济发展的新形势，各方面工作在发展中探索并积累经验。

一、朝夕不倦三十载，上下求索发展路

1988年9月23日，广州市律师第一次代表大会宣告广州律协的成立。自1979年恢复律师制度以来，广州律师的队伍规模和业务水平迅速恢复和发展，律师在经济建设和民主法制建设中的作用越来越重要。至1988年广州市已拥有律师事务所22家、律师407人。为团结全市律师更好地为改革开放服务、推动广州市律师工作整体提升，经广东省司法厅批准，广州律协正式组建成立。

广州律协的法人治理和规范运作体系，经历了从探索起步到臻于完善的过程。成立初期会长由市司法局主要领导担任，1994年第三届理事会起即由执业律师担任会长，成为全国最早由执业律师担任会长的律师协会。2001年6月正式登记为社会团体法人，此后逐步落实完善律师代表常任制、会长常任制并设立监事会，形成议、决、执、监于一体的法人治理结构。律师协会工作制度与行业规则也不断完善，章程、议事规则、委员会工作规则、律师执业规范、律师业务指引等得到有效落实，行业自律作用得到充分发挥。

广州律协的会员规模也在持续增长。根据《中华人民共和国律师法》的有关规定，在广州地区执业的律师和律师事务所均为广州律协会员。经过 30 年的改革和发展，广州律协的个人会员和团体会员至 2018 年已有 12600 多名律师和 700 多家律师事务所。律师行业业务发展和规范化水平不断提升的同时，也对行业协会的工作提出更高的要求。

广州律协开展行业自律性管理与服务、倡导全体广州律师履行社会责任的作用日益增强，职能不断改革提升，受到党委政府、广大会员和社会各界的肯定。近年来在依法履行职能的基础上，广州律协的体制机制不断完善，服务的范围和质量不断拓展。广州律协在全省律师协会中率先挂牌设立“维权中心”和“投诉中心”，建立并完善了维护律师执业权益和查处律师被投诉案件的快速机制；设立律师调解中心，并派出律师到部分法院组建调解工作室，在深化司法体制改革的背景下积极参与构建公共法律服务体系，助力广州打造全国公共法律服务最便捷城市；在市委统战部指导下组建广州市新的社会阶层人士联谊会律师行业分会，搭建无党派律师参与社会活动，增进其与其他新阶层人士交流的新平台；在全国律师行业中率先设立具有民办非企业独立法人性质的广州市律政营商环境研究院、广州市律兴律师业务发展研究院，为广州律师行业发展注入新的驱动力。

二、多措并举夯基础，勠力同心塑品牌

（一）坚持党的领导，以律师行业党的建设引领协会工作和全行业提质创优

广州律师行业党建工作一直走在全国律师行业和全市社会组织的前列，早在 2000 年就成立中共广州市律师协会委员会，并于 2011 年创建广州律师党建网，是全国律师行业中首个开通的党建网站。

2018 年 5 月经市委组织部同意，广州市司法局党委批准改为中共广州市律师行业委员会。广州市律师行业党委长期致力于创新党建实践，党建工作带动行业发展成效明显。

一是党的组织工作得到有效延伸和加强。广州律师行业党组织实现全覆盖，有 3 名以上党员的律所都成立党支部，部分党员人数较多且符合条

件的已成立党委或党总支。对分散在人数较少的律所的党员，分区域建立联合党支部，由市律协秘书处党支部派出党建指导员辅助开展党建工作。

二是党的领导直接体现在党委全面参与和指导行业发展重大事项和律师事务所管理发展中。党组织班子成员和协会领导班子成员、律师事务所管理班子成员有机组合，更好地贯彻党的路线方针政策，指导行业审时度势，提高政治站位，找准业务发展方向，推动律师服务能力和水平更好地适应全面依法治国、深化司法体制改革的新形势。

三是充分发挥好律师党员的先锋模范作用和律师行业党组织的战斗堡垒作用。律师党员在规范执业纪律和职业道德方面有着更严格的要求，要起到示范作用。在参与村（社区）法律顾问、各专项法律服务团、法律援助等履行社会责任的公共法律服务和法律公益活动中，律师党员也起到很好的带头作用，涌现很多先进典型。

广州律协努力争当“两新”组织党建排头兵，律师行业党建工作受到省委、市委的认可和肯定，2016 年 3 月，广州律协党委荣获广州市司法局党委“2015 年度基层党建工作目标管理示范单位”称号。2016 年 7 月，广州律协党委荣获广东省“先进基层党组织”荣誉称号以及“广州市社会组织优秀党组织”光荣称号。

（二）坚持规划引领，持之以恒实施行业发展战略

律师协会作为凝聚全行业力量、以推进行业持续发展为己任的组织，必须以具有战略高度的视野和责任感，找准路子、谋篇布局。自 2008 年以来，广州律协先后出台《1988—2008 年广州律师行业发展报告》《广州律师业发展中长期规划（2013—2020 年）》《广州律师行业发展报告 2016》《广州律师 986 提升计划》等若干个涉及行业长远发展的报告和规划，明确广州律师行业专业化、品牌化、国际化的发展方向，制定一系列预期发展目标和具体举措，做好定期评估反馈，承前启后、持之以恒地直面问题、抓好落实。坚持规划引领促进行业发展作用明显。广州律师全行业营业收入已连续 3 年增长超过 20%，2017 年达 47 亿元，律师业务在知识产权、涉外投资、海事海商、金融证券、信息技术等领域的专业化程度持续提升并形成人才梯队。律师协会和律师事务所品牌效应得到提升，培育和发展一

批品牌响、上规模、业务辐射区域广的律师事务所，全国首家由政府和律师协会合力打造的律师大厦——广州律师大厦也在白云新城商圈落成并投入运作。

（三）健全制度、履行规章，以规范运作提升协会整体服务水平

体系完善、执行到位的规章制度是社会组织发展成熟的标志，也是能够为会员和社会提供优质服务的必然要求。广州律协始终秉承“民主、规范、务实、廉洁”的理念，早在成立伊始的1988年就制定了章程，严格依照章程开展活动。2001年登记为社团法人后先后制定工作机构和执行机构规则、专项工作制度、律师执业规范等一批规章制度，规范管理得到加强。2012年在实施全国律师协会章程的基础上重新制定《广州市律师协会章程》，此后根据新章程全面修订了各类规章制度，并于2016年形成《广州市律师协会行业规范与制度汇编》。规章制度的有效执行落实，保证了协会各工作机构的绩效，增强了协会在广大会员和社会中的公信力，从而使全体会员凝心聚力为了共同的发展目标、为了拭亮广州律师的品牌而不懈努力。

（四）重视品牌传播，依靠宣传力量提升品牌影响力和辐射面

广州律协一直以来重视通过有效的传播途径，向社会传递品牌价值，树立良好形象。一方面与各级主流媒体保持良好的合作关系。自2006年起广州律协每年评比反映广州律师行业发展和律师先进典型的优质报道，向媒体采编人员颁发“律师·好新闻奖”。每年《法制日报》《南方日报》《广州日报》等各级媒体均有多篇对广州律师行业和律师协会的正面报道，其中《法制日报》还多次在头版刊登广州律协相关报道。此外，每年还选派律师参与中央电视台、广东广播电视台、广州广播电视台的普法栏目制作。2017年建立宣传顾问制度，聘请一批长期从业于主流媒体与资深媒体的专家担任广州律协宣传顾问，指导律协提升品牌传播和舆情应对能力。另一方面，坚持将《广州律师》会刊、广州律协官网和微信公众号等自有媒体打造成展现行业发展动态、展示广州律师实务水平的重要平台。《广州律师》双月刊每期均寄送至省市党政机关、政法各部门、省市人大代

表、政协委员、战略合作单位和全市各律师事务所交流赠阅，成为有关部门了解广州律师行业和律师协会的窗口。广州律协官网和微信公众号坚持每个工作日发布信息，完善信息公开机制，原创性、时效性、可读性不断增强。还通过举办宣传联络培训、律所形象设计评比等活动，切实提高律师事务所的品牌宣传能力。

（五）增进行业内外交流协作，拓展律师行业和律师协会的社会影响力

广州律协广泛地开展行业内外交流协作，积极为律师行业开拓更广阔的发展空间，不断扩大品牌辐射力。与全国各地的兄弟律师协会保持良好关系，加强互访交流，就维护律师执业权益等工作建立快速协作机制。与新疆乌鲁木齐市、甘肃省兰州市、江西省吉安市、云南省楚雄彝族自治州等地律师协会建立友好协作关系，积极为欠发达地区提供精准法律服务帮扶。先后与多家单位建立战略合作关系，至2018年广州律协已与广东省工商联、广州市发改委、中国广州仲裁委员会、广州市社会组织联合会、华南理工大学法学院等超过30家单位签订了战略合作协议，既为相关行业和社会领域提供了更便捷的法律服务，也为广州律师赢得更充分的发展资源和空间。

三、逐浪弄潮帆正悬，砥砺前行谱新章

站在新的历史起点上，广州律协将更加着力增强品牌实力、发挥品牌效应、传递品牌价值，使广州律师和广州律协的品牌力量在新时代改革开放和全面依法治国的新征程中转化为累累硕果。

一是坚定不移地推进广州律师行业专业化、品牌化、国际化创新发展。始终将促进律师行业的发展作为律师协会工作的重中之重，一以贯之地落实好《广州律师业发展中长期规划》和《广州律师986提升计划》，重视律师行业和律师协会品牌价值的创造、传递和提升，确保规划蓝图如期实现，使全体会员都能分享行业发展成果。

二是以广州律协成立30周年为契机，深入挖掘、培育和升华广州律师文化。2018年恰逢律协成立30周年，广州律协隆重举办持续一年的喜迎

改革开放40年暨中国（广州）律师文化节活动。由此将全面总结和提炼广州律师文化的内涵，切实增强广大律师的归属感和精神力量，坚定文化自信和法治理想，共同为维护公平正义、推进全面依法治国奉献力量。

三是推进律师协会职能转型、完善和发展。直接对近13000名个人会员和700多家单位会员开展管理和服务本非易事，如何适应和满足广大会员不同角度、不同层次的新需求更成了广州律协必须直面的新课题。广州律协将进一步优化工作机制、推进机构改革、提高信息化应用能力，担当好党委政府与律师行业的桥梁、服务广大会员的“律师之家”、积极参与社会治理的专业机构等多重角色，在新时代焕发新机能，以新思路促进新发展。

步入新时代，广州律协将坚持以习近平新时代中国特色社会主义思想为指导，团结引领全体广州律师围绕广州深化枢纽型网络城市和国家重要中心城市建设的发展战略，积极服务于“一带一路”和粤港澳大湾区建设，为优化法治化、国际化、便利化营商环境发挥独特的专业作用，在实现中国梦的伟大实践中放飞梦想，在为人民利益的不懈奋斗中书写行业担当。

和而不同　悦吾身心

广州市和悦社会工作服务中心

一、从诞生到蜕变

（一）和悦的诞生

2011年9月，写着“和悦社工”四个字的书法牌匾和“民非登记证”，被挂在越秀区寺右二横路金霞大厦的一间小小办公室里。广州市和悦社会工作服务中心（以下简称和悦）就此成立。

2011年，广州市社会工作的发展已经走过“试点探索期”，顺利进入“全面推进”的阶段。这一年，市委、市政府将发展社会工作作为推动社会治理创新、夯实基层治理基础的核心内容进行部署。这一年，民政局决定全面推进街道家庭综合服务中心建设，明确建设“综合+专项”（家庭综合服务中心+社会工作专项服务项目）的社会工作专业服务平台①，和悦正是在时代的召唤下应运而生。

和悦的创办人，机构的理事长李永华，1998年离开工作8年之久的银行系统，感怀于“金钱治不了心病”，转而学习心理学，成为一名心理咨询师。做了多年咨询工作之后，逐步从每个受帮助的个体身上，看到社会整体更广更深的需求，于是联合几位有共同志向的同工，踏入社工领域。

和悦成立之时，机构不足10个人。艰难的开端，不变的初衷，激励着和悦一步一个脚印，从几个人的队伍发展为120多人的队伍，从默默无闻到成为“广州市品牌社会组织”。

---

① 中华人民共和国民政部：《广州市社会工作十年发展报告》，2016年11月。

（二）从泛泛服务到品牌蜕变

第一阶段，从零到一。机构成立后的第二年，陆续承接了番禺区沙湾镇、石碁镇、大石街、从化区江埔街共四个家庭综合服务中心的项目，迅速实现了从无到有的巨大突破。同年，广州市番禺区和悦社会工作服务中心成立。直至今日，番禺区其中四个家综（2016 年增加了石壁街家综）依然在和悦社工的手中实现着良好的运营，番禺和悦也被评为 5A 级社会组织。

第二阶段，从广州到佛山。2014 年，在广州家综服务积累的基础上，和悦社工第一次拓展了家庭领域的专项——“梅花人家”心理项目。同年，随着顺德大良五沙工业园职工服务站，高明区荷城街道、明城镇、更合镇等职工服务中心和家庭服务中心以及顺德区及部分镇街的信访项目相继开业，和悦社工实现了“从广州到佛山”的跨越，广州社会工作的先导经验通过和悦社工的服务，被送进了同样有巨大服务需求的佛山地区。

第三阶段，从“社会工作”到“社会服务”的大转变。随着本土服务基础的逐渐扎实，机构有意识地将广州市社会服务的成功经验，主动传递到其他省市，尤其是贫困地区，帮助推动当地社会工作的发展，同时，从单纯“社会工作”服务的领域，逐渐拓展至“社工＋公益”的领域，打造“社会服务”的大概念。

机构自成立开始，积极响应民政部、广东省民政厅、广州市民政局的号召，协同广州市其他社会组织，前往贫困地区、受灾地区进行公益帮扶工作。2014 年的云南鲁甸灾区救援、宁夏“三区”社工专业人才支持计划、贵州省黔南布依族苗族自治州社会工作助力脱贫攻坚等公益帮扶的现场，都有和悦的身影。和悦对贵州省黔南布依族苗族自治州的帮扶工作，从 2014 年开始，至今未曾中断。2017 年，和悦更是突破性地帮助黔南布依族苗族自治州独山县孵化了两个当地的社会组织并促进其独立良好的运营。2017 年底，和悦再次积极参与民政部发起的“牵手计划”，持续派出资深社工前往江西省赣州市石城县开展社会服务的指导工作。

2013 年，和悦自主发起“雏蕾助学・护苗成长”困境儿童助学计划，帮助广州市困境儿童链接学习资源。2015 年，机构联合中社社会发展基金会，成立“和悦社工·社区基金”，标志着和悦正式从社会工作领域进一步拓展到公益服务领域。2017 年，和悦与中山大学博研校友联合发起“博研基金”，此基金主要致力于贫困山区的助教、助学服务。

第四阶段，从专业服务到品牌深化。机构逐渐发展出社区服务（以家综为主导）、企业社工服务（以职工服务站为主导）、特殊人群心理专项服务（以信访、边缘青少年、随迁儿童等人群的社工服务为主导）、公益服务（以助学计划、贫困地区帮扶服务为主导）四大板块的服务体系。

2017 年，是和悦第二个五年规划的第一年，也是机构品牌建设的初始之年。机构一方面重新修订理念识别系统，更清晰地界定机构发展方向、使命和愿景；另一方面，各项专业服务实现品牌深化的打造。例如，企业社工服务从基础一线服务，发展到为行业制定标准体系的阶段；顺德区信访服务更是受购买方主动邀请，从一个信访局的服务拓展至三个信访局；和悦在青年地带番禺区桥南站建设的“合适成年人介入服务模式”，得到多方高度认可，2018 年更是受广州市民政局的邀请，在广州市领导干部培训班上进行项目经验分享。

经过 7 年的坚持和努力，和悦在擅长的服务领域逐渐在各个社区和服务购买方中产生影响，越来越多购买方、政府单位的主动邀请，合作伙伴的主动联系，都预示着和悦的品牌在得到认可和推广。

二、“和悦”品牌建设的经验与启示

2017 年，和悦通过一系列严格的考核和评估，最终获得“广州市品牌社会组织”殊荣，这是 120 多名和悦人在过往 7 年共同努力的结果。和悦的品牌创建历程，主要有以下经验总结分享。

经验一：坚持党建引领。和悦始终坚持“党建引领”，在党和国家的各项方针政策指导之下开展工作。和悦非常注重党建工作，坚持党的思想统一。除了广州和悦以外，番禺和悦、顺德和悦、高明和悦等都先后成立党支部。由于和悦 120 多名员工当中，不乏来自外地的同工，他们的党组织关系留在原籍，未能迁移到广州。为此，机构成立了“和悦党员活动中心”，定期组织机构内部党员和流动党员，一起开展党员活动。在党的引领之下，和悦人始终走着正确的道路，在清晰的方向上推动着社会服务的发展。

经验二：坚持人才队伍建设，和悦人即和悦品牌。和悦始终以开放包容的态度吸纳各类人才，坚信“人即品牌”，每一名同工站出来都可代表和悦。

以机构管理团队为例，综合管理部的总干事由在企业从事管理工作超过30年的资深人士担任；服务部的总干事在社工领域沉淀10年，从一线社工逐渐发展为项目管理者，实务与管理能力兼备；发展部的总干事是应用心理学专业硕士，负责机构“心理+”品牌建设工作。

和悦各家综的主任和专项负责人，均有超过5年的服务经验。机构定期举办主任级团体督导、退修营、演讲训练等活动，促进管理团队互动交流、彼此学习，不断进步。各项目点的负责人都得到购买方、合作伙伴、服务对象的高度认可。

和悦的基层服务团队，主要由年轻的前线社工组成，社工们虽然大多年轻，但充满活力和热情，追求专业的用心亦处处可见。机构每年被评选的优秀案例，均是来自前线社工的建设。

经验三：和悦服务，品牌服务。作为一个社会服务组织，和悦最主要的产品便是服务，因此，对服务专业性、品牌特色的追求，是和悦人始终秉持的态度。

和悦的服务以“心理+”为核心，运用心理学专业元素于社工服务中。例如，各项目负责个案工作的同工，在机构的统一培训督导下，主要运用“家庭治疗”的相关理论进行个案辅导工作；随迁儿童的相关服务，则主要运用“艺术治疗”与“行为治疗”的相关理论手法。

除了“以专业手法打造品牌”之外，和悦亦通过“经验传播”来凸显和悦的品牌影响力。如前所示，企业社工服务从基础前线服务，发展到为行业制定标准体系的阶段，机构先后在南海、顺德、高明等地接受相关政府职能部门的委托，制定行业标准、评估体系以及课题研究，成为专项领域的示范。和悦不仅追求做好自己的基础服务，而且不断努力将服务过程中积累的经验进行提炼和传承，以求站在更高的层面为行业发展作出贡献。

经验四：和悦品牌，和悦呈现。具备品牌内涵之后，也要注重品牌的呈现与传播。关于品牌识别系统的打造，和悦一直非常用心。从理念识别系统（使命、愿景、价值观）的确认，到视觉识别系统（机构 LOGO、工衣、宣传物品）的设计、到机构文化（党员活动、员工生日会、传统节日福利等）的建设，再到传播工作（机构宣传片、年刊、书籍出版等），和悦从未懈怠。品牌呈现与传播，对内是提升同工归属感与凝聚力的重要举措，对外让更多的人认识和悦，认识广州社工为行业奉献自己应尽的责任。

三、“和悦”品牌的未来发展与深化

2017 年，对和悦来说是意义非凡的一年，获得“品牌组织”的荣誉，并非和悦可以自满的终点，相反，这才是真正开始。

首先，和悦将继续深化品牌内涵“和而不同，悦吾身心”。“和悦”二字，不仅代表着机构的愿景——建设一个人人有力量、社群兼相爱的“和悦社会”，而且也是每一个和悦人的精神指导，无论内部团队，还是外部服务对象、合作伙伴，皆可“和而不同”，而和悦人会用专业的高水平的服务让更多的人能够“身心健康而喜悦”。

其次，和悦将继续在品牌实践的道路上，助力政府，引领行业。将更加积极响应政府部门的号召，通过公益扶贫工作、参政议政等行动，助力政府，共同推动行业的整体进步。同时，和悦也会继续在专业服务的扎实基础之上，提炼经验、分享经验，打造更多可以示范和引领行业发展的服务项目。

最后，和悦将从更进一步的广度、深度来传播和悦的品牌，运用新媒体平台、更多的合作伙伴，呈现和传播机构服务，让“优质服务”都能具有杰出的影响力，为更多服务对象和整个社会服务行业带来更大的福祉。

聚焦流动人口　共建融合社区

广州市法泽城市与公益研究中心

一、“大战略与小机构”：法泽的成立与发展

（一）机构成立背景

自1998年党的十五届三中全会第一次提出“小城镇，大战略”的口号以来，城镇化问题，以及作为该问题核心之一的流动人口大量进入城市的现象，一直是中央政府所关心的21世纪中国发展战略问题[①]。在这个过程中，城镇化改革、户籍改革、基层社会的变化和相应的治理问题日渐突出。而在广州，城镇化问题与流动人口融入问题的最集中体现当属“城中村”。这些地区以低廉的房产价格吸引了大批刚到广州、缺乏当地根基的外来和农村人口。但是因为这些地区的土地制度与城市腹地不同，仍然施行以集体所有制为主的土地所有制度，因此其内部的城市基础建设和公共服务较城市腹地而言，显得简陋而不足。外来人口“蜗居”此地，不能像城市本地户籍人口一样享有同样的公共服务，使得社会问题丛生。

广州市法泽城市与公益研究中心（以下简称法泽），正是应中国快速城镇化，大量外来工进入城市成为“流动人口”的这个大背景下，在广州的一个城中村里成立的。2013年，法泽发起人吴治平在经过对三元里松柏社区数个月的实地考察调研之后，发现这里作为广州最早的“城中村”社区，聚集大量的流动人口。在历经20多年的发展之后，当地的基础设施、市容市貌虽取得长足发展，但是针对流动人口的公共服务仍有发展空间。

① 李铁：《城镇化是一次全面深刻的社会变革》，北京·中国发展出版社，2013年版。

这会为法泽在该地进行深入的公共服务创新和研究提供很好的土壤。

2013 年 8 月 8 日，法泽正式挂牌成立。扎根于流动人口聚集的“城中村”，法泽力图通过社区教育和社区工作的方式，培育和服务流动人口，帮助他们实现城市融入和融合，探索流动人口社区可持续发展和基层协同治理机制的建立①。

（二）机构发展情况

法泽成立后，以“做推动流动人口社区治理创新的民间智库”为使命愿景，以“平等、协同、共治、共享”为价值观，遵从“行动 + 研究 + 倡导”的方法论，致力于聚焦外来工及其子女的社区融入和社区教育，携手国内外民间组织、企业、政府和社会热心公益人士，开展当代中国城镇化与社会公益方面的研究和社区公益活动，以促进城市与社会建设的协调发展。而在法泽的发起人和理事成员中，既有多年专门从事城市与公益活动的著名社会活动家和社会公益组织负责人，也有具有广泛社会影响的专家，他们不仅具有深厚的公益理念和奉献精神，还在长期公益活动中积淀了独特有效的项目管理和执行经验。在法泽的发展历程中，他们的理念和经验都为组织的发展作出不可忽视的贡献。

从 2014—2017 年，法泽先后执行 52 个项目。这些项目之间互相关联，全部紧密围绕“外来流动人员的社区融合”这一主题，并同时确保项目每年的提升、深化，其探索性、开创性，使之在广州的众多公益机构中脱颖而出，创造众多的典型示范案例，发挥行业引领作用。当中，最为突出的项目包括：

2014 年，法泽在三元里建立广州首家“城中村”外来工幸福活力社区，开启广州市第一家为外来工子女服务的“流动儿童亲子早教公益项目”。

2015 年，法泽建立全国首家植根城中村为外来工服务的“三元里社区大学”。

2016 年，法泽参与创建三元里融合社区“五个一”（即一个来穗党支部、一个融合服务站、一个融合学堂、一个社区共治议事会、一个社区志

---

① 吴治平：《法泽城市与公益中心简介》，2018 年。

愿服务队），创造出流动人口社会融合的典型案例。

到2017年为止，法泽的服务项目款总金额已经达到1200万元，历年直接、间接受益总人数超过5万人，服务人次接近10万人次。法泽的服务也获得行业和社会的一致好评。法泽多次参加国内外的交流合作，在社区建设、流动儿童早期教育等领域深受认可，国内外媒体报道超过400篇，其中多篇发表在《人民日报》、新华网等国家级主流媒体上。

法泽在社区建设、社区治理方面的成就，也得到省、市、区各级政府的一致好评。从成立至今，法泽先后承接政府委托项目19个，项目款项额度达到405.8万元。到现在为止，法泽在组织方面获得的重要认可，包括如下几项：

2016年1月25日，广州市人民政府办公厅（穗府办函〔2016〕第15号文）印发《广州市来穗人员融合行动计划（2016—2020年）》的通知，文中正式明确：白云区三元里街为全市基层能力建设社区融合创建试点基地。

2017年4月，三元里融合社区建设获广东省“粤治理——治理现代化”政府治理创新优秀案例奖。

2017年10月，三元里社区共治议事会作为中国基层民主政治建设创新入选中宣部组织的“砥砺奋进的五年”大型成就展，习近平总书记率中央政治局常委、委员参观展览①。

二、“精确、实在、高质量”：法泽品牌发展经验

通过服务经验的积累，法泽逐步形成了自己的品牌战略目标：以机构为中心，建成城市社区创新实验基地，并在此基础上，围绕城市公益主题，加强与政府、企业和社会组织合作，整合社会资源，建网络、做范本、创品牌，努力实现法泽机构的可持续发展。围绕这一目标，法泽总结出以下几大品牌创建经验。

（一）品牌建立的基础：精确了解服务对象需求，不断提高服务质量

法泽认为，要让服务贴合服务对象需要、满足服务对象需求，就必须

---

① 吴治平：《法泽城市与公益中心简介》，2018年。

在服务的过程中时刻与服务对象保持紧密接触，通过访谈、实地观察等工作，收集必要信息，打好服务基础。比如，在社区大学成立前，法泽共组织 4 场座谈会，完成 233 份调查问卷，对 20 多名本地居民和外来人员代表进行深度访谈。通过这些调查，法泽全面清晰地了解社区居民需求，在此基础上设计免费的“亲子早教班”“留守儿童暑期成长班”“商务英语班”“演讲口才班”“妇女护肤美妆和美甲班”等精准的教育服务课程[①]。

法泽在品牌项目服务中，不断加大投入，邀请专家讲师，以保证项目服务的专业性。同时，又从受益群体中挑选适合人选进行专业培训，让服务的内容能够更加“接地气”、紧贴居民需求。通过这些措施，法泽各品牌项目一直受到服务对象的好评，也成为法泽这一社会组织品牌建立的基石。

（二）品牌的推广：以服务为桥梁，搭建交流平台，增强居民认同

在为社区居民提供服务的基础上，法泽积极搭建居民交流平台，建立与居民的联系，增强居民对机构的认同感。例如，从 2014 年开始，法泽就开始在社区中举办以来穗务工人员生命故事为主线的“外来工写作班”，鼓励居民通过写作的方式，说出自己的故事、交流自己的心声。通过举办写作班，许多来自外地、定居于松柏社区的居民通过讲述自己的故事，重新回顾自己来到广州、融入广州的过程，增强对本地社区的认同感，增强自己的表达能力，促进彼此之间的交流，更在这个过程中建立起对法泽的信任。

除了法泽自己开展的服务，法泽也大力支持居民自发参与、组建服务和兴趣班。例如，由社区内两湖籍居民自发组建的洪湖合唱队，由外来居民自发提出、自发召集组建的商务英语班等，法泽都鼓励、强调居民在服务的成立和运作过程中的作用，建立他们的社区主人翁意识，增强他们对社区管治的责任感[②]。在机构所在社区，法泽在居民之间已经形成了口碑，

---

① 王聪、郭珊：《外来人口如何融入城市参与社会治理?》，2018 年 5 月 4 日《南方日报》，第 A03 版。

② 王聪、郭珊：《外来人口如何融入城市参与社会治理?》，2018 年 5 月 4 日《南方日报》，第 A03 版。

被视为信得过、可依靠的社会机构。这与法泽长期对社区居民的经营密不可分。

（三）品牌的创新：帮建社区共治平台，创新居民自治

在为居民提供服务的基础上，法泽还大力发展居民的社区参与意识，搭建平台，让居民主动参与到社区共治之中。2016 年，法泽联合所在社区的流动人员党总支以及街道办等机构，共同成立三元里社区共治议事会。议事会成员分别由 6 名社区居民、6 名来穗人员担任，由 1 名基层治理组织（街道）人员担任理事长①。在这个过程里，法泽不仅对共治议事会的建立进行理论上、组织上的支援，还在议事会建立后持续为其提供支持，帮助机构站稳脚跟、稳定发展。通过这些帮助，法泽有效保证了当地居民真正实现居民自主，有能力有序参与社区建设和社区治理②。

2018 年 6 月，法泽发起成立法泽社区公益基金会。基金会从三元里辖区的商会协会和爱心企业家处募得款项，以公开透明的方式，从现有品牌出发，资助社区的优秀公益项目③。上述在社区共治领域的崭新尝试在广州市的社会组织中具有创新示范意义，这让法泽在广州地区的社区治理问题回应方面起到领先带头的标杆作用。

（四）品牌的巩固：发挥党组织与党员先锋模范作用，将社会组织营运与党的领导相结合

2016 年，三元里社区建立全国首个由社会组织负责担任流动外来工党支部书记的来穗人员党支部，法泽理事长吴治平当选为第一任党支部书记，2017 年党支部升格为来穗人员党总支，吴治平当选为党总支部书记，这是将社会组织与党组织结合的新尝试。在日常的党员组织活动以外，法泽团结不同地域来穗流动党员，将党员培育活动与社区服务相结合，将来

---

① 人民网－广东频道：《三元里街道成立广州首个社区共治议事会：多元共治 一事一议》，2016 年 6 月 27 日。

② 王聪、郭珊：《外来人口如何融入城市参与社会治理?》，2018 年 5 月 4 日《南方日报》，第 A03 版。

③ 宋昀潇：《广州首家社区基金会在白云区成立 致力于推动社区融合自治》，2018 年 6 月 21 日，金羊网。

穗党员组织成党员志愿服务队，让党员们在学中做、在做中学，紧抓社区服务问题痛点，一方面解决社区需要，另一方面也让党员对社区的共融、共治拥有深入而充分的理解。这支服务队深入社区，开展矛盾纠纷调解、社区环境整治、社会治安巡逻、特殊群体维稳等服务①，不但充分发挥来穗党员在创建融合社区中的骨干带头作用，还让法泽收获一支优秀的志愿者队伍，帮助社区找到新的基层治理方略，实现党建和社区服务的高效结合，使法泽作为社会组织品牌在大众及政府机关中的认知度进一步得到巩固。

三、"深、广、精"：法泽未来发展战略

（一）精研品牌项目，加强品牌影响，打造国内国际具有信用度的社会组织品牌

对于法泽来说，对品牌项目的深度打造，是保证法泽作为社会组织可以继续在行业内维持领先地位的基础和前提。原有的品牌项目，如"三元里社区大学"以及"神奇亲子园流动儿童早期发展课堂"等，已经被证明其模式在全国各地推广复制的可行性。尤其是神奇亲子园项目，已经在全国拓展了23个社区点，为数以万计的流动家庭带去他们急需的早期亲子教育服务。在未来，法泽将会继续立足于服务对象的需要，进一步提升服务质量，同时加强品牌价值，通过提升品牌项目品质、扩大服务规模，营造在国内外具有影响力和信用度的公益项目和组织品牌。

（二）着力联合社会资源，促进机构可持续发展

在品牌发展过程中，法泽深切地认识到，光靠单个组织"单打独斗"，所能做到的事情是有限的。法泽在发展中，总是注意链接社会各界资源，以保证机构可持续发展。

截至目前，法泽已经在各个方面与社会各界不同组织建立紧密合作关

---

① 人民网－广东频道：《三元里街道成立广州首个社区共治议事会：多元共治 一事一议》，2016年6月27日。

系。在财政方面，有来自中央财政支持社会组织示范项目，爱佑基金会、广州市社会组织公益创投项目，广州市政法委、白云区政法委等项目和机构的支持；在理论和技术创新方面，法泽常年与中山大学、华南农业大学等高校的社会工作系和科研机构等合作；在政策法规方面，法泽与各级民政局、卫计委、市委、区委相关部门在具体政策上有着深入的协同合作；在专业方面，法泽与各地专业社工机构、慈善及公益机构等有着广泛而深入的联系。

在未来，法泽会继续深化与各方的合作，建立更加稳固、可靠、长远的综合资源网络，为法泽在今后进一步的品牌发展打好根基、做好保证。

（三）继续发挥党员核心领导，加强组织示范作用

在近年的品牌发展中，法泽深切体会到机构内的党组织为机构的发展以及品牌的领先性所带来的深刻影响。党员是组织的精华，因此在项目和机构的发展中，用好党员、发挥党员带头作用，有利于机构在各方面保持先进性，与时代潮流同步。因此在未来，法泽也会重视机构内党组织的发展及对党员的培训。来穗人员党总支将会继续成为法泽党政工作的核心，发挥好它团结来穗党员、提高党员素质的作用。

创新引领发展　责任彰显品牌

广州市番禺区康园工疗站服务中心

一、责任与创新并重，发展与壮大齐飞

（一）“康园”的由来

残疾人工作是衡量一个国家政治、经济、文化和社会进步的重要标志，也是一个国家文明程度的体现。残疾人是一个数量众多、特性突出、特别需要帮助的社会群体，需要社区给予特别的扶持和帮助，更需要通过社区来实现参与社会生活。

自 1981 年以来，我国已在精神病防治康复工作上进行探索，经过长期的研究形成一套较为完整的工作模式。1991 年，中国残疾人联合会和政府有关部门按照“社会化、综合性、开放式”的途径、方式和方法，开展精神病防治康复工作实践。随着我国社会转型期的到来，社会竞争压力加大，人口和家庭结构变化明显，精神障碍类疾病患病率有上升趋势，由此带来的社会问题也日益突出。为维护社会稳定、提升残疾人社交和就业能力、减轻社会和家庭负担，2006 年，广州市人民政府办公厅根据《关于印发〈精神病防治康复工疗站工作指导意见〉的通知》（〔1998〕全康办字第 009 号）和广东省人民政府办公厅《转发国务院办公厅转发卫生部等部门关于进一步加强精神卫生工作指导意见的通知》（粤府办〔2004〕115 号）以及广州市对社区工作的要求，结合社区残疾人工作的实际情况，制订《关于加强康园工疗站机构建设的工作方案》。“康园”意为康复者的家园，区康园工疗站服务中心是由区、县级市残联以政府主导、行业管理、政府购买服务为实现形式成立的民办非企业性质残疾人社会福利服务机

构，负责组织、指导、协调辖区内各镇街康园工疗站的组建、管理、发展以及产品的产、供、销，制订落实发展计划和康复训练项目。每个区、每条街道以社区为立足点，设一个康园工疗站作为区服务中心的连锁服务点，为精神病患者和智力残疾人提供以职业康复训练为主要形式的康复及辅助性就业服务。

2010 年，广州市残联、市民政局等有关部门联合发文，强调建设康园工疗机构，落实科学发展观、构建和谐社区、建设全省“首善之区”，是建设残疾人社会保障体系和服务体系的重要举措；2017 年在省领导的重视下“康园中心”网络建设项目纳入“省政府十项民生实事”；2018 年作为省委、省政府贯彻落实党的十九大决策部署任务重点工作之一。

（二）以责任构建品牌口碑

习近平总书记曾说：“创业要实，就是要脚踏实地、真抓实干，敢于担当责任，勇于直面矛盾，善于解决问题，努力创造经得起实践、人民、历史检验的实绩。”只有踏实做事，责任在心，才能服务于众，普惠于民。为贯彻落实上述文件精神，2007 年 7 月广州市番禺区康园工疗站服务中心（以下简称中心）正式注册成立。以社区为立足点，在各镇街开展连锁康园工疗站服务站点，为 16—60 周岁的精神病康复者、智力残疾人及其他类型残疾人提供日间托养、过渡性康复训练和庇护性就业等服务，通过开展工疗、娱疗、农疗康复服务，外展探访服务和个案辅导工作，促进残疾人身心健康，增强残疾人平等参与社会的能力。中心从成立之初的 2 个站点，经过 6 年的探索与发展，在 16 个镇街先后开办 20 个康园工疗站，站点覆盖全区，康园之花开遍社区。中心工作人员也从 7 人增加至 60 人，6 年来共为 783 名残疾人提供康复服务。

为更好地提供专业化、技术强、质量优的残疾人康复服务，2010 年中心与香港心理卫生会签订服务合作协议，引进香港先进管理经验和创新的服务模式，结合本土实际，开创具有番禺特色的残疾人服务体系，聘请香港社工督导为工作人员进行专业知识培训，并制定《服务规范标准及服务评审手册》，规范站点档案建立，定期与督导入户开展探访服务，学习个案处理方法，针对服务对象需求开展形式多样的职业训练和技能训练。

回顾过去的6年发展历程，中心经过探索、磨合、研究、总结，把康园工疗站从简单的托管形式、固定的管理模式、人员经验的缺乏、服务内容的单一、文档建设不完善，发展为活动形式多样化、管理模式创新化、人员培训技术专业化、档案建立规范化的残疾人服务机构，并在此期间“康园”工作获得政府及社会的认可，取得显著成效。2009年市桥街康园工疗站被广东省残工委授予“残疾人之家”；2010年石碁镇康园工疗站被广州市残工委授予“残疾人之家”；2011年12月市桥街康园工疗站被团市委和市残联授予“志愿在康园计划”市级示范站；2013年12月中心被共青团广东省委、省残联定为“志愿在康园”省级示范单位。

（三）以创新引领品牌发展

自2014年起，中心在工疗站原有的业务基础上通过招投标的方式相继承接成人肢体、智力障碍儿童、孤独症儿童、脑瘫儿童康复训练项目、社区精神康复综合服务中心项目和展能残疾人庇护工场等项目。目前工作人员114人，组建起以社工、心理咨询师、护士、康复治疗师为首的康复专业技术团队，本着“尊重、服务、创新、协作”服务理念，为不同年龄段的各类残疾人提供日间托养、居家康复、心理咨询、服药跟踪、庇护性就业等服务，服务总人数达2001人次。中心在成长阶段不断开拓创新、健全组织架构、完善制度管理、提高服务质量、丰富服务内容。先后设立了中心理事会、党支部、团支部、工会；制定《员工请休假制度》《考勤制度》等31项管理制度；组织《社工个案实务操作》《儿童口肌训练实操》等专业知识培训；成立“康园”志愿服务队；设计中心标识和吉祥物，并注册成为商标；研制“景泰蓝”“陶瓷”等特色产品工艺；开展“迎春花市嘉年华”“残障人士特殊马拉松比赛”“志愿在康园微心愿慰问活动”等品牌活动；创办中心微信公众号和网站、制作机构单张、季刊和衣服、联系媒体发布动态；加强与社联会、志愿在康园团队、暨南大学附属第一医院等100多个单位合作。

中心开办至今接待国内外如美国、中国香港地区、北京、浙江、湖北等参观交流团共30个，推荐残疾人外出就业人数达173人，机构服务得到家属及服务对象的认可，从康复者和家属满意度调查问卷数据显示，每年服务满意率均达98%以上。机构的工作也得到社会人士的支持和政府的肯定。2016年7月中心被番禺区社会组织评估委员会评为5A级社会组织；2017年6月中心党支部被中共广州市社会组织委员会授予“2017年度广州市社会组织优秀党组织”称号；2017年12月3日省残联在广东省文化馆举办2017年国际残疾人日暨第七届残疾人文化节系列活动，中心代表“2017年广东省十件民生实事之一社区康园中心项目”到活动现场接受广东电视台新闻故事会节目采访，分享残疾人康复经验；2018年1月中心获得“广州市品牌社会组织”称号；2018年1月番禺区4个工疗站，获得广州市志愿者行动指导中心、广州市志愿服务助残联盟颁发的“志愿在康园计划”“优秀志愿团队”称号。

二、汇集创建经验，激发品牌活力

（一）申报创建，打好基础

在品牌创建工作中，申报创建是首要步骤。社会组织管理局评审专家将对申报资料进行初审，从中遴选出50%为创建试点单位，因此在申报过程中把机构基本情况、硬件设施概况、内部管理、履职情况、综合评价等资料认真筛选整理，汇集成册工作尤为重要，初审能让专家通过资料内容对机构有初步了解，为考核检查阶段打好基础。

（二）解读指标，借鉴经验

积极参加广州市社会组织管理局举办的品牌社会组织创建单位能力提升培训和拓展交流活动，切实了解筹备评估指标所需资料，利用现场答疑环节明晰注意事项。组织创建团队到获评品牌社会组织的单位进行实地参观交流，带着问题去学习借鉴经验，充分了解评估资料的具体准备工作，并在创建过程中遇到疑问立即与相关部门联系，做到严格要求，保质保量。

（三）明确分工，自检自评

团队协作有助于创建目标的实现，在创建过程中，分三个阶段开展工作。前期根据评估指引及具体流程，迅速召开品牌创建筹备会议，明确责任分工和细化工作指标，确定工作时间节点和进度安排。中期多次组织召开专项小组会议，对创建实施进展实时汇报，遇到问题及时提出及调整，并根据指标板块规整资料，统一目录和封面装订成册。后期分小组对评估资料进行交叉检查，一方面能保证上报资料的客观准确，另一方面能找出问题便于整改，确保各项评估指标落实到位。

（四）模拟评审，迎接考察

在广州市社会组织管理局组织评审专家实地考察前，机构根据考察要求，开展模拟评审现场，在情景模拟中，查找不足，立即调整，做好迎接考察的准备工作。

三、缔造社会责任品牌，携手共创未来路

品牌是声誉，是故事，更是一种责任。一个“硬”品牌的背后，需要有责任理念、责任实践的支撑。中心深刻意识到，品牌不仅要为机构负责，更要为所在社区、地区乃至行业负责，坚持品牌道路需要自我创新和整个行业携手共进。

（一）拓展业务，创新服务

机构在5年内将抓住残障人士康复市场机遇，通过稳妥经营创新服务，实现主线业务快速增长，2018年将扩展儿童康复项目和精神康复综合服务中心服务区域及人数，未来将筹建2000平方米精神康复者中途宿舍。为各年龄段不同类别残疾人提供专业化、个性化和综合化的康复服务，最大限度地满足他们的康复需要，发展他们的潜能，使他们增长知识、获得技能、完善人格，提升其适应社会、回归社会的能力，实现康复服务全覆盖。

（二）督导培训，促进发展

机构10年内借助主线业务拓展辅线业务——督导培训服务，机构通过发展积累丰富的业务经验和成熟的管理模式，为其他同类机构提供技术督

导及管理培训服务，搭建健康良好的供需平台，铸造卓越的特殊康复品牌，发挥品牌社会组织以点带面的辐射作用。

（三）加强沟通，合作共赢

机构将围绕残疾人服务积极联系政府部门、爱心企业及其他社会组织，开展交流沟通活动，创新助残项目，做到信息发布、物资募集、专业支持和服务行动等功能合理分化，促进机构参与社会管理和服务的能力，实现政府与社会良性互动，提升品牌社会组织影响力。

（四）结合社联，强化宣传

品牌社会组织的发展离不开社会组织联合会的支持与引导，机构将借助社联的平台积极举办、参与多样化的社区公益活动，通过发挥自身社会功能活跃在基层，强化社会组织在民众心中的正面印象，同时及时向社联反映社区居民的需求和建议，实实在在做实事，更好地发挥品牌社会组织的价值推广作用。

栉风沐雨 砥砺前行

广州市普爱社会工作服务社

2006年10月，中共中央十六届六中全会通过《关于构建社会主义和谐社会若干重大问题的决定》，首次全面、系统地阐述社会组织相关思想，明确提出要健全社会组织，增强服务社会功能，坚持培育发展和管理监督并重，完善培养扶持和依法管理社会组织的政策。该决策开启国家社会组织快速发展的序幕。作为改革开放的前沿，广州市在社会组织的发展方面亦先试先行，率先开启“党委领导、政府负责、社会协同、公共参与”的社会治理格局。

与此同时，在政府购买社会工作服务、机构成立一次性资助、孵化基地培育等综合支持措施的推动下，广州市普爱社会工作服务社（以下简称普爱）在这样的发展浪潮中孕育而生，逐渐成长为一家从事专业社会工作服务的社会组织。作为广州市品牌社会组织之一、广州市首家获得5A级社会组织评估的社会服务机构，普爱的成长历程可谓是社会组织中社工机构发展的缩影，富有典型性和借鉴意义。

一、先生存，再发展

（一）萌芽期的倔强成长——“想办法养活自己”的企业家精神

《社会组织品牌管理》一书中提到，社会组织发展除了立法不完善等客观因素限制外，还有定位不清、内部管理不规范、项目运作能力不足等自身弱势需要克服，而要突破这些发展局限，社会组织必须要有企业家精神①。

普爱于2010年由港资企业高管——纯粹极致“企业家精神”的代言人创办成立。普爱的粤语发音“POAI”在普爱社工的眼里，也有着其独特的注解——Profession（追求专业）、Orientation（坚持目标）、Action（立即行动）、Innovation（不断创新），这便是专业、高效、创新、精准的企业家精神。机构从无到有，在承接政府购买家庭综合服务项目探索时，遇到不少困难，正是凭借“POAI”的企业家精神，筚路蓝缕，走到今天。

普爱理事长吴娟回忆那时的情况：“还没拿到项目的时候，资金紧张，为节约开支，机构办公室设置在一个‘家具无几、家徒四壁’的仓库里，我们几名初创人就这样干了起来，当务之急是赶紧拿项目，否则机构的运营很难维持；我们几个查阅资料、走街串巷，调研分析街道社区群众的需求，结合街道社区治理的需要，在街道办领导面前‘精准游说’，拍胸脯承诺，我们不是最好的机构，但我们一定是最努力的机构!”凭借前期刻苦充分的准备，普爱获得四个家综项目，开启了发展序幕。

（二）茁壮期的艰难平衡——清晰定位业务发展，规范化与人性化并重的管理

作为初创社会组织，机构对于初始阶段的定位十分清晰——积累经验，做好、做精家庭综合服务（以下简称家综）。但由于整个广州的社工行业在当时都在初始阶段，几乎没有经验可借鉴，每件事务都是新的开始。普爱理事长吴娟回忆：“不少项目书都需要社区调研，但当时社会工作对居民街坊而言也是陌生概念，介绍什么是家综，对方没听说过，更未见过，社工邀请他们做需求调查也不容易。于是我们就去买了一批小牙膏作为礼品，吸引居民过来填问卷。人云‘万事开头难’，我们与购买方、服务对象一起，摸着石头过河，有困难就想尽办法去克服，回忆起来，真是一段艰辛却也不乏快乐的日子。”

业务方面的困难，借鉴毗邻香港发展的先进经验，一起学习；但在内

---

① 广州市社会组织研究院、广州市社会组织联合会：《社会组织品牌管理》，北京·中国社会出版社，2017年版，第22页。

部管理方面，一些问题也接踵而至，只能靠自己摸索前行，学会平衡。

在社工机构中，管理者与员工的关系更多强调平等与尊重，强调同理心，管理者需要与员工充分沟通，才能达到任务目标。有时，社工期待机构管理者用对待服务对象的原则“平等、尊重、接纳”来包容他们的工作过失，管理者一旦实行惩戒措施，就会被标上“不人性”的标签，社工机构普遍默认的管理文化就像一股暗流，冲击、撕扯着效率与效能——这是社会组织长足发展的关键词。但在社工人才流动率很高，人才难寻的大环境下，只有不断调整管理方式，平衡两者冲突，督促管理者站在员工的角度思考，才可解决问题。管理者不仅要做员工的业务督导，还要做员工的情绪督导。就这样，经历了几年阵痛期的“养分吸收”，机构茁壮成长，开始思考品牌的打造。

（三）盛放期的自省创新——积累基础业务经验，自主发展打造品牌项目

普爱发展前期以承接家综服务项目为主，服务范围涉及广州市黄埔区、越秀区和番禺区。在运行家综几年后，机构番禺区某家综一线社工经过调研后发现，当地有大量残障服务对象存在出行需求，而通过对残障人士及残联等有关部门的走访发现，限制残障人士出行的主要原因是缺乏相应的出行工具以及配套的出行服务。为此，普爱组织残障服务领域的社工到具有接近 50 年残障人士出行服务经验的香港复康会进行交流“取经”，将“复康巴士”的服务模式引进广州市的助残服务之中，开始筹款、购置改装巴士，培训社工和司机，于 2013 年 10 月开始提供复康巴士出行服务。对此，残障服务对象接受电视采访时感慨落泪：“我十几年没行过街了，感谢政府的关爱，感谢社工。”政府相关领导评价“直接提升残障人士的幸福感”。该项目也获得广州市首届“十佳社工行业专项”“全国百强社工项目”“广州市最具创新力项目”等多项荣誉。

这便是机构第一个自主发起的专项项目——“普爱复康巴士服务项目”的起源和发展。其后，机构又陆续发起“小天使义工合唱团”“晨曦司法社区矫正”“特殊学习需要儿童服务项目”和“普工英义工服务”等品牌服务项目。由于贴合社区居民需求、具有公益倡导力，这些项目陆续

获得政府相关部门及行业协会的资金支持，实现可持续发展；随着项目影响力的不断扩大，更多社会爱心人士加盟支持，又促进机构品牌及口碑的打造，形成良性循环。

对此，机构负责人总结：“普爱复康巴士项目并非凭空而来，而是基于我们良好的家综服务基础上发掘的居民需求，主动向有经验的香港复康会学习救助，发起各种筹款活动，才让项目一步步走到现在；社会组织要发展，依靠政府主动拨款资助，是很艰难的，要用你的信誉、你的能力、你的服务成效去说服政府和社会大众支持你，这需要社会组织自己去提升项目运作能力和品牌打造能力。”

二、品牌社会组织创建经验

（一）强化党建引领作用，为机构发展提供坚实保证

机构历来非常重视党建工作，于2013年便成立普爱党支部，充分发挥党支部的战斗堡垒和政治核心作用。在市社会组织党委的正确领导下，普爱坚持把支部建设作为关键，以夯实管理、融党建工作于社会服务当中，将日常服务与党建工作有机结合，为党员学习与交流提供形式多样的平台，充分发挥党支部的战斗堡垒作用和党员的先进模范作用，确保各项工作的有序开展。

社工在日常工作实践中，接触到较多有服务需要的社区困难群体。对此，党支部密切关注社区问题并发挥积极作用，指导、协调、参与项目点开展社区问题介入工作。譬如在越秀区六榕街，家综与街道办事处共同开展社区“微心愿”活动，普爱党支部全程参与组织与策划，发动辖区内机关事业单位以及整合社会资源，为58户困难家庭募集电器、家居用品，提供爱心早餐、出游等服务。

此外，党支部与六榕街家综积极联合街道职能部门，整合辖区内相关资源，在街道办和居民委员会的支持下于2014年组建旧楼加装电梯的自治联盟，由支部党员牵头，发动社区热心居民参与。通过社区宣传，让居民对自治联盟加深了解，也培育社区党员骨干的力量，在宣传中招募成员，培育居民骨干，提供包括加装电梯的法律法规与流程、沟通技巧等培训。

经各方努力，目前社区共加装 14 台电梯，800 多户居民受惠。

普爱党支部先后获得“党的工作争先创优示范点”“2016 年社会组织党建示范点”，普爱党员社工也连年荣获优秀党务工作者、优秀党员称号。

（二）以提升业务能力为根本，做好品牌打造工作

首先，要以提升业务能力为根本，找准定位。机构要从力所能及之处做好项目，项目要注重服务群体需求的回应性，切忌盲目求“大”。服务不在于“做大做强”，而是做得有意义、有成效，回应需求与可持续发展才是最重要的。

其次，要加强品牌项目的营造管理。一个有服务成效的好项目，需要不断地去强化项目的品牌，让大众熟知，强化大众对项目的知晓度。

最后，要注重机构自身的品牌建设。在为项目筹集资源时，机构自身的行业形象、信誉度、美誉度是捐赠人评估机构所运营项目的主要依据，尤其在短时间内难以充分展示项目的时候，机构在业内的美誉度将直接影响到捐赠方的捐赠意愿。

（三）注重规范自身建设，健全内部管理

建立和完善权责明确、运转协调、制衡有效的法人治理结构。机构自成立之初，便按照广州市相关政府部门的规范指引，完善法人治理结构，设立理事会、监事（会）组织机构，定期召开相关会议，明确各自的职责分工。例如，普爱的理事会由社工行业资深社工管理人、职工代表及无利益关系人士组成，其提出的不同立场建议可对机构的发展起到取长补短的作用。

完善社会组织内部管理制度。按照《中华人民共和国会计法》和《民间非营利组织会计制度》等规定，机构建立完善财务管理制度；根据《中华人民共和国劳动法》，健全人事管理制度、健全从业人员管理制度；根据广州市对社会组织的相关管理指引，健全资产管理制度，建立健全业务活动、项目管理、会议、印章、档案等各项内部管理制度，确保机构的各项工作有条不紊、有据可依地进行。

（四）设立品牌社会组织迎评小组，积极部署迎评工作

在准备广州市品牌社会组织迎评之时，普爱机构便在内部明确参评的重要性，这不仅是社会组织主动接受相关管理部门的监管要求，亦是宣传机构、提升自我形象的一次宝贵机会。

确定迎评之后，机构设立迎评小组，通过周密部署、合理分工，根据工作时间推进表积极做好各项迎评工作准备；通过与评估组织方的充分沟通，将标准清晰吃透、内化于心；最终规范整理迎评材料，清晰的指引及充分的证明材料让评估专家一目了然，清晰了解。

参评过程也促进机构自检，促使机构自我反思在管理中可完善的空间，亦促进机构各部门团结融合，从而更好地完善自身建设，更好地发挥社会组织活力。

三、快八岁的普爱，还有很长的路要走

获评“广州市品牌社会组织”既是普爱人的荣誉，更是普爱人百尺竿头，更进一步的动力，普爱社工将围绕“最值得信赖的社会服务机构”这一品牌战略定位，夯实专业服务基础，提高服务专业品质，创新专业服务模式，为打造值得服务对象信赖的专业社会服务品牌不懈努力。

一是普爱将继续加强党支部的思想、组织、作风建设，不断优化创新现有的工作及服务制度。助力党支部和服务团队能更高效、高质地服务社群，努力使党支部工作再创新局面、再上新台阶，建设一支充满朝气、党性强、求真务实、奋发有为、勇于创新的社工党员队伍。继续抓好团员、青年业务骨干队伍的培育和建设工作，开展多种形式的思想教育活动，引导团员、青年业务骨干在岗位上发挥自己的才能。在组织发展工作方面将指定专人负责培养团员、青年业务骨干入党的工作，不断壮大党员队伍，为党的事业和社会服务发展培养人才。

二是普爱将继续立足社会工作服务，在新阶段找准发展定位，贴合社区群众需求，创新社会工作服务项目。以普爱穗东街家庭综合服务中心为例，穗东街高达80%的常住居民为外来务工人员，这些新市民的子女随父母来到广州读书、春节时期过来与父母团聚，他们对广州、对生活的社区

不熟悉，有着了解穗东本土文化、熟悉社区、搭建社区人际网络的需求。因此，穗东街家综创新设计“文化冬令营——小雁们的美好社区之旅”项目来回应服务需求。通过对本土文化的学习、加强外来务工人员子女认识和了解本土文化，感受到本社区的美好，提升对社区的归属感；同时学会关爱残障人士，通过切身体验、学习和认识社区无障碍通道并进行倡导，用自己的力量带动社区居民关爱社区困难群体，共建小雁们心中的“和谐美好关爱社区”。

三是培育建立社工机构人才队伍，激发和培养社工机构人才对社会组织及行业发展的使命感和荣誉感。一支专业化、职业化的社工队伍是社工机构开展服务的技术支持和人才保障，机构将优化科学合理的薪酬福利制度，建立健全系统化的培训机制和督导机制，设置分层次、分领域的社会工作职业成长阶梯，协助社工制订与机构发展目标相适应的职业生涯规划，多角度激发和培养社工人才对社工机构及行业发展的使命感和荣誉感。

道德实践　大同之路

广州市大同社会工作服务中心

广州市大同社会工作服务中心（以下简称大同）是广东工业大学和民政系统共同培育的一家专业社会工作服务机构，是广州社会工作发展的一个缩影。大同于2008年6月6日在广州市民政局注册，属于非政府、非营利、公益性的社会服务机构，实行理事会下总干事负责制。主要承接政府购买的社会工作服务项目，定位于综合服务提供者，服务范围涵盖困难群体服务、家庭服务、长者服务、儿童青少年服务、残障人士服务、就业服务、禁毒服务、志愿服务、社会组织培育等。10年来，大同逐渐壮大，平稳发展，取得丰硕成果，队伍由最开始的6人逐渐扩大到310人，合同资金由最开始的每年24.4万元增加到现在的每年近3000万元，在广州的荔湾区、番禺区、从化区、南沙区、海珠区、白云区、越秀区等地区提供社会工作专业服务。建立党组织、工会、共青团等组织，支持创办汶川大同、深圳大同、湖南大同、厦门大同、昆山大同、北京恒远等25家社工服务机构。2008年率先发起支援汶川地震灾区，随后支援边疆少数民族地区和贫困地区社会工作发展。2009年在汶川曾向中共中央政治局委员、广东省委书记汪洋汇报社会工作，2012年被中国社会工作协会（现中国社会工作联合会）评为全国先进社工服务机构，2014年评为5A级社会组织，2018年1月评为广州市品牌社会组织、全国首批社会工作服务示范单位，并连续两次评为全国百强社工服务机构，为广东工业大学“国家社会工作专业人才培训基地”和“广东省社会工作专业人才培育单位”联合单位，广东省社会工作专业人才培育重点实训基地，广东工业大学研究生联合培养基地。2012年荔湾区海龙街家庭综合服务中心项目被民政部评为全国社工优秀服务项目二等奖。

一、发展历程：十年砥砺，稳健前行

2006 年党的十六届六中全会通过《中共中央关于构建社会主义和谐社会若干重大问题的决定》中提出为了建设社会主义和谐社会必须建立宏大的社会工作人才队伍。次年，民政部在全国启动首批社会工作试点工程，荔湾区成为广州市唯一试点区。广州大同的建立成为广州首批社会工作试点工程的一项成果。

（一）创建期（2008—2010 年）：使命感下的先行探索

广州大同是广东工业大学社会工作专业教师刘静林领导创办的。在国家开始加快推进社会工作专业化和职业化进程以及广州启动社会工作试点工程之际，机构成立得到广东工业大学和广东省、广州市、荔湾区民政系统的大力支持，并于 2008 年 6 月 6 日在广州市民政局注册成立。荔湾区民政局在芳村免费为大同提供近 200 平方米的办公场地及充足的办公设施设备，并以政府购买服务方式向大同购买“花地街道低保人员再就业服务”和“冲口街道‘农转居’困难人员再就业服务”，项目经费合计 24.4 万元。政府扶持民办社会工作服务机构的做法受到媒体及社会的关注，《广州日报》以《政府出钱，专业机构搞定就业难题》为题进行报道，一时间广州政府购买社会工作服务成为媒体关注的热点。

大同建立后便与广东工业大学合作开展“广州外来青年女工生殖健康服务”。在该项目中的出色表现，带动了后续一系列项目，于是大同大力开展公共卫生社会工作服务，主要服务内容为艾滋高危人群干预。在亚运会背景下，大同的服务范围很快从荔湾区延伸到其他行政区，机构活力逐渐显现。

2009 年民政部启动第二批社会工作项目试点，广州共启动 33 项社会工作服务项目，大同争取到 7 项，覆盖到荔湾区、番禺区、萝岗区等区，这里要特别提到大同这时开始启动荔湾区东漖街道社区戒毒社区康复社会工作服务项目（后来发展到多宝街道禁毒服务项目）。至此，大同服务队伍扩大到近 30 人，初具规模。这为随后而来的街道层面的社区综合服务中心（后改为家庭综合服务中心）项目打下了坚实基础。

这一阶段大同还建立了党组织，主要依托社区开展小型专项服务，并提出“做勇者、做先行者，做探索者”的口号。

（二）发展期（2011—2015 年）：幸福广州建设下的主动担当

民政部门支持民办社会工作服务机构在社区开展的小型专项服务取得良好效果。作为一种在基层提供公共服务的新兴方式，引起了正在大力开展社会体制改革创新探索的广州市委、市政府的高度关注。

2010 年，广州决定在街道实行家庭综合服务中心制度，由政府提供场地、设施设备及 200 万元运营资金，选取 20 个街道试点。大同积极响应，主动参与，并在 20 个试点街道里争取到荔湾区海龙街道、从化区街口街道、南沙区珠江街道 3 个街道的家庭综合服务项目。值得一提的是，大同承接的首个家庭综合服务项目海龙街道家庭综合服务项目把社区禁毒服务纳入，这是大同后来发展禁毒服务的重要因素。广州全面铺开家综服务后，大同又争取到萝岗区永和街道、天河区龙洞街道、海珠区琶洲街道、荔湾区中南街道的家综服务项目。至此，大同共承接 7 个街道的家庭综合服务中心项目。这些街道综合服务的特点是社区化、项目化、社会化、市场化、综合化、专业化。为此大同提出学习、服务、研究三位一体。大同期望作为骨干要具备政策、管理、专业实务、行动研究 4 种能力。在街道与政府合作开展服务要注意整体性、规划性、参谋性。做服务要注意问题导向、需求导向、资产导向。要注意服务对接网络、资源支持网络、专业转介网络三大网络建设。

随着大同队伍规模发展到 200 人左右，年合同资金达到近 2000 万元，大同进入快速发展期。为专注做好家综服务项目，大同逐步放弃公共卫生服务项目。在开展困难群体、特殊群体服务的同时，开始拓展社会组织培育业务。成立服务质量管理等部门，鼓励骨干人员读研究生，创立分级项目主任制度、站点适度自主发展制度、大同联盟制度、强化培训部职能、健全实习生制度、员工福利加强制度等。进一步发挥党组织的先锋模范作用，成立工会、共青团等组织。这个阶段机遇与挑战并存，全体感觉压力很大，号召大同人积极参与政府和行业组织举办的各项活动，大力举办和参加专业服务及管理方面的培训，协办全国性学术研讨会，独立举办国际交流学习班等，虚心向同行交流学习，以主人公的姿态积极参与推动行业建设与发展。

（三）品牌期（2016—2018 年）：社会治理创新下的积极勇进

经历了几年的“提升内涵、适度发展”后，如何将服务进一步做精做细做专，形成标志性品牌是大同必须思考的议题，于是大同把 2016 年定义为“品牌建设年”。机构党组织更好地发挥模范带头和引领作用，机构组建品牌创建工作领导小组，开展品牌建设培训，进行品牌建设研讨，加强品牌建设的督导，服务方案设计强调品牌观念等。要求在机构、项目、子项目各层面着手，申请注册机构名称及 LOGO，网站和服装及宣传资料要求统一，视觉效果与内涵功能和谐一体，进一步梳理规范各项制度和工作流程，并予以严格执行。人、财、物、场地、服务、时间等管理做到井井有条，凝练服务内容，命名服务项目，做到有坚持、成系列、勤总结。特别是广州市民政局出台品牌社会组织建设评选制度后，大同更是积极开展品牌社会组织创建工作，对照标准开展全方位建设工作，尤其是在加强培训和交流学习，如举行全国性培训工作，举办全国性研讨会，组织国际性交流学习活动，制定社会工作行业操作规范等。为促进队伍稳定，留住优秀人才，机构进一步提升员工福利，优化权益维护机制。

其间，大同厚积薄发抓住国家提出禁毒工作社会化的机遇，拓展禁毒社会工作服务项目，在白云、越秀、番禺等区承接政府购买的禁毒社会工作服务项目。还将社区综合服务和禁毒服务拓展到江苏省苏州市等地。至此，大同承接的街道社区综合服务和禁毒服务项目费用已接近 3000 万元，其中综合服务项目和禁毒服务项目各占 50%。大同以培训和督导及接待参观交流等方式支持全国其他同行的行动增多。主动响应民政部提出的社会工作要与民生融合、与社会治理融合，响应党的十九大报告提出的把社会治理重心下沉到基层、加强社区治理，在基层做好困难群体、特殊群体服务，推动社区社会组织发展，促进志愿服务和社会创新，协助政府做好我国基层社会治理工作。2017 年参与申报广州市品牌社会组织建设项目成功，品牌建设取得阶段性成绩，品牌效应逐渐显现。

二、经验分享：精益求精，品牌立命

十年磨一剑，一百半九十，建设品牌始终在路上，有如下几点经验值得分享。

（一）建构公益文化，引领机构前行

在发展过程中，大同逐渐建构具有社会责任感和历史使命感的公益组织文化，字号“大同”取自《礼记·礼运》大同篇。大同的宗旨是以人为本、关注需求、服务社群、人文和谐；愿景是大爱无疆、社会大同；使命是正心明德、睦亲睦邻、共生共融；价值观是人、文、情、正、美，理念是助人自助、公益和谐。大同人还自创了三句格言：大同是同工们大家共同的事业；我们要与社会工作事业、机构、同人、服务对象一道成长；一日大同人，终身大同人。倡导大家争当红、专、能的社工，要求严格遵守社会工作职业伦理规范，把机构定位于“一道”（实行道德机制）、“二非”（非政府、非营利组织）、“三人”（奉行人本、人性、人文原则）、“四公”（力求公平、公益、公信、公认）等。机构把这些文化编成小册子发给大家，要求大家学习和内化，也尽量呈现在墙上，以激励大家。以公益文化来熏陶大家，引领大家投身公益事业，加强公益人修养，做真正的公益人。

（二）关注发展形势，及时调整规划

社会工作和社会工作机构都属于我国的新生事物，国家关于社会工作和社会组织及公益事业的文件不断出台，要保持高度的敏锐性，及时了解和学习，领会和运用，要根据政策对机构的规划或者计划进行必要的调整，要及时开会研讨，形成方案，组织学习，保持机构发展过程中的灵敏和机动，以便抓住机遇去发展，有时还要根据政策对未来的形势进行预测，对将来可能出现的形势有所准备，避免陷入被动局面。

（三）发挥高校优势，保障专业水平

大同是广东工业大学社会工作专业教师发起创办的机构，社会工作服

务特别强调专业性，大同重视发挥高校背景优势，与学校保持良好的联系，建立多元化合作，比如建立实习基地、大学生创业基地、研究生联合培养基地、国家和广东省社会工作专业人才培训基地联合单位。此外，大同还与其他高校建立起类似合作关系。大同聘请专业教师担任督导，提供专业培训，合作开展项目研究，合作举办研讨会等。高校优势的有效发挥，对于大同社会工作服务的品质起到积极的支持作用。

（四）培养优秀队伍，筑牢服务根本

大同一直主张人才是发展的根本，历来注意队伍的培养工作，要求扮演“三师”（社会医师、社会老师、社会工程师）角色和往“三方向规划”（学历、职称、职务）成长，主张建立学习型队伍，鼓励和支持骨干提升学历学位，保证副总以上人员全受过研究生教育。推行“个人成长计划”，实施培养督导人才的“育英计划”等。支持骨干海外学习，鼓励每年继续教育达 100 小时。鼓励好学、开放、交流，支持参加各种形式的交流学习，不断提升专业服务水平，鼓励大家成为本土化、专业化、国际化社工人才。

（五）注重服务质量，保持机构活力

服务质量是机构的生命力，大同要求狠抓专业服务质量，人人追求科学、哲学、艺术三层次工作境界，把社会工作服务当作一份事业来对待，工作要追求尽善尽美，个个都要对应服务标准，严格要求自己，机构成立服务质量管理部，建立服务质量监督小组，对每个项目定期进行内部评估，对第三方的评估反馈意见组织进行研讨，要求落实专业督导，善用督导资源，评估督导作用等。开发服务标准手册，学习其他机构的优秀项目，使机构服务项目质量过硬，充满活力。

（六）鼓励民主创新，立足长远发展

倡导人人都是大同事业的主人，积极参与大同发展，参与管理，尽可能让同人多参与机构事务，机构大事通过微信向大家公布，征求大家意见，集思广益。鼓励创新，时常组织沙龙，珍惜每一个灵感，将创新列为

评比优秀的标准，举行创新比赛等。

（七）强调风险管理，追求卓越稳健

在充满不确定性的当今社会，机构要发展得有品质又平稳健康，风险管理是必不可少的。大同提出“涉政无小事”“涉外无小事”“涉民无小事”“涉宗无小事”“涉生无小事”“涉财无小事”“涉法无小事”等，要重视宏观框架，也要注意关键细节。要像人注意品德修养一样要注意机构的良好品德，要营造健康的公共关系。

三、未来规划：敢向潮头立

一是压实党建引领机构发展，增强使命感，做到大同的存在就是为群众服务，为党政分忧，为社会营造美好的未来，让大同成为我国加强社会建设、社会治理与社会服务，促进社会进步和健康发展的党政不可或缺的助手。

二是按照国家相关法规政策要求，进一步加强各方面的规范化建设，争取早日申请成为慈善组织，推动大同向一个更高的层面谋发展。

三是组织建设增强适应性，突破站点限制，加强以服务内容为单位的横向互动与良性发展。

四是培养一批具备社会公益家、社会活动家、社会改革创新家精神的红、专、能结合的优秀社工专业骨干人才。

五是把社会工作服务的专业化、规范化、信息化、智能化结合作为努力方向，进行品牌传播，发挥行业带头作用，成为我国基层社会治理创新和促进社会进步的积极力量。

六是探索增强机构自我发展意识与能力，开辟更多非政府购买服务项目（包括收费服务项目），更好地满足居民群众多样化需求。

七是适时优化结构，由单纯提供服务和社区社会组织培育逐步向营造公益生态圈的方向发展。

春华秋实廿多载　助力企业跨越发展

广州市番禺区厂商会

一、风雨同舟，携手企业二十载

（一）服务立会

广州市番禺区厂商会（以下简称厂商会）成立于香港回归那一年——1997 年。当时，番禺民营工业企业方兴未艾。为推动民营经济更好的发展，引导行业规范自律，当时分管工业的番禺区领导指示番禺区工业局牵头组建民营工业企业协会，一个以民营工业企业为组成主体的非营利性社会组织应运而生，即后来的厂商会。

（二）实干兴会

21 年来，厂商会始终认为有为才有位，坚持“服务立会、实干兴会”的宗旨，紧跟地方政府的经济发展战略步伐，紧贴会员企业的发展需求，围绕着提供服务、反映诉求、行业自律的社会职能，不断探索创新，辛勤耕耘，搭建创业创新、人才培训、法律金融、政企沟通、对接交流等综合性服务平台，走出自己的一条特色服务之路，在促进实体企业健康发展、推动地方经济繁荣方面作出了积极的贡献，厂商会自身也不断得到发展壮大，获得各级政府、各职能部门及会员企业的好评，已成为本地乃至省市具一定影响力的社会组织。

1. 服务不断细化，实力不断加强

从创会之初租借一个办公室起家，到如今拥有自主产权的厂商会大厦；会员由成立之初的 108 家，增至现在的 1000 多家（人），汇集了灯光音响、汽车制造、电线电缆、电子信息产品、智能装备等多个制造行业的龙头企业，其中上市会员企业数约占全区上市企业的50%。厂商会还下设照明电器、表面处理、机械、包装印刷、化工、食品、工程师协会7个行业分会和饮食行业商会、酒类行业协会2个团体会员，办有华创源专利事务所和番商认证公司2个经济实体，拥有为会员服务的会刊《番禺厂商》（月刊）、网站和微信公众号等资讯渠道。

2. 队伍不断壮大，管理日臻成熟

厂商会秘书处现有专职工作人员10人，并聘请资深律师、主任医师担任本会常年的法律顾问、健康顾问；与10家金融机构、10家律师事务所等联手组成商银法联盟；与番禺职业技术学院合作建立厂商学院；与区就业训练中心携手在企业中设立18个区级高技能实训基地；组建会员企业通讯员队伍等，形成全面服务企业的人力资源库。此外，为加强党建引领，厂商会于2011年成立党支部，现有党员6人、入党积极分子2人，均是秘书处专职工作人员。厂商会依托这样一支富有实力的服务队伍，不断完善组织架构，管理日臻成熟。

3. 业绩不断提升，荣誉接踵而至

厂商会因其想企业所想，急企业所急，细致入微的高水准服务，获得企业一致好评，也为社会所肯定，摘誉无数。获得广东省社会组织模范单位、广东省中小企业公共服务示范平台、广州市社会组织5A级、广州市品牌社会组织、番禺区首批枢纽型社会组织等6项省级、9项市级、6项区级共21项荣誉和资格，受到工信部的奖励。

二、创新引领，打造优质服务品牌

（一）创新服务模式，引导企业转型升级

近3年来，厂商会贯彻番禺区创新驱动发展战略，积极探索创新服务模式，为逾1000家实体企业提供技术创新、转型升级服务，服务人数逾10000万人次。

1. 开展宣传表彰先进活动，推广创业创新经验

每年紧贴政策，开展不少于一次的主题鲜明、效果明显的大型企业家

活动日暨表彰大会，这已成为厂商会及番禺区工商界的一个品牌活动。比如，举办番禺区诚信示范企业、首届番禺经济人物、番禺区先进制造业50强等评选活动，挖掘和表彰一批在创新创业、总部经济、行业标杆、品牌建设、慈善公益等方面具有突出贡献的企业及企业家，弘扬优秀企业家精神，以创新引领、标杆带动加快促进番禺制造业实现跨越式发展。

2. 牵头举办技术应用推介会，推动科技成果转化

举办智能装备对接会，组织全市近40家机器人及智能装备生产企业现场设摊，与300多位番禺企业代表进行面对面供需对接交流；组织开展"新材料开发与应用"讲座、智能制造国际论坛，邀请国际知名专家与番禺区企业家、技术工程师分享智能制造的前沿技术。

3. 提供重要政策解读服务，指导企业用好政策红利

每年举办不少于5场次的政策宣讲活动，涉及"1+4"产业人才、工业技改、节能减排、外贸、科技创新、知识产权等政策，努力引导企业运用政策红利。如2017年发动了500多家中小微出口企业申领政策性出口信用保险；发动符合条件的企业申报番禺区"1+4"产业人才政策，2017年会员中有5家企业获得番禺区杰出产业人才项目，有78人被评为番禺区产业高端人才，有120人被评为产业急需紧缺人才；为番禺区第二批申报高新技术企业认定的719家企业开展现场考察、业务指导，帮助企业顺利完成申报。2018年举办的番禺区中小企业服务日暨政策宣讲会，首次利用YY直播平台，将政策宣讲内容同步在网络直播，线上超过5万人次同步观看，引起网友热烈讨论，大大提高了政策的知晓度。

4. 发挥商会、银行、律师联盟作用，帮助企业解决融资、法律问题

近3年，共为会员企业争取100亿元的授信额度，超百家企业受惠，融资金额达50亿元；推动和参与了银达担保、融合小贷、红土科信、清华启迪、番禺创投等多家科技基金的组建，带动制造业与资本融合发展。以沙龙、讲座等形式为会员企业提供一系列解决用工合同纠纷及其他劳资矛盾的相关法律服务。

5. 加强品牌培育，全力推动番禺区企业的品牌建设

为提升番禺区企业知识产权意识，加强企业竞争力，成立华创源专利

事务所。近3年来，事务所为企业代理专利申请、商标注册近900个。为促进会员企业与国际市场接轨，创立了番商认证公司，与中国质量认证中心、广东质检院、广州京诚检测技术有限公司建立产品检测联盟，为会员企业提供产品质量检验和认证服务。

（二）推动校商合作，助力企业人才发展

厂商会作为番禺区人才工作服务站和区智汇谷人才联盟副理事长单位，积极对接各种人才资源，建立企业人才库，服务企业高层次人才及帮助企业解决人才问题。

1. 依托企业高技能人才实训基地，培养企业技能人才

自2012年起，厂商会与区人社局、区就业训练中心陆续在汽车制造、电子、音响设备、机械、动漫、电商等领域的企业建立了18家定点实训基地，培养一批技能人才，近3年累计培训超过5000人，大大缓解企业技能人才紧缺、用工难的问题。

2. 与高等院校、职校建立合作平台，精准服务企业

一是与多家学校建立战略合作关系。早在2006年就分别与华南理工大学博士后管理办公室、广东工业大学、华南师范大学科技处、番禺职业技术学院搭建产学研合作平台，为企业提供科研孵化资源。每年安排农校、工商学校、新造职中等应届毕业生到相关企业实习，帮助解决本地企业用工难和毕业生对口就业难等问题。2016年，厂商会与番禺职业技术学院共同成立“厂商学院”，首期开设“广汽传祺班”，订单式培养汽车制造技术人才。二是利用厂商会杂志、网站、微信号，及时向会员企业发布人才招聘信息，发动企业参与大学城高校实习就业精准对接会，推动本地就业供需对接。三是积极发动新生代企业家参加华南理工EMBA研修班培训，帮助企业培养接班人。四是对接人才引进服务，成功帮助多名企业高端人才成功申领番禺入户绿卡，让企业人才安心留在番禺工作。

（三）认真履行社会责任，当好政府可靠助手

积极发挥厂商会作为番禺区劳动三方协商机制副主任单位的作用，沟

通政企、参政议政，发挥好桥梁纽带作用，当好政府可靠助手。

1. 积极建言献策，为企业合法权益发声

厂商会就中小企业发展、用地、融资、转型升级、产业与人才等问题深入开展调研，已完成近30份调研报告，不少报告提出的意见建议获得区政府的重视。如《科学解决用工难问题的调研报告》获得时任番禺区委书记卢一先的批示；《番禺区制造业中小微企业当前困境与出路》《发挥番禺区高等职业教育资源优势 推进校商合作培养技术人才》两份报告作为当年政协的重要提案之一；《2016年上半年企业情况调研报告》反映中介机构服务水平参差、收费高的问题，获得了区长批示，要求区府办就其开展专项调研，切实为企业减负；与区人社局、区总工会共同成立区劳动人事争议三方联合调解中心，厂商会秘书处3名工作人员担任该中心成员，参与仲裁调解；与职能部门共建企业服务平台，为近百家企业取得了纳入区政府政务服务绿色通道企业的资格。

2. 深化服务领域，积极承接政府职能

厂商会是首批获得承接番禺区政府职能转移资质的商会之一。先后开展了高技能人才定点实训基地、广州市中小企业服务机构能力提升、产业转移调研、产业人才服务需求与发展调研、高新企业认定现场考察、大学城“1+4”人才政策受理点服务、番禺区人才工作服务等10多项政府服务，切实当好政府助手。

3. 构建和谐劳动关系，传播企业正能量

一是丰富企业文化生活。自2013年开始，每年联合番禺区人社局开展和谐劳动关系企业评选活动；每年年会举办会员企业文艺节目会演；关心广大企业员工的文娱生活，举办了运动会、摄影大赛、电商模特大赛、品牌企业展览及健康、培训、文化“三进”企业、公益剧场、劳动技能大赛等大型活动，推动和谐劳动关系的发展。二是热心公益活动。每年组织会员企业参加番禺区慈善健康行活动；与五华、贵州、新疆等地进行对接，开展帮扶活动，引导产业转移当地，目前已有多家企业落户；捐赠一批价值约40万元的教学设备给贵州独山县。据不完全统计，会员企业参与慈善公益活动捐款累计超过12亿元，厂商会副主席陈云香还专门成立了广东省云香慈善基金会，积极履行社会责任。

（四）注重文化建设，弘扬企业家精神

厂商会非常重视品牌文化的打造，呈现丰富多样，创作有会徽、会旗、会歌，编有会刊《番禺厂商》，设有网站、微信公众号、会员QQ群等，注册“番禺厂商”商标。

1. 总结历史经验，编纂精品书籍

厂商会分别出版《番禺制造》《番禺企业工商名录》《商旅人生（1—3）》《番禺工业发展史》等书籍，每本发行量逾3000册。其中，番禺企业家励志故事系列丛书《商旅人生》首卷发行高达15000册，《番禺工业发展史》被国家图书馆收藏。

2. 弘扬企业家精神，提振企业发展信心

厂商会会同番禺区科工商信局和番禺区广播电视台摄制了《由“番禺制造”到“番禺智造”》《番禺工业20年发展》《番禺区先进制造业50强》等系列专题片，并在《番禺新闻》时段播出，展示番禺区企业创新升级发展的成功经验，产生了积极的舆论效应。每年还依托《番禺厂商》会刊、微信公众号和网站，结合《番禺日报》，加强对政府政策、企业成功经验、产品推广等资讯的宣传，着力营造创业创新、振兴实体的良好氛围。其中《番禺厂商》会刊已累计发行168期，每期发行2000册，免费派送给会员和政府、镇街职能部门和兄弟商会等。网站累计浏览量超11万，关注微信公众号的粉丝近2000人。

三、初心不改，开拓新思路，开启新征程

面对当前复杂多变的经济形势，企业发展仍充满风险和挑战。对此，厂商会将贯彻落实党的十九大精神，进一步推动企业转型升级、创新发展，做好服务实体经济这篇大文章。

一是继续引导企业转型创新发展。积极宣传和推广番禺具代表性的实体企业创业创新成果和先进经验，提振企业家创业创新的信心，营造番禺实体经济创新发展的良好氛围。进一步推动传统产业与高新技术产业、高

等院校、科研机构的对接，促进科技成果快速转化为企业的生产力。

二是继续深化完善服务平台的建设。紧贴时代发展新趋势和企业发展需求，集聚更多优质资源，加强企业品牌培育，联合高等院校培养一批优秀技术创新人才，营造更好的创业创新环境，推进“番禺制造”向“番禺智造、番禺创造”全面升级。

三是推动互联网时代大数据与实体经济的融合发展。促进传统企业与IT 企业、新业态企业合作，取长补短，完成运营模式的变革和创新。

四是加快协会自身升级发展。完成自身转型升级，大力吸收新业态企业入会，培养企业新一代接班人，促进理事会机能的更新换代，为厂商会持续发展注入新动力、激发新活力，以便更好地认清形势、把准发展方向，在服务实体经济中更好地发挥作用。

诚信立会　品牌引领

广州市白云区不动产服务协会

一、协会成立的背景和使命

（一）全国首个不动产服务协会落户白云区

党的十八届三中全会提出加快转变政府职能，简政放权、精简机构是我国建设服务型政府的必然要求。改革开放以来，白云区不动产服务行业得到迅猛发展，云集了房地产规划设计、房地产投资开发、土地房地产评估、房屋鉴定治理、物业管理等不动产服务类企业2000多家，却一直缺乏一个为之服务的基层行业协会，基于为不动产服务类企业提供统一的交流合作平台，推动社会组织管理形式创新，促进白云区经济协调发展的初衷，广州市白云区不动产服务协会（以下简称协会）作为全国首个不动产服务行业协会落户白云区。

（二）协会成立的使命和愿景

协会作为涵盖房地产投资开发、顾问咨询、价格评估、经纪代理、物业管理、房屋鉴定等业务类型的综合性社团组织，致力于发挥协会作为政府助手的“调查员、协管员、监理员”作用，在行业协会搭建的平台上真正发挥好行业自律、决策参谋、管理助手和沟通桥梁的功能。协会的使命是“建家园、架桥梁、搭平台、聚资源”，到2025年，建成“三员、三库、三平台”，实现“做广州不动产服务领跑者”的发展愿景。

建立“三库”（行业库、信息库、诚信库），建立备案、考核机制、信访机制，承接政府转移给协会管理的职能；发挥“三员”（调查员、协管员、监理员）功能，建立专家审议团、专业巡查队伍，加强人员、资质考评机制，使社会组织参与政府决策；搭建“三个平台”（行内交流平台、资源交流平台、行管沟通平台），建立行业网站，走专业化道路，实现集体决策、资源共享，更好地推动企业与政府之间的沟通交流。

二、协会品牌建设的历程和标志性成果

（一）协会品牌建设的三个阶段

第一阶段：初创期（2013—2014 年）。主要是创立协会，明确协会的定位、职责和功能，制订协会第一届理事会（2014—2018 年）发展规划和发展目标。即遵守宪法、法律、法规和国家政策，遵守社会道德风尚，为会员提供服务，维护会员合法权益，推动企业交流、合作与创新，为行业企业搭建行业服务、经营、管理平台，沟通会员与政府、社会的联系，保障行业公平竞争，促进不动产服务行业健康发展。

第二阶段：成长期（2015—2016 年）。随着协会承接政府转移职能逐步增加，协会积极搭建了“三员”“三库”“三平台”，逐步拓展四条业务线，包括：行业企业管理与服务（包括行业调研、课题研究、标准制定、培训鉴定、行业评比、资质管理、信用评价管理与服务等）；协会会员管理与服务（包括会员交流、自律管理、资源交易、业务推广、项目合作、会员服务等）；不动产服务市场指导与督察（包括政府采购服务、市场督察与纠纷调解、业务指导与管理等）；行业对外交流与合作（包括学术科研、对外交流、业务合作、技术开发等对外交流活动）。

第三阶段：品牌建设期（2017—2020 年）。随着不动产服务行业治理逐步走向规范，协会发展也逐渐进入品牌建设、品牌管理、质量提升阶段。协会持续实施品牌化战略：一是加强行业宣传力度，提升协会行业影响力，扩大自身品牌效应；二是充分利用协会资源优势和平台功能，积极申报和承接广州市公益创投项目，帮扶广州困难群体，提升组织知名度和美誉度；三是持续做好不动产市场监管巡查及调研工作，促进行业提升专业化和规范化发展水平；四是继续探索研究开展白云区不动产服务行业诚信评价，以评促建，树立年度诚信标杆，提升白云区不动产

服务行业的服务形象。

（二）协会品牌建设的标志性成果

协会坚持以习近平新时代中国特色社会主义思想为指引，深入贯彻党的十九大精神，通过品牌创建，发挥党建功能，加强法人治理，在法律法规框架下，建立健全以章程为核心的法人治理结构，高度重视党建工作，以党建带动工青妇建设，受白云区总工会委托，牵头创建白云区不动产和物流行业工会联合会。协会充分发挥专业和平台优势，共计承接24个政府采购服务项目，为白云区各职能部门提供高质量的政府采购管理、不动产市场巡查、保障房管理、宅基地管理、留用地管理、房屋租赁调研等系列决策咨询服务。

在白云区国土规划局的业务指导下，在市、区民政行政主管单位全面关怀下，在会员单位的大力配合下，协会取得了一系列品牌建设成果：协会成功申报实施法润白云——“百村·百社·百师”国土资源保护利用普法维权、养老配餐助餐，悦享丰盛晚年、“一折购物”惠老公益计划、广州市城市建设农民工意外伤害保险资助等多个广州市社会组织公益创投项目，联合街镇、村社、企业以及基层不动产服务机构，链接社会资源参与公益服务，助力白云区各街镇和村社营造知法守法、关爱长者、和谐友爱的社区环境。协会于2016年获得省级社会组织培育资金扶持，并于2016年获评广州市5A级社会组织，2017年获评广州市品牌社会组织，李春云会长获评2017年度广州市社会组织领军人才。

三、协会品牌创建的主要经验和做法

品牌建设的关键是培育和打造可持续性的服务项目。协会围绕自身定位和使命愿景，按照建设现代服务型协会的总要求，结合会员服务工作目标和会员需求，协会制订四年发展规划，提炼服务需求、制定服务菜单、搭建服务平台、培训服务队伍、明确服务职责、考核服务成效。针对行业发展的需求搭建“三库、三员、三平台”，制定考评机制，组建专业队伍，建立行业交流平台，以评促建、以巡促改，以优化服务全面促进协会品牌建设。

（一）以评促建，助推行业发展

协会立会之初，在广州市白云区国土资源和规划局指导下研究发行了首部基层不动产行业信用管理办法——《广州市白云区不动产服务行业信用管理办法（试行）》，针对白云区不动产服务行业企业和执业人员的信用信息的征集、建立、披露、使用、评估和利用信息开展相关服务及其管理活动。自 2014 年活动启动以来，协会建立不动产行业专家库对参评企业、项目及个人连续 4 年进行考评，同时建立信息库和诚信库，完善白云区不动产服务行业企业数据情况，树立诚信企业标杆。

（二）以巡促改，规范行业管理

在白云区不动产行业行政管理部门的指导和支持下，协会开展白云区不动产巡查项目，实行调查员、协管员、监理员“三员”制度，建立专家审议团、专业巡查队伍，每年度对白云区 500 个住宅和非住宅物业项目以及 550 家房地产中介机构门店进行全覆盖的巡检工作。发挥政府“小助手”作用，按照法律法规和行规行约协助政府加强行业管理，规范企业行为，建立公平有序的市场环境，保护企业利益，促进行业健康发展。

（三）搭建平台，架设沟通桥梁

协会成立后，积极吸收企业会员，不断壮大不动产服务行业企业联盟，建立行内交流平台、资源交流平台、行管沟通平台“三平台”，依照章程为会员提供企业合作交流，政企互动沟通服务，做好行业信息发布及探索解决热点、难点、焦点问题，积极反映企事业单位的愿望和呼声，全面协助配合政府的行业行政管理，承接采购政府服务，监管并规范行业市场行为。在不动产服务领域协调行政部门、行业企业、消费者三者之间的关系，发挥平台桥梁作用，建立和谐、健康的行业协会管理模式。

四、培育品牌项目，助推品牌建设

（一）不忘初心，重塑愿景、使命、价值观

协会成立的宗旨是为会员提供服务，维护会员合法权益，推动同业之

间、跨行业之间的交流、合作与创新，为行业企业搭建行业服务、经营、管理平台，沟通会员与政府、社会的联系，保障行业公平竞争，促进白云区不动产服务行业的持续健康发展。

未来，协会将不忘初心，在现有品牌建设成绩的基础上，通过系统梳理整理，重塑愿景、使命、价值观，致力于服务会员，推动行业诚信库的管理范围实现全业态和全覆盖，建立诚信体系建设协调工作机制；构建企业诚信管理制度和标准体系；建立诚信信息征集和披露体系；建立并完善企业诚信评价体系；加强行业自律机制建设；加强诚信宣传与诚信文化建设；推进诚信奖惩机制建设，通过建章立制来全面推动不动产服务行业的诚信体系建设，规范市场行为和市场秩序，不断推动行业信用体系建设，更好地推动白云区不动产服务行业持续健康发展。

（二）完善法人治理，实现规范发展

坚持以习近平新时代中国特色社会主义思想为指引，深入贯彻党的十九大精神，紧紧抓住和充分利用好国家关于深化行政体制改革，转变政府职能，改进社会治理方式的战略机遇，通过创新协会体制机制，完善法人治理结构，强化协会内部治理，健全运行和监督机制，实现错位发展，快速发展，科学发展。坚持“为会员、为政府、为社会”服务的宗旨，发挥“提供服务、反映诉求、规范行为”的基本职能，严格按照法律法规及章程开展活动，充分发挥行业协会的助推器作用，为会员提供服务，维护行业整体利益，促进行业健康发展，持续为推进白云区服务型政府建设和新型城市化发展作出应有贡献。

（三）优化业务架构，打造品牌项目

一是持续推进白云区不动产服务行业信用管理品牌建设。2014 年 11 月协会出台全国首部基层不动产服务行业信用管理办法——《广州市白云区不动产服务行业信用管理办法（试行）》，办法试行以来受到《中国国土资源报》《南方日报》《羊城晚报》等各大媒体的广泛关注，更获评广州市 2014 年度最佳社会组织服务项目、最佳创新示范项目大奖。协会将继续致力于探索基层行业信用管理路径，提高行业服务水平，树立行业诚信典

型，表彰诚信先进，更好地推动不动产服务行业持续健康发展。

二是争创承接政府转变职能品牌项目。协会目前主要承接不动产市场巡查、政府采购管理、保障房管理、宅基地管理、留用地管理等系列决策咨询服务。协会于 2016 年承接广州市天河区、白云区、荔湾区、黄埔区、萝岗区五区住房租赁经租机构调研项目，受到广州市房地产租赁管理所领导的高度认可，并参加广州市房屋租赁市场调研座谈会作主题发言，也在调研中获得关于街镇、经租机构、承租人方面海量的第一手数据，以此为契机，协会持续承接物业市场巡查、中介市场巡查、房地产市场巡查等不动产市场巡查项目。未来，协会将充分发挥现有资源优势，将不动产市场巡查项目打造为协会的品牌服务项目之一。

三是打造广州市公益创投品牌项目。协会共实施 5 个公益创投项目，积累了丰富的项目实施管理经验。未来，协会将继续发挥自身专业特长和资源平台优势，联合高校和相关专业机构、各热心公益的会员单位，以及不动产服务领域专家和国家注册执业资格专业人士，重点面向白云区辖区内 14 条行政街、4 个中心镇、247 个居民社区、118 个村开展公益活动，摸索一套可复制、可推广、可持续的不动产领域公益创投模式。

汇聚文创星光　服务城市创新

广州市创意经济促进会

一、创立：生逢其时，重任在肩

2007 年 5 月，广州市组织创意产业考察团赴加拿大、新加坡及中国香港地区学习考察。2011 年夏，“粤港澳文化创意产业高峰论坛”在广州举行。国外创意经济发展的迅猛势头给时任广州市社会科学界联合会主席顾涧清教授留下了深刻的印象。创意经济是世界经济发展的一个方向。广州市应当成立专门的机构研究、发展这个产业。顾教授邀请市委宣传部有关领导，组织市社科联学会部、广州大学现代产业学院、市社科成果中心等单位的部分同志召开会议，决定在全国中心城市率先成立一个研究、服务创意经济、推动城市创新发展的专门组织。

2011 年 8 月，在广州市社会科学界联合会的指导下，广州市创意经济促进会筹备小组成立。经过 3 个月紧张有序的筹建工作，2011 年 11 月 18 日，广州市创意经济促进会（以下简称创促会）成立大会在广州大学隆重举行。大会通过了《章程》，选举产生第一届理事会和领导班子，创促会正式成立。

二、成长：致力创新，奋发图强

创促会是广州市实施创新驱动战略，为促进科技创新、文化繁荣、经济发展，服务社会管理创新而成立的联合型、智慧型社会组织。自成立以来，专家教授和专业人才多、创新手段和创新成果多、社会责任感和执行能力强是创促会的三大优势。致力于发挥枢纽组织、品牌组织作用，全力打造服务文化创意、科技创新、社会管理创新三个服务平台，整合、引导各方力量，落实、推动广州创新驱动发展战略的实施。凭借雄厚的实力、严谨的作风、专业的服务，创促会快速成长为“全国先进社科组织”、2016 年度广东省品牌组织（南方报业传媒集团评选）、广州市品牌社会组织、广州市首批“枢纽型社会组织”、政府转移职能和购买服务组织、广州市 4A 级社会组织、2013—2014 年度优秀学会组织、2015 年全市民情工作最佳合作单位。

（一）以创新夯实基础，组织建设规范有效

1. 构建完善的社会组织架构，提升协会发展内动力

创促会建立健全由决策、咨询、监督和执行 4 个子系统架构组成的法人治理结构，逐步形成科学、合理的管理体系，加强了协会内部的分工与合作。这 4 个子系统相互作用、相互促进，组成了驱动协会规范、快速发展的强有力的发动机，为创促会的长远发展奠定了坚实的基础。

决策系统包括会员大会、常务理事会、理事会和会长办公会。咨询系统包括专家智库（截至 2017 年 12 月 31 日，创促会专家智库共吸纳了 320 名创意创新领域的专家、学者、翘楚企业家和精英人才）。执行系统包括秘书处及其下辖的会员服务部、科创项目部、合作发展部、社会公益部和财务后勤部，以及协会的 1 个分支机构（文化艺术创作与收藏分会）、6 个专业委员会（城市创新委员会、动漫文化委员会、知识产权委员会、生物工程委员会、社会公益委员会和化妆品委员会）。监督系统包括监事和党支部。

2. 加强组织宣传系统化建设，提高协会品牌影响力

创促会自成立以来，不断加强机构交流、宣传平台和机制建设。一方面，从创新设计创促会的 LOGO、服装、工作证、能体现协会宗旨的口号——“创新创意创未来”，到摄制协会宣传片、搭建“创意广州”系列平台等，形成完整的协会宣传标识系统；另一方面，创促会建设官方网站，编写会刊，开通微信公众号、微信群、QQ 群、微博、今日头条等交流和宣传平台，建立常态化宣传报道机制。此外，创促会进一步优化宣传内容，创新设置创意早报、创意周报、协会要闻、会员资讯、产业动态、

产业交流、专家视角、政策资讯等栏目，通过不断丰富报道内容和推广方式，树立协会良好形象，提高品牌影响力。

3. 团结社会各方力量，发挥枢纽、带头作用

创促会集合、团结文化创意产业和社会治理创新领域的各种力量：一方面，作为广州地区文创产业协会联盟的一员，协会不断加强与市动漫行业协会、市文化创意产业协会等兄弟协会的合作与联系，承办或协办“创新驱动·跨界融合——构筑文化创意新高地”高端论坛、2017 中国文创产业大会·天河峰会、文创与城市发展论坛等活动；另一方面，创促会与国家文化科技创新服务联盟、广东省华南高新技术产业研究院、华山创学院、广州社会组织学院等社会组织建立战略合作关系，在产业发展、社会治理创新、人才培养等方面建立深度合作。此外，创促会加强了与省新闻出版局、市宣传部、市民政局、市科创委、市公安局、市妇联等各级党委、政府部门的沟通联系，确立了承担政府职能转移及促进引导创新经济发展的服务方向，为更好地服务会员、服务产业经济发展夯实基础。

4. 积极推进党建工作，培育优秀党员、党务工作者

作为全国先进社科组织，创促会一直保持高度的思想自觉，不忘初心，牢记使命。党支部自成立以来不断加强党组织建设，积极响应上级党委的要求，深入开展“两学一做”、贯彻落实党的十九大精神等学习活动，用以指导日常工作，组织开展服刑人员文化帮教活动、安全教育科普活动、廉洁主题活动、普法维权活动等，并在活动中充分发挥党建带工建、带团建、带妇建的领导和促进作用，把党员精神和纪律在实践中贯彻、锤炼、不断成长。杨广梅同志获评“广州市社会组织党务工作者”，黎清兰同志获评“广州市社会组织优秀党员”。

（二）以创新驱动发展，服务领域成绩斐然

1. 服务会员发展

创促会一直秉持“为会员服务”的办会宗旨，积极开拓、不断创新，竭诚为会员企业提供高效优质的服务，包括协同宣传、搭建平台、链接资源、引进项目、推荐评优、企业咨询等。会员发展呈现百舸争流的蓬勃态

势。励丰文化公司（执行会长单位）与淮安市、南雄市、茅台镇等多项重大文旅综合项目落地，入选首批广州市社会科学普及基地名单；漫友文化（副会长单位）荣获“中国版权最具影响力企业”大奖；原创动力（副会长单位）斩获“玉猴奖2017年度最具商业价值十大动漫IP”；三环公司夺得“广州市知识产权市长奖”重量级奖项；漫友文化董事长金城（常务副会长）获“2016年度全国新闻出版行业领军人才”荣誉称号；“喜羊羊之父”黄伟明（副会长）荣获金龙奖“中国动漫杰出贡献奖”。悠派振运创始人梁振运（副会长）、科大讯飞华南公司总裁杜兰（副会长）相继荣获2016年度和2017年度广东十大经济风云人物奖。

2. 服务经济发展

在现代创意创新产业快速发展的时代背景下，创促会高度重视文化创意和科研创新，依托大学教授和专家比重高的优势，充分发挥智库功能和力量，陆续开展“广州（中国）－魁北克（加拿大）文创产业优秀企业交流会”“加拿大投资与创新论坛”“创意嘉年华”“企业峰会”“创意产品发布会”“创业项目路演”等40多场高质量、高层次的学术沙龙、讲坛、座谈会和研讨会，承接《越秀区创建广东省知识产权服务业集聚发展试验区可行性研究》《越秀区安全生产“十三五”规划》等多项重大产业发展研究课题，探寻科技、文化产业发展的新路径、新对策，促进科技、文化产业的健康快速发展，为政府、企业的决策与发展提供切实可行的参考意见和建设方案，服务经济建设。此外，创促会发挥协会资源优势，促成多项业务经济合作，有力助推地方经济发展。

3. 服务社会治理创新

创促会贯彻落实党的十九大关于“打造共建共治共享的社会治理格局”精神，联合政府、高校、企业等多方力量，充分发挥第三部门作用，服务社会治理创新。承接政府购买、职能转移服务近30项，培训学员超过5000人次，为基层建设、社会组织培养、输送优秀管理人才和专业从业人员，在社会治理创新工作规范化发展的道路上贡献了智慧和力量。其中，连续两年成功承办第一、第二届广州市社会组织创投活动，培养了一批品牌公益项目，为广州市这项社会治理创新工程开山铺路、奠定基础。2015

年，第一届广州市社会组织公益创投活动被评为“广州市社会创新优秀试点项目”，荣获2014—2015年度广东省政府治理优秀案例。活动受到新华社、人民网《广州日报》《羊城晚报》、广州电视台、凤凰网等主流媒体网站相继报道，产生了较大的社会影响。此外，承担《广州市来穗务工人员服务组织扶持办法与评估标准》《广州市天河区异地务工人员创业需求分析调研报告》、民情简报、民生积分卡等多项重大研究课题，为政府决策提供参考和建议。

三、发展：狠抓重点，树立品牌

（一）抓战略规划

战略规划是组织的发展指南，提供机构未来的发展目标和方向，在品牌化建设的过程中，起着决定性的作用。创促会由广州地区创意经济领域的企事业单位和创意工作者组成，涵盖动漫、科技、文化、建筑、法律、新闻传播等创意经济领域的行业精英和龙头企业，是智慧型、联合型、枢纽型组织。根据创促会的宗旨和章程规定和协会专家多、名人名企林立的优势，创促会的品牌建设由品牌人物、品牌产品、品牌企业和品牌服务综合构建而成，分为文化创意、科技创新、社会管理创新三个方向类别，力争在品牌培育期（2020）、品牌成长期（2021—2035年）孵化和发展一批品牌人物、品牌产品、品牌企业和品牌服务。

（二）抓具体落实

把品牌战略规划落到实处，并不断优化、深化，这是组织品牌建设最关键的一步。没有这一步，再好的战略规划都是纸上谈兵。因此，需要把品牌建设工作落到具体的项目、具体的服务中。围绕协会“打造文化创意、科技创新服务平台”的核心要义和“服务会员发展”的宗旨，创促会目前共发现培育、服务9名品牌人物、8个品牌产品、7家品牌企业和7个品牌项目。

（三）抓支撑保障

创促会构建了完善的支持保障体系，不断加强内部支撑网络和外部支撑网络建设，确保品牌创建工作的有效实施、有序推进。首先，建立严谨规范的法人治理结构，为组织发展奠定坚实的基础。其次，组建品牌战略委员会，建立会企协同机制。委员会成员由理事会、企业、专家三方组成，保证了品牌建设的智力支持、经济支持和人才支持。同时，加强品牌建设工作制度化，不断建立完善品牌委员会议事制度、品牌培育与评价体系、奖惩机制、品牌维护与危机应对等机制。此外，协会还与国家文化科技创新服务联盟、华山创学院、广东华南高新技术产业研究院、广州文化创意产业联盟等建立战略伙伴关系，开展国内国际资源共享和市场协同工程。

四、展望：全新全意，相约未来

（一）巩固和发展组织建设

加强法人治理建设，深化党建工作，严格规范协会管理，巩固组织基础。加强服务能力、执行能力建设。一方面，加强协会人才队伍建设；同时，进一步发展和发挥创促会专家智库的力量；另一方面，继续升级和完善协会服务平台的架构和功能，力争把“创意广州”系列打造成为宣传推广平台、会员管理和服务平台、创意成果转化应用于产业化平台。

（二）进一步落实和推进品牌建设工作

1. 按照战略规划，加强品牌人物、品牌产品、品牌企业和品牌项目的发现和打造

对初具品牌影响力的个人、产品、企业和项目，要丰富服务形式，创新服务机制，不断提升其品牌影响力。同时，在会员中发现有品牌潜力的个人、产品和企业，通过协同宣传、链接资源、推荐评优等方式，培育品牌发展。

2. 进一步打造文化创意、科技创新和社会管理创新服务平台

通过“文化 + 科技 + 创意”的融合创新，激发文化资源内在活力，促进产业化、品牌化、国际化。

3. 探索建立行业标准规范和创意、创新人才评定机制

通过市场调查、产业研究，探索建立行业标准规范、产业人才界定与

人才培训体系等一套规范化指标，推动产业规范发展和产业人才政策体系的完善。

4. 评选创意人物、创新企业和创意产品

联合政府、媒体等多方力量，举办专业、大型的创新创意系列评优活动，全方位梳理、呈现广州创意经济的发展成果，彰显广州创意经济的魅力，营造社会全民创新创意氛围。

第六章

编写单位介绍

广州社会组织研究院

广州社会组织研究院（简称广州社研院）于 2014 年 10 月在广州市民政局登记注册，由中山大学等院校知名专家学者发起成立，5A 级社会组织，是国内首个由政府指导、高校合作、社会参与的社会组织研究院，是“十三五”时期广州民政科研基地、共建共治共享实践基地。

广州社研院因应党中央“创新社会治理，激发社会组织活力”的总体部署，旨在整合高校和社会专家资源，实现政府资源与高校资源、社会资源的对接，推动社会组织发展的产学研融合，促进社会组织管理服务的创新发展，目前主要开展社会组织理论研究、政策咨询、学术出版、培训交流、评估服务等方面的业务。

一、宗旨

致力成为党委政府的“参谋助手”、社会各界共同发展的“桥梁纽带”、社会组织人才的“培训基地”、助力社会组织成长的“合作伙伴”。

二、战略定位

社会组织研究领域的专业智库。

社会组织能力建设的支持平台。

社会组织人才培养的实践基地。

社会组织规范发展的服务载体。

三、业务范围

（一）理论研究：进行社会组织、公益慈善等领域理论探索研究，本土实践经验的总结与开发。

（二）政策咨询：接受各级党委、政府和社会组织委托，对社会组织重大问题进行对策研究，提供决策性的参考意见。

（三）学术出版：发行社会组织领域相关出版物，经政府部门授权发布有关社会组织研究发展报告。

（四）培训交流：开展各类社会组织培训、讲坛、讲座、沙龙，举办社会组织交流活动。

（五）评估服务：承接政府及其他机构相关的评估项目以及有关的评估服务工作。

广州市社会组织联合会

广州市社会组织联合会（简称广州社联）是于 1994 年经广州市民政局批准成立的，由热心支持广州市社会组织工作的社会组织、企事业单位和个人自愿依法组成的全市性、联合性、非营利性的 5A 级品牌社会组织。

一、宗旨

坚持党的领导，团结广大社会组织及其从业人员，以及热心支持社会组织工作的各界人士，凝聚社会组织力量，引领社会组织发展，提升社会组织能力，发挥社会组织作用，扩大社会组织影响，打造社会组织品牌，维护社会组织及其从业人员合法权益，全心全意为社会组织服务。

二、业务范围

（一）向社会组织宣传国家、省、市有关社会组织管理的法律法规和政策文件，向政府部门反映社会组织的愿望和要求，协调会员关系，维护会员的合法权益。

（二）促进社会组织党的建设、能力建设和人才队伍建设。

（三）经政府部门授权委托，承接政府转移职能和购买服务项目。

（四）组织社会组织开展咨询、交流、研讨、评估、考察活动。

（五）组织社会组织开展公益慈善和社会创新活动。

（六）建立社会组织信息平台，编印社会组织刊物简报，宣传社会组织先进事迹和经验，扩大社会组织的社会影响。

三、理念：凝聚·服务·引领·共享

凝聚共识，凝聚智慧，凝聚力量，凝聚梦想。

服务国家，服务社会，服务群众，服务行业。

引领方向，引领专业，引领创新，引领发展。

共享资源，共享信息，共享平台，共享成果。

三、使命

建家园，架桥梁，搭平台，育人才，聚资源，谋发展，树品牌。

·建家园——建设社会组织及其从业人员之家。

·架桥梁——架设社会组织与政府之间、社会组织与企业之间、社会组织与社会组织之间、社会组织与群众之间的桥梁。

·搭平台——搭建社会组织服务、交流、展示、发展平台。

·育人才——培育社会组织专业人才、领军人才。

·聚资源——凝聚有利于社会组织发展的各类资源。

·谋发展——谋划社会组织发展规划、路径、策略。

·树品牌——树立全国社会组织知名品牌。

四、愿景：构建“一网六平台”

构建由广州市社会组织党建指导平台、服务交流平台、资源整合平台、项目合作平台、人才培育平台、信息传播平台组成的广州市社会组织综合服务枢纽网。

附录一 2017 年度广州市社会组织十件大事

一、广州市社会组织全面深入学习宣传贯彻党的十九大精神，有力推动党的十九大精神在全市社会组织落地生根、开花结果

推荐理由：党的十九大召开后，广州市社会组织党委和广州市社会组织联合会党委迅速召开全市社会组织传达贯彻党的十九大精神大会，印发工作方案，动员全市社会组织以“八项措施”和“十九个专项活动”为抓手，全面深入学习宣传贯彻党的十九大精神；广州市社会组织学习宣传贯彻党的十九大精神宣讲团组建成立，广州市社会组织党群活动服务中心、广州市社会组织培育基地党建工作站顺利揭牌，《社会组织党的建设》编印出版，广州市社会组织学习宣传贯彻党的十九大精神专题培训班、宣讲会、讲坛、航标计划等学习宣传活动有序开展，社会组织党建工作示范点逐步建立，社会组织党员志愿服务多形式开展，有力推动党的十九大精神在广州社会组织落地生根、开花结果。

二、广州市全面实施社会组织统一社会信用代码制度，简化行政审批事项，减轻社会组织负担

推荐理由：2017 年，广州市社会组织领域全面实施统一社会信用代码制度改革，将原来成立社会组织必须办理的法人登记证书、组织机构代码证、税务登记证合并为加载有统一社会信用代码的法人登记证书。改革后，通过“一窗受理、互联互通、信息共享”方式，将原来由民政、质监、税务部门核发的三本证书，整合为民政部门核发的一本登记证；印发

《广州市民政局关于调整行政审批中介服务事项的通知》，规定凡在市民政局登记管理的社会团体、民办非企业单位、基金会，在办理法定代表人变更登记、注销登记审批事项时，不再要求申请人提供法定代表人离任审计报告、注销清算审计报告，改由市民政局委托具有资质的会计事务所开展法定代表人离任审计和注销清算审计，不向社会组织收取费用。印发《关于广州市公益性捐赠税前扣除资格确认有关事项的通知》（穗财规字〔2017〕1号），明确广州市市、区两级社会组织的公益性社会团体和基金会捐赠税前扣除资格确认程序，并简化工作程序，取消社会组织报送申请报告和相关资料的环节，减轻社会组织负担。

三、广州市持续深入推进社会组织品牌战略，命名首批广州市品牌社会组织

推荐理由：《广州市社会组织品牌战略实施方案》提出在“十三五”期间广州将打造10个在全国范围内具有较高知名度、美誉度的品牌社会组织，30个在广东省有一定影响力和信誉度的品牌社会组织，50个在全市有代表性和示范性的品牌社会组织。2017年，依照《广州市品牌社会组织评价指标体系（试行）》评出首批广州市品牌社会组织，成功打造社会组织发展新引擎，在全市社会组织中开展向品牌社会组织参观学习活动，充分发挥品牌社会组织的示范作用。

四、广州成立首个综合性社会组织党委及工会联合会——中国共产党广州市社会组织联合会委员会、广州市社会组织联合会工会联合会

推荐理由：2017年3月27日，中共广州市社会组织联合会第一次代表大会隆重召开，大会选举产生了中共广州市社会组织联合会第一届委员会。这是经广州市委组织部批准成立的全市第一个综合性社会组织党委，是广州市社会组织党建工作的一个里程碑，其成立为广州市社会组织党建工作注入了新的力量。自成立以来，广州市社会组织联合会党委充分发挥引领示范作用，开展“七个一”创建活动，举办“十九个一”专项活动，

深入学习贯彻党的十九大精神，构建完善党建指导平台。2017 年 10 月，广州市社会组织联合会工会联合会第一届第一次会员代表大会胜利召开，标志着广州市社会组织联合会工会联合会成立。建立综合性社会组织工会联合会，是新时期新形势下工会工作的探索和尝试，是完善工会组织体制和健全工会工作机制的重要举措。

五、第四届广州市社会组织公益创投活动再创新高，公益创投"广州模式"日益成熟，为老服务公益创投经验在全省获复制推广

推荐理由：2017 年 3 月，第四届广州市社会组织公益创投活动启动，亮点纷呈。项目资助资金再度加码，总额为 2240 万元，相比往届 1850 万元增加了 390 万元，增幅达 21%，资助类别增加了为老服务类，其资助总额为 1000 万元；经专家评审和公示，最终确定对 165 个公益创投项目予以资助，其中为老服务类 63 个，助残服务类 14 个，青少年服务类 35 个，救助帮困类 16 个，其他公益类 37 个，资助项目服务覆盖全市 11 区。2017 年 5 月，举办公益创投高峰论坛，南北高校学者共谋公益创投发展之路；2017 年 8 月，上线第四届广州市社会组织公益创投活动联合劝募平台，实现"5020"目标，即完成 53 个项目上线联合劝募平台，重点培育和支持 20 个创投项目进行公开筹款，筹款金额超过 729 万元；搭建社会组织宣传矩阵，与"今日头条"达成联合传播合作协议，开通广州市社会组织头条号，组织首批社会组织集体入驻"今日头条"，开启"互联网 + 公益创投"的线上传播新局面。2017 年 9 月，广东省民政厅发文推广广州为老服务公益创投经验，指出，"广州市养老服务社会组织公益创投被省委全面深化改革领导小组列为可复制推广的创新经验做法，面向全省推广"。

六、广州慈善指数全国第四，开展慈善"公众开放日"活动，深入创建全国"慈善之城"

推荐理由：2017 年 3 月，在慈善法颁布一周年之际，广州市正式提出创建全国"慈善之城"的计划，提出从 2017 年起深入开展七大行动，突

出实现十大指标，计划用4年时间建成引领国内、在国际上有重要影响力的“慈善之城”，发起成立全国首个“慈善之城”创建联盟，发布“慈善之城”标识和主题歌。2017年9月5日，广州市举办首届慈善“公众开放日”活动，全市共38家慈善组织通过广州慈善信息网主动晒账单，接受公众监督；让公众走进慈善、了解慈善、参与慈善。广州市在“中国城市公益慈善指数”位列全国第四、全省第一。

七、广州市社会组织隆重庆祝中国共产党成立96周年，社会组织党员“两学一做”学习教育常态化制度化扎实有效推进

推荐理由：全市各级社会组织党组织把开展“两学一做”学习教育作为党建工作的重要任务，坚持全覆盖、常态化、重创新、求实效，紧扣“学”的内容、“做”的标准、“改”的要求，精心组织，周密安排，推进学习教育取得良好的进展和成效。2017年6月26日，市社会组织党委召开广州市社会组织庆祝中国共产党成立96周年暨“两学一做”学习教育常态化制度化工作推进会，通报表扬了20个社会组织优秀党组织、35名优秀共产党员和35名优秀党务工作者，印发《中共广州市社会组织委员会关于2017年推进“两学一做”学习教育常态化制度化的实施方案》《广州市社会组织党支部组织生活工作指引》《广州市社会组织党组织成立工作指引》。

八、广州建立社会组织新闻发言人和法律顾问制度，有效提升社会组织新闻传播能力和依法自治水平

推荐理由：2017年5月，广州市民政局印发《关于推动广州市社会组织建立新闻发言人制度的通知》，2017年7月，确定首批广州市品牌社会组织新闻发言人共10人，2017年9月确立56名来自广州市5A级社会组织新闻发言人。依托广州市社会组织联合会建立新闻传播平台，通过“建立一套制度、动员两方力量、培养三支队伍、提升四种能力、巩固五个阵地”系统建设广州市社会组织新闻传播力量。2017年8—11月，举办两期

广州市社会组织新闻发言人专题培训班。2017 年共举办 6 期社会组织新闻发布会，为社会组织提供“发声”平台，弘扬社会组织正能量。2017 年 8 月，广州市民政局、广州市司法局联合印发《关于推行社会组织法律顾问制度的意见》，要求在 2017 年底前，全市评估等级 4A 级以上的社会组织基本设立法律顾问，区级社会组织探索建立法律顾问制度，重点在公益慈善类社会组织中设立法律顾问；力争到 2020 年底，全市 60% 以上社会组织设立法律顾问，初步建立健全社会组织法律顾问体系，基本实现法律服务、法律保障和法律宣传全覆盖。在社会组织中建立和实施法律顾问制度，是全面依法治国、建设中国特色社会主义法治体系、建设社会主义法治国家的必然要求，是推进国家治理体系和治理能力现代化的重要举措，是激发社会组织活力、加强社会组织能力建设的重要途径，对促进社会组织健康有序发展具有重要意义。

九、广州市建成社会组织培训专家库、课程库、教材库，出版全套社会组织培训教材丛书，社会组织培训体系基本完善

推荐理由：2017 年，广州市修订社会组织专家库，扩大专家覆盖范围。发布社会组织培训课程库，形成针对初创型、发展型、成熟型、品牌型社会组织及社会组织专家的五大类课程体系，合计 167 个课程，社会组织培训体系基本完善。2017 年共举办各类培训 68 场次，涵盖社会组织新闻传播、法律事务、项目管理、募捐管理等内容，覆盖近 700 家社会组织逾 10153 人次。继续出版完善社会组织培训教材丛书，迄今为止已陆续出版发行 8 本教材，包括《社会组织基本知识》《社会组织财务管理》《社会组织等级评估》《社会组织公共关系》《社会组织募捐管理》《社会组织政策法规》《社会组织品牌管理》和《社会组织党的建设》，受到社会组织广泛好评。

十、加快培育发展社区社会组织，成立首个社区社会组织培育基地，社会组织培育基地四级网络基本形成

推荐理由：贯彻落实中共中央办公厅、国务院办公厅印发《关于改革

社会组织管理制度促进社会组织健康有序发展的意见》（中发〔2016〕46号）等文件精神，制定出台《广州市民政局关于培育发展社区社会组织的意见》，加快培育发展社区社会组织，规范社区社会组织管理。成立首个社区社会组织培育基地“荔湾区西村社区社会组织培育基地”，依托荔湾区西村街道办事处重点培育社区社会组织。截至目前，全市各级各类社会组织培育基地共45个，其中市级培育基地2个，区级培育基地12个，群团组织培育基地12个，街道（镇）级培育基地19个，入驻社会组织1336个，市、区、街（镇）、社区四级社会组织培育基地网络基本建成。

附录二　2017 年度广州市社会组织荣誉榜

一、2017 年度卓越社会组织

广州市律师协会

优秀事迹：广州市律师协会创建近 30 年，不断完善内部治理、严格规章制度；积极履行《中华人民共和国律师法》规定的职能，切实维护广大律师的执业权益、发展会员福利；长期以来积极引导广大律师充分参与社会治理、规范诚信执业，坚持发挥行业协会自身的示范作用，完善建章立制工作，提高律师事务所规范化管理水平；积极学习各行业的经验，促进与行业内外的交流与合作；积极参政议政，每年均参与近百部法律法规及文件的起草和修改意见；成立中共广州市律师协会委员会，是全国律师行业中成立最早的党组织之一。探索“律师党建 1233 模式”，着力推进党建重点工作。广州律师党建网是全国律师行业中首个开通的党建网站。

第一，创新引领谋大局。2016 年 6 月，广州市律师协会理事会在井冈山召开了“律师行业发展研讨会”，研究发展规划蓝图。目前广州律师 11571 人，律所 662 家。广州律协设 17 个专门工作委员会、42 个法律业务专业委员会、1 个提案委。实现了业务领域全覆盖，为广州律师的专业化、精品化、国际化奠定了扎实的基础。

第二，全心服务谋发展。搭建区域行业合作平台，瞄准粤港澳大湾区国家战略，打造岭南文化特色的品牌律师事务所。大力推进一村（社区）一法律顾问工作。与广东省工商联、广州市社会组织联合会等组织签订了战略合作协议。成立“两院一中心”，广州市律政营商环境研究院、广州市律兴律师业务发展研究院、广州市律师协会海归律师联谊中心，促进律师行业发展的全新平台和强大动力。成立全国首个副省级城市“维护律师执业权利中心”和“投诉受理查处中心”，积极维护律师执业权益，赢得广大会员的好评。

第三，砥砺前行创未来。2016 年，有两家律师事务所被评为“全国优秀律师事务所”，5 名律师被评为“全国优秀律师”，中共广州市律师协会委员会被授予“全省先进基层党组织”荣誉称号！广州律协推出《广州律师 986 提升计划》开启新征程，六大抓手将致力于把广州建设成为国际法律服务中心。

上榜理由：不忘初心，三十载深耕细作，卓越铸造广州律师品牌。牢牢地把服务会员放在心里，紧紧地把会员利益握在手里，获得广大会员的认可和好评。引领广州律师专业化、精品化、国际化，致力于把广州建设成为国际法律服务中心，得到社会各界的充分肯定。在新基础、新征程上，传承创新，砥砺前行！

二、2017 年度最佳商协会

广州市家具行业协会

优秀事迹：2017 年，广州市家具行业协会励精图治，实现协会理事会的换届选举，在新领导班子带领下，全年在主办中国家博会，主办全国红木雕刻大赛，组织会员企业对外交流交往，组织会员企业参与国际、国内顶尖奖项评选，开展“广府家居文化”研究传承等方面作出了重要的贡献。在班子建设，服务发展与自律规范等各方面都取得优异成绩。

上榜理由：广州市家具行业协会在 2017 年度工作中，以扎实稳健的举措，充分发挥政府和企业的桥梁作用，整合各方面的资源，全力推动会员企业的科技创新，促进产业转型升级，培育骨干企业，激发创新活力，推动“广府家居文化”传承创新等方面作出不懈的努力，取得了一系列成果，为行业健康发展作出重要贡献。

三、2017 年度最佳基金会

广州市一百零八度公益基金会

优秀事迹：一百零八度公益基金会是一家由理事长叶峰联合多名教授、企业家、投资人共同发起的专注教育公益的智慧型、精准型公益组织。一百零八度公益基金会重点关注中国优秀的中学生群体，通过在教育体系内建立“学生 - 老师 - 家长 - 教育公益组织”的联动机制，打造“点线面”结合的教育公益生态。一百零八度公益基金会成立伊始就明确了通过教育推动社会进步的历史使命，全方位整合全球各领域一流的跨界精英资源，通过科学的手段，创新中国应试教育的优势，培养以慧性思维主导人生的时代精英。一百零八度公益基金会的团队不仅深谙中国教育体系，还擅长将文、史、哲教育与科学教育进行创造性整合，构建“闻思修”的价值体系，确保专业优势能够第一时间帮助一流的中学生构建正确的世界观、人生观和价值观，并以此为基础，通过素质培训的方式为中学生提供如何面向未来的“人生与职业”的双重规划。基金会成立时间不长，足迹却已遍布全国 20 多个省份，筹集捐资逾百万元，为近 50 名优秀学生发放助学金、奖学金；在 2017 年为江西南昌十中、湖北陡岗中学和孝感一中、安徽汤池中学、湖南炎陵一中、广东湛江一中培才学校等多所国内省重点中学高一新生宣讲，并为每所学校捐赠国内外经典图书共计 1500 余册；通过主办与协办的方式举办各种培训、演讲及论坛 60 余场，极大地推动更多公益组织持续发展。

上榜理由：除了物质层面的捐助，更深入精神层面的引导，致力于打造“针对贫困学生进行重点帮扶”的“智慧型”公益慈善组织，做一个点灯者，点亮中国未来社会栋梁的灯，把学生培养成拥有“领导气质，家国情怀”的人。积极探索在全国建立可持续发展的非公募募捐网络，并通过规范、科学的运行机制，吸引更多志同道合的爱心企业家加入公益事业，助力更多贫困学生成为改变中国的脊梁。

四、2017年度最佳社会服务机构

广州市同心社会工作服务中心

优秀事迹：广州同心自2011年成立以来，坚持“热心、爱心、信心、决心、耐心、恒心”的服务理念，积极承接政府职能转移，逐步成长为一家拥有120多名专业社工的5A级专业社会工作服务机构。广州同心致力于社会工作专业本土化探索，积极参与政府所重视、居民所关心、社会所关注的难点问题的解决，与广州市红十字医院合作开展市内首个医务社工试点项目，在“新医改”和“医患关系协调”方面取得显著成效；在“农转居”地区，通过专业社工服务推动居民积极参与垃圾分类，促进社区环境的改善和居民素质的提升；积极发动社会资源成立多个基金，长期帮助1000多名困境住院患者、社区边缘困难家庭、长期病患者，预防“因病致贫”。

上榜理由：以“关注贫困、共同成长”为愿景，“正己、正知、助人”为使命，融合了“奉献，共好”的文化，广州同心一直认真扎实专注于实践核心价值，共创幸福和谐社会的目标，勇于创新，砥砺前行，为广州市社会组织发展作出贡献。

五、2017年度最佳社会研究机构

广州市社会治理研究中心

优秀事迹：通过初创期社会组织增能项目和具体的顾问咨询服务，探索商业模式解决社会组织机构管理和项目管理问题，为广州市初创期社会组织发展提供智力支持；通过公益创投绩效评估、培育基地绩效评估等项目，总结广州市社会组织发展的创新方法并提出完善建议，促进广州市社会组织激励机制完善；通过社会组织创新能力调研，发现并尝试提出广州市社会组织创新能力表现形式，梳理相关外部环境和激励监管机制，为政府下一步制定出台有关政策提供重要参考。

上榜理由：以社会治理为核心，开展跨专业、跨领域研究，为政府提供更有实操性、借鉴性的咨询建议。同时参与项目设计，促进社会组织提升参与治理能力，发挥积极作用，建立渠道和平台，加深各治理主体的信任与合作。

六、2017 年度最佳创新社会组织

广州市社会创新中心

优秀事迹：创广州之先河，从 2016 年起每年举办一届广州社会创新领域具备综合性、开放性、专业性的评选活动——广州社会创新奖，资金撬动超过 20 万人次关注奖项及社会创新领域。在评选过程中发现广州社会创新项目最大特点为草根性，故借助广州市第四届公益创投之力，开展“木棉计划——广州市社会创新项目培育工程”，用实际行动促进广州地区社会创新项目的品牌化发展。同步研发广州社会创新指数体系和发布广州社会创新发展报告，以学术的力量进一步推动业态的发展。

上榜理由：通过提升社会创新组织能力，举办评选引发各界对社会创新领域关注，共同谋求跨界、可持续的公益创新模式，推动良性的自助式生存环境的实现。同时，配套研发广州社会创新指数，推动广州社会创新的专业化、行业化，带领广州社会组织创新风潮。

七、2017 年度最佳社会组织秘书长

刘军（广州市白云区土地和经济学会秘书长）

上榜理由：充分发挥多年积累的实践经验和专业特长，勤恳务实，无私奉献。团结带领工作团队研发创新、深入研究、著书立作、参与公益，学会在内部治理、学术研究方面上升到一个新的高度，成为政府和群众的好帮手，在带领学会全方位实现社会组织“四个服务”方面作出突出贡献，是机构的核心，是具有复合型才能的社会组织优秀领头人。

八、2017 年度社会组织领军人才

（一）李森（广州市天河区启智社会工作服务中心理事长）

上榜理由：以助残扶弱为荣，积极参加社会志愿服务，一心投在志愿事业上，16 年来累计志愿服务超 3.5 万小时，引导 8 万多名市民参加志愿服务。所带领的启智服务总队提供志愿服务时数超过 50 万小时。启智团队曾获中央宣传部、中央组织部、中央文明办授予“全国最佳志愿服务组织”称号。始终坚持以党员志愿者的身份，走在志愿服务的第一线，为独居老人、脑瘫患者等困难群体点亮一盏灯。他在新时代演绎“活雷锋”精神，持之以恒地实践一名基层党员的“中国梦”。

（二）范术刚（广州市早期教育行业协会会长）

上榜理由：对党忠诚，思想进步，爱岗敬业。艰苦创业，锲而不舍。热心公益，回馈社会。具有良好的组织建设、社会动员能力，在他的带领下广州市早期教育行业协会发展迅速，社会效益和影响力逐年提升，充分发挥了党员的先锋带头作用，是社会组织领域青年创业的杰出代表。

（三）洪健荣（广州市心明爱社会工作服务中心总干事）

上榜理由：以饱满的爱心和人文关怀、强烈的责任感和使命感深耕社福界，关心员工成长，关注社会困难群体，在家综服务、长者服务尤其是维护妇女儿童的合法权益方面的工作成效显著，收获较高的社会关注和良好的社会效应，是社会组织领域以实干出成效的佼佼者。

（四）贾宝珍（广州市现代经营管理协会会长）

上榜理由：以服务政府、服务企业、服务社会为宗旨，成功打造桥梁枢纽型社团。搭建平台，有效推动经济交流、普法以及慈善活动等活动开展。打造“小规模，多频率，有内涵，重结果”的办会特色，为推动企业进步、社会和谐作出出色贡献。

（五）苏志强（广州市医疗行业协会会长）

上榜理由：全力投身民营医疗行业中，以自身从事医疗投资、运营管理20余年的丰富经验，积极思考及探索民营医疗机构的出路，努力搭建与政府沟通的桥梁。心怀大爱，坚持整合更多的医疗资源，帮助更多有需要的人。面对困难，未曾放弃，一步一个脚印，尽心为民营医疗的未来奉献。

（六）甄鹤（广州市中大社工服务中心总干事）

上榜理由：始终坚持中大社工“用心服务、追求卓越”的核心价值，坚持通过能力建设为个人、家庭、社会提供机会和资源的服务路径，在做好本职工作的同时，用力所能及的方式，为行业发声，促进并且推动行业的建设和发展，倡导社会工作创新方向。

（七）郑子殷（广州市海珠区碧心公益服务中心理事长）

上榜理由：广东地区活跃的公益法律人，致力于儿童救助和保护领域的法律专家，热心慈善公益事业，曾参与组织策划执行多个颇具影响力的公益活动。长期以来为推动儿童大病救助和未成年人保护工作孜孜不倦地努力，通过内参、政协提案、发表论文等积极推动未成年人权益保护的建制工作。尽己所能，动员整合资源，凝聚爱心让病重的孩子重获新生，用法律武器让破碎的花朵重拾生命尊严。

（八）李春云（广州市白云区不动产服务协会会长）

上榜理由：筹建全国首个不动产综合行业协会，得到国家级媒体关注和报道，并成功承接十几项政府转移职能；推动全国基层不动产行业信用管理办法起草实施，获得市、区奖励和支持；积极推动协会内部治理和行业服务，获得省级培育社会组织和5A级社会组织资格；全国首创行业工会联合会，得到省工会、市工会的高度肯定；全面开展协会建设，努力探索基层社会组织发展模式。组织协会进行品牌建设，积极申报和创建广州市品牌社会组织。

（九）张建军（广州市软件行业协会秘书长）

上榜理由：自担任广州市软件行业协会秘书长以来，凭借自身丰富的企业工作经历以及专业优势，完成协会的民间化改制，实现广州软件行业一业一会，并且带领协会以优质的服务、优良的运作机制成为行业代表性强、业务覆盖面广、桥梁作用突出的行业协会，为协会的发展及软件行业的进步作出重要的贡献。

九、2017 年度优秀社会组织工作者

（一）陈敏玲（广州市普爱社会工作服务社副总干事）

上榜理由：既是商业领域的专业人士，又是公益领域的实干者，将商业思维和公益实践高度融合，探索出一条有温度、有效益、富美感的公益之路。积极探索，不断创新服务模式，参与运营的多个公益服务项目收获良好社会效益，是将商业知识应用于公益领域的典范代表。

（二）李贞（广州市慈善会项目部和筹募联络部部长助理）

上榜理由：尽职敬业，态度端正，自觉加强思想建设，注重提升自身修养，严守组织工作纪律，高效执行工作任务，在所负责的各个公益慈善活动的策划和执行上表现出色，体现了一位业务能力强，能独当一面的慈善工作者应有面貌。

（三）胡美然（广州市义务工作者联合会宣传总监）

上榜理由：七载耕耘，不忘初心，开创引领，踏实进取，将“广州义工”打造成广州“新名片”。她树立多个义工典型，培育广州首支明星义工队，并整合深化商界支持资源，营造“全民义工”氛围，是广州义工的“记录者”和“经纪人”。

（四）练诗（广州市荔湾区逢源人家服务中心副主任）

上榜理由：坚持把社会工作专业“助人自助”的服务理念带到社区

中，以高度的专业性提供优质服务。勿忘初心，方得始终，怀抱对社会工作的热诚，对专业服务的高品质追求，坚持学习，不断提升。以学习促实践，以实践出经验，乐于分享，创造价值，是专业社工中的佼佼者。

（五）邝玉明（广州市古玩行业商会副会长、党支部书记）

上榜理由：热爱党、热爱商会、热爱社会组织、热爱公益慈善，以饱满的工作热情、高度的专业素质，全心全意为群众服务、为商会奉献，不畏困难、任劳任怨，创立并且成就了一个合格规范、有活力、有影响力的社会组织，无愧于一名优秀的共产党员，一名以实干出业绩的社会组织工作者。

（六）李庄园（广州市和悦社会工作服务中心服务部总干事）

上榜理由：带领团队在青少年专项服务领域开拓创新，建立推行“片区化服务”模式，在社会服务模式专业化、可持续化、可复制化方面贡献突出。辛勤培育符合区域特色的本土化社工队伍，不仅是工作一线的带头人，更是专业社工培养的推动者。

（七）何炯春（广州市大同社会工作服务中心戒毒服务部部长）

上榜理由：心怀大爱，在戒毒康复这条漫长而艰巨的工作之路上奋进，刻苦钻研，乐于分享；倾一己之力，为万千群众。坚信世界的改变不是一个人做了很多事情，而是每个人都做了一点点事情，成为戒毒康复的先锋。

（八）黄志海（广州互联网金融协会秘书长）

上榜理由：以高度严谨的作风，精益求精的态度，为互联网金融行业发展不遗余力。参与研究、制定及发布互联网金融行业各项政策和规范指引，为行业政策制定贡献力量；积极整合互联网金融行业资源，推动行业健康快速发展；组织开展互联网金融各项活动和交流渠道，为会员单位提供优质服务。不忘初心，孜孜不倦，不断发挥行业引领作用，是广州互联网金融行业发展的有力推动者。

（九）叶嘉琳（广州市青少年农业教育促进会副秘书长）

上榜理由：勤奋好学，统筹规划，以对工作的强烈责任感，对社会组织工作的热忱，任劳任怨开展工作。是机构的高效管家、机敏的联络员、得力的服务者。出色的工作表现不仅得到上级领导的肯定，更获得服务群体的赞誉。善于发现、锐意进取，是社会组织领域新生力量的优秀代表。

（十）王顺兴（广州市广爱社会工作服务中心副总干事）

上榜理由：在社会工作专业发展道路上刻苦求索、坚持不懈，不断学习，勇于实践。8 年时间，从一线社工成长为家综项目主任，在探索社工联动方式、完善残障康复之路、推进社会工作项目化运作方面颇有建树，不负社会工作岗位无私奉献、助人助己的价值和使命，以踏实勤恳的作风赢得认可和赞誉。